21세기형 최적화 학교 탐구

최선의 실천 사례 개발

Schools for the 21st Century

Developing best practice

Schools for the 21st Century

21세기형 최적화 학교 탐구

최선의 실천 사례 개발

아이린 돌턴, 리차드 포셋, 존 웨스트-버넘 엮음
송진한 옮김

전남대학교출판부

【일러두기】

1. 번역 어휘는 일반적이고 보편적인 단어를 맥락에 따라 선택하여 기술했다.
   1) 전문 용어는 관련어를 최대한 살리되, 의미 전달을 위해 일부를 제외하거나 추가해서 제시했다.
   2) 현재 활용 빈도가 높은 어휘는 원어를 그대로 사용했다.
   3) 원저의 수치나 제도는 그대로 존중해서 번역했다.
2. 원문의 나라별 발음을 최대한 존중해 외래어 표기법을 될 수 있는 한 준용했고, 그것이 불가능할 시에는 가능한 한 영국 영어식 발음을 활용했다.
3. 인명이나 지명 등의 번역은 다음처럼 했다.
   1) 여러 번 동일하게 나올 시에는 같은 장에서 맨 처음에 한 번만 그 원어를 괄호 안에 제시했다.
   2) 찾아보기에 인명, 지명, 논저 및 작품명을 보완해 제시했다.
4. 문장 부호 및 기호는 다음처럼 했다.
   1) 저서는 ≪ ≫을 사용했고, 논문이나 보고서 그리고 작품은 〈 〉을 활용했다.
   2) 원어를 넣고자 했거나 부연 설명이 필요할 때는 ( )를 사용했고, [ ]는 ( )를 사용한 후 이를 괄호로 묶을 시 활용했다.
   3) 원문의 ‘ ’는 번역어에 그대로 사용했고, –는 번역문의 맥락을 보완할 필요가 있을 때 활용했다.
   4) 원문의 문장 부호나 기호는 될 수 있는 한 그대로 존중해 제시했다.
5. 이 외의 번역은 상식적이고 순리적인 절차나 방법에 따라 활용했다.

옮긴이의 말

올 한해는 원숭이 엉덩이는 빨개로 시작했다고 할 수 있다. 특히 노랫말에서 그 연상은 무한히 작동해 사과에서부터 백두산까지 이어진다. 그 작용의 풍부함이란 단순한 말 잇기 차원을 넘어서고 있다. 그렇지만 원숭이 엉덩이는 빨갛다는 표피적 사실만 알려주는 교육 현실은 그 안에 단순 잇기 차원을 넘어선 교육적 비책이 숨어 있다는 사실은 잊은 듯하다. 현장 교육은 원숭이 몸짓과 행동에서부터 출발해야만 실제 교육과 유리되지 않는 진정한 참 비전이 있다는 것을 까맣게 잊고 있다. 교육에서 원숭이 엉덩이 노랫말의 상징과 상상은 생각지도 못하는 기본은 그 교육적 해결에 대한 창의와 실천도 있을 리가 만무할 것이다.

이런 현상들은 교육을 단순한 콘서트라고 여기고 있어서 그런지 모르겠다. 교육에는 페스티벌에서 카니발까지 가는 교육적 용광로가 있음에도 불구하고 교육적 삶은 주변의 환호와 시선 속에 묻혀버리고 말았다. 그 속에서 자존과 이해에 매몰되어 교육적 시야와 진정한 꿈 잃어버린 층위들이 발견된다. 그러다보니 교육 현장에서는 가르치는 이에 대한 헛된 구호와 존재의 힘성만이 난무해 배우는 이에 대한 행동과 참여는 가늠하기 힘들 정도로 뒷전으로 밀리고 있다. 교수와 학습이 제 자리 걸음이라도 하고 있으면 그나마 다행일 텐데 그러질 못하고 실효성 없는 방안과 비책이 교육 현장을 뒤덮고 있다.

이에 따라 교육은 삶이고 실천이다라는 명제를 마음에 두고 이에 대한 고민과 방향을 제시한 책을 번역해 보고자 했다. 거기에는 삶과 괴리되지 않은 교육 현장의 이론과 실제가 어떻게 조화되고 개발했는지 들어 있는 듯했기 때문이다. 원저는 사례를 피상적이 아니라 심층적으로 살펴보고 있다. 비록 외국의 교육 현장이지만, 우리의 교육 현장도 마침 구조 조정과 통폐합이 가속화되고 있고, 교육 정신과 마음이 황폐화되고 있어 이의 혁신과 개혁의 사례로 참고하고자 했다.

문화 번역을 하는데 목표를 두고 형식적이지만 공시적으로 해석이 되도록 어휘 선택과 문장 다듬기를 실시하였다. 원저에 나오는 〈카르미나 부라나〉의 내면과 가치가 역서에서도 구현되도록 매사 노심초사 했다. 이런 기저가 교육 현장에서 빠른 시일에 실천되기를 바랄 뿐이다. 한편, 교육학 비전공자로서 한계를 느끼는 부분도 있었지만, 주변의 도움을 받으며 하나씩 해결해 나갔다. 조언과 지도를 해 준 외국어 문학 교원과 교육학 전공 전임 교수, 초기 윤독의 일부에 참여했던 대학원생, 미진한 부분의 번역에 일조를 해 주었던 가족들에게 감사 올린다.

16년 벽두 그 동안의 교육 경험을 성찰하며

삼가 옮긴이 씀

기고자 소개

제프 바턴(Geoff Barton): 서퍽(Suffolk), 서스턴 지역 대학(Thurston Community College), 교감.

케이스 콕스(Keith Cox): 요크셔(Yorkshire), 히퍼홈과 라이트클리프 고등학교(Hipperholme and Lightcliffe High School), 교장보.

리차드 포셋(Richard Fawcett): 서퍽, 서스턴 상급 학교(Thurston Upper School), 교장, 중등교장협의회(Secondary Heads Association), 협의회장 (2000-2001).

마이크 폴리(Mike Foley): 서퍽, 서스턴 지역 대학, 교감.

콜린 그린할(Colin Greenhalgh, OBE, DL): 케임브리지(Cambridge), 힐스 로드 대학진학 준비과정 대학(Hills Road Sixth Form College), 교장.

케이트 그리핀(Kate Griffin): 런던 일링 자치구(London Borough of Ealing), 그린퍼드 고등학교(Greenford High School), 교장.

마이크 하데커(Mike Hardacre): 울버햄프턴 교육활동 지구지원(Wolverhampton Education Action Zone), 단장.

토니 힌클리(Tony Hinkley): 웨스트 미들랜드(West Midlands), 더들리 엘로우즈 홀 학교(Ellowes Hall School), 교감.

데임 탬신 이미선(Dame Tamsyn Imison, DBE): 노스 런던(North London), 햄스테드 학교(Hampstead School), 전 교장, 교육 전략가.

모 레이콕(Mo Laycock): 셰필드(Sheffield), 퍼스 파크 지역 대학(Firth Park Community College), 교장.

맬컴 노블(Malcolm Noble): 켄트(Kent), 벡슬리히스 학교(Bexleyheath School), 교장.

존 리드(John Read): 반즐리(Barnsley), 웜브웰 고등학교(Wombwell High School), 교감.

버나드 트래퍼드(Bernard Trafford): 울버햄프턴 초급 중학교(Woverhampton), 남녀공학 자율 주간학교, 교장,

존 웨스트-버넘(John West- Burnham): 헐 대학(University of Hull), 국제 리더십 센터 교육리더십 교수.

편집인 소개

브렌트 데이비스(Brent Davies) **박사, 교수**: 헐 대학 국제 리더십 센터장, 영국 오스트레일리아 뉴질랜드 미국의 교장과 선임 교직원 개발 프로그램 독자 운영, 저서 11권과 50이상의 기고문 발표.

존 웨스트-버넘: 헐 대학 국제 리더십 센터 교육리더십 교수, 학교 교사로서 15년 동안 다섯 대학과 지방교육위원회(LEA) 자문역으로 근무, 14권의 저자와 편집인, 8개국의 강사와 상담으로 재직.

차례

입문

이 저서는 긍정적 차별화를 이루는 것에 대해 서술하고 있다.

학교의 지도자들, 다시 말해 학교 지도부들은 독창적이고 고무적이며 최상의 환경 속에서 지속적이다. 그들은 학생들에게 최선이라고 생각하는 변함없는 믿음을 '학교 내에서 긍정적 차별을 이뤄내는 방법'에 반영하고 있다. 간략히 말하자면, 학교에 어떤 변화가 생기도록 하는 것은 외부에 의해 강요되지 않은 그들 자신의 현안이다.

비전을 설정한다는 것은 사람들이 지도부의 사고에 관심을 갖게 하도록 능력과 신뢰를 구축하는 것을 의미한다. 우선적으로 해야 할 일과 발전계획안이 어떻게 정해지는가 하는 점은 논의, 토론, 협의, 분석의 문제이다. 교직원, 운영위원, 학부모, 학생 모두 많은 공헌을 해야 한다. 그러나 우리를 격려하는 가장 중요한 요소는 학교 지도부의 가치관, 즉 창의성과 열정, 교육에 대한 그들의 갈망이다.

개선은 오늘날 흔히 쓰는 표어 중의 하나다. 학교의 개선은 대개 누군가의 정책을 실현하는 것, 특히 통치 체제를 이행하는 것을 의미한다. 우리 모두가 문해력과 수리력을 지속적으로 개선시키기를 원하는 것과는 달리, 예를 들면, 학교의 지도자들은 학생들을 위한 개선을 훨씬 더 많이 원한다. 그들은 내부에서 시작된 개선을 보고 싶어 한다. 그들은 변화를 위한 그들 자신의 생각과 현안 갖는다. 그리고 그것은 일반적으로 매우 옳다.

S자형 곡선의 너머에는 무엇이 놓여있는가? 학교는 어떤 방법으로 S자형 곡선의 연장 부분을 제외한 검사와 시험을 포함하는 성적과 표준을 계속해서 개선시킬 것인가? 해마다 표준이 높아지고 있다. 대부분의 학교 개선 곡선은 현실적이다. 하지만 우리는 단지 학생들의 문해력, 수리력, 독점적인 A*부터 C까지 다섯 개의 목표에 대한 열의를 통해 오로지 학업의 진전을 언제까지 보게 될 것인가? 그것은 어떤 면에서 학생들에 대한 우리들만의 욕심인가? 그렇지는 않다.

모든 사람들이 교육 전 분야에 걸친 해마다의 개선에 관심을 집중시키도록 하는, 변화를 위한 역량을 쌓는 것은, 사람들로 하여금 최종적으로 변화를 일구어 내는 학교의 구성원들에게 초점을 기울이는 것을 의미한다. 우리가 교육의 성과에 대한 상향식의 진보를 계속하고자 한다면, 우리는 시험과 검사에 지금보다 훨씬 더 전념해야 한다. 그 열쇠는 학교생활 전반에 걸쳐 긍정적 차별을 주는 것, 즉 변형이다. 그리고 이것은 지금 우리나라의 많은 학교에서 이루어지고 있다.

이 책은 11개의 개인적인 경험을 담은 사례집이고 창의성에 대한 공공연한 빙산의 일각이며 학교 밖에서 파생하는 현안의 압박으로 생긴 혁신이다. 처음 기고문 여섯 개는 재 개념화한 학교에 대해 광범위한 쟁점들에 대한 논의를 제공한다. 또한 책의 나머지 내용은 그들 안에서 학생들의 개선을 위해 학교를 변화시킨 실적과 생각, 구체적인 혁신에 초점을 맞추고 있다.

1

학교 리더십: 만약 이것이 힘든 업무라면, 다른 사람들은 어떻게 하고 있는가?

버나드 트래퍼드(Bernard Trafford) 지음

서언: 힘든 업무

작은 사회 공동체를 만드는데 진실은 중요하다. 우리는 약한 자를 괴롭히는 비겁한 사람들을 용서하지 않는다. 우리는 산난히 상단에서 내려오는 것만으로도 15~16세의 아이들 500명을 침묵시킬 수 있다. 우리는 공손함의 예를 제시하고, 관심을 가지고 학생들을 대하며, 그들의 개성을 키워주고 또한 학생들은 우리가 그들의 주장을 공평하게 들어줄 것을 기대한다. 우리의 학교 리더십은 매일 시험 당하고 있지만, 경호원이나 연설 원고의 작성자, 대중과 우리들의 사이에 있는 대변인 따위는 없다. 우리는 인기가 떨어질까 봐 우리가 믿는 것이 무엇인지 밝히기를 두려워하지는 않는다. 따라서 정의, 평등, 청렴에 대한 우리의 신념은 학교 안에서 즉각적인 긍정적 차별이 나타날 것이고, 시간이 지나 신뢰를 얻으면서 보다 더 넓은 사회 공동체에서도 그렇게 될 것이다.

돌턴(Dalton, 2000)

이 글은 중학교 교장인 아이린 돌턴(Irene Dalton)이 중등교장협의회(Secondary Heads Association)에서 발행하는 11월 호 잡지의 사설에서 밝힌 것이다. 이 사설은 학교 리더십이라는 업무가 지닌 복잡함과 거대한 도덕적 권한이 한 사람에게 집중되는 범위에 대한 그녀의 강한 주장을 담고 있다. 이러한 견해는 교장의 역할을 기업 경영진의 역할과 비교하였던 컨설턴트사인 헤이 맥베르(Hay McBer)의 조사 결과와 일치한다. 다시 말해 학교 업무가 기업 경영진의 업무보다 훨씬 더 복잡하며 많은 노력을 요구한다는 것이다. [켈리(Kelly, 2000)]. 실제로 점점 더 많은 업무가 등장함에 따라 우리는 그 일을 해낼 수 있는가 더욱 더 궁금해진다. 실제로 그렇게 많은 갈등을 일으키는 압력과 요구 사이에서 균형을 이루는 것이 가능한가? 그것은 확실히 어려운 일이지만 많은 수의 유능한 학교 지도자들에 의해 실현되고 있다. 거기에 근거가 있다. 광범위한 환경 속에서 학교 밖에서 성공적으로 학교를 운영하는 사람들이 있다. 최근에 나는, 다른 분야의 직장으로 옮기고자 하는 수많은 교장들을 대신할 새로운 경력자를 찾고 있는 인재 스카우트 담당자의 만찬 옆자리에 동석한 적이 있었다. 그 인재 스카우트 담당자는 '문제는 학교에서 교장을 했던 사람들이 하던 일을 그만둔 후에 그들이 지속적인 관심을 가질 수 있을 정도로 도전적인 일을 찾는 것이 어렵다는 것이다.'이라고 말했다.

그렇다면 그들은 '매우 유능한' 학교 지도자들인가? 그들은 선천적으로 타고 나는 것인가, 아니면 만들어지는 것인가? 그들은 이미 형성되어 있는 정말로 비범한 역할을 따르는 것인가? 이른바 '슈퍼헤드(최상의 교장)'라고 불리는 이들 전문가 집단의 알려진 경험담에 의하면 그렇지는 않다. 이 장의 후반부에서 나는 심지어 노련한 교장도 업무 진행이 어려운 학교에 '부임하면', 새로운 환경에 적응하고 어려운 상황을 일소시키기 위해서 그 동안 습득한 풍부한 경험보다 얼마나 더 많은 것들을 필요로 하는지에 대해 논의할 것이다. 나는 성숙함에 대한 이러한 개념이나 방법이, 처음으로 학교 리더십의 직위를 떠맡은 사람들이 거쳐야할 중요한 과정이라고 생각한다. 나는 여러분들이 이 장에서 그러한 일들을 실천하는 것이 가능하며, 그렇다고 해서 그것을 혼자서는 해낼 수는 없다는 사실을 깨닫기 바란다. 학교의 지도자들은 함께 일을 수행할 팀과 협력자들이 필요하다. 그리고 그러한 협력자들을 얻으면서 그들로부터 도움을 받을 수 있도록 지도자들이 그 협력자들에게 권한을 위임하는 것은 학교의 지도자들이 새로운 환경에 직면해서 해야 하는 가장 핵심적인 일이다. 학교 리더십은 모두 변화와 개선에 관한 것이고, 그 것을 달성해내기 위해 지도자들은 학교 구성원들을 설득하고 격려할 수 있어야 한다. 따라서 그들에게는 놀랄만한 정신력과 인내심이 필요하다.

학교 지도자가 그 일을 실현해내는 데는 단 한 가지 방법만 있는 것이 아니며 또한 청사진이 제시되어 있는 것도 아니다. 실제로 학교 지도자들이 이전의 학교에서 시행한 리더십 방법을 새로 부임한 학교에 적용하면 그 계획은 실패로 끝나버리는 경향이 있다. 물론, 다른 학교에서 쌓은 경험에는 현재의 학교 리더십에 도움이 되는 것들이 언제나 있기 마련이지만, 어떤 것은 옳고 또 어떤 것은 틀려서 본받지 않기를 바라는, 간단한 사례들을 다음 절에 기술하였다. 이 이야기는 34세에 교장이 된 나의 경험담을 바탕으로 한 것인데, 나는 교장의 역할에 익숙해지는 과정이, 교육에 있어서 리더십 책임을 지는 것과 밀접한 평행선을 그렸다고 생각한다.

한 교장의 경험담

업무의 시작

9년 동안 같은 학교에서 중간 경영자로서 쌓은 나의 지식에도 불구하고, 나는 교장으로서의 업무에 대한 완전하고 분명한 비전을 가지고 새로운 교장의 일을 시작했다고는 말할 수 없다. 물론 될 수 있는 대로 학생들에게는 멋지고 광범위한 기회를 많이 제공하고, 학교에 대한 좋은 평판을 지역적으로나 전국적으로나 점점 유지·확대시켜 가는, 그야말로 '최고의 가능성'이 있는 학교가 되기를 원했다. 나는 학생들이 행복하고 자기 자신이 가치가 있는 사람이라는 것을 느낄 수 있기를 원했고,. 또한 나 자신이 학생들이 쉽게 다가올 수 있는 사람이 되고 싶어 했다. 학교에 대한 보다 더 분명한 목적의식을 갖고, 학생들이 교육에 대한 소명 의식을 증대시킬 필요가 있다고 생각했다. 그리고 교직원들과의 첫 번째 미팅에서, 성을 부르는 고루한 남자 초급 중학교(grammer school)의 전통을 버리고, 준수보다 단절에 경의를 표함으로서, 학생들을 이름으로 부르도록 하는 정책에 합의했다.

나는 교사진의 리더십에 대해서 한 가지 분명한 목표를 세웠다. 우리의 의사소통을 개선시키고, 더 밀접하게 공유할 수 있는 목적의식을 설정했으며, 모든 구성원이 다른 사람들에게 학교 리더십과 개선 방향에 대한 생각을 피력할 수 있다는 것을 확언하였다. 나는 교장 업무를 시작할 때부터 내가 택한 학교 리더십 방침을 설명하기 위해 '민주적'이라는 단어를 사용했다. 학교 리더십에 대한 교직원 모두의 참여가 환영받을 만하고 생산적이라는 믿음으로 교직원들 내부에 만연한 문화를 바꾸려는 신중한 시도는 나에게 있어서 확실히 하나의 원칙이었다.

모든 사람을 참여시키는 것

그 이론은 보편적으로 환영을 받았지만, 실제로 행할 때에 어려움으로 걱정스러웠다. 초기에는 교직원들과 가진 미팅에서 격렬한 논쟁을 하는 일이 잦았다. 이것은 어떤 면에서는 마음 속을 털어놓은 동료들이 갖는 욕구 불만을 해소하는 데서 비롯되었다고도 할 수 있다. 또 부분적으로는 나를 포함하여 우리 모두가 아직 토론이 개방적이고 솔직하며 서로에게 예의를 갖출 수 있도록 하는 기능을 배우지 못했기 때문이었다. 교직원들은 오랫동안 강한 연대 의식을 느끼며 일해 왔지만, 토론을 할 때에는 전통적인 부서간의 연대의식이 작용하여 약간의 긴장이 감돌았다. 특히 부서의 장들은 종종 그들의 개인적인 절대적 기반, 즉 자신들의 부서가 갖고 있는 이익을 보호해야 한다고 느꼈다. 교직원들 개인이 속해있는 부서의 이익을 도모하고 학교 전체의 이익을 도모하는 것, 이것이 모두 학생들을 위한 것이라는 점을 잊지 않는 것, 사이에서 균형을 이루는 작업은 아마도 회의에서 성사시켜야 하는 마지막 일이 될 것 같았다.

그러한 제약에도 불구하고, 교장이 되었을 때 나는 교직원들의 접근 방식이, 내가 그랬던 것처럼, 그들이 하고자 하는 모든 일의 전면에는 학생들의 이익과 요구가 밑바탕이 되도록 이끌어야겠다고 생각했다. 나는 학교가 교사 또는 행정 편의가 아니라 학생들의 이익을 위해 의사결정을 해왔나는 사실을 언제나 자랑스럽게 여겨왔다. 그리고 놀랍게도 논리가 서 있지 않은 그러한 원칙들이 아직까지 학생 기구에 의해 명확하게 인지되지 않았다는 것을 알게 되었다.

교장으로서 첫 학기를 보내는 동안에 나는 버밍엄 대학(Birmingham

University)에서 교육 정책과 경영(Education Policy and Management)에 관한 시간제 석사과정(MEd course)을 거의 끝마치고 있었다. 나는 주요 모듈(교과목 단위)인 '조직/관리 이론; 경제적 측면; 법률적 수단; 교직원의 개발과 평가'를 이수했고, 이것과의 대조를 위하여 ≪교육사회학(A Sociology of Educating)≫과 ≪민주적인 학교(The Democratic School)≫의 저자이자 공동편집자인 롤랜드 메이건(Roland Meighan)의 모듈을 따르기로 결정했다. 자기 자신을 교육의 자유사상가라고 이야기하는 메이건은 학생들이 제도적이고 전통적인 관점과는 다른 시각에서 학교와 교육을 고찰해보도록 하는 그의 작업을 오랫동안 해왔다. 그는 나에게, 선데이지(Sunday newspaper)의 기자가 학생들에게 제목을 보고 글을 써보라고 했을 때 다양한 대답을 편집한 에드워드 블리션(Edward Blishen)의 매력적인 책인 ≪내가 좋아하는 학교(The School That I'd Like)≫를 소개했다. 이 책에 자극 받은 나는 교실에 가서 학생들에게 그들이 받고 있는 교육에 대해 어떻게 생각하는지, 그리고 그 교육을 개선시키는 방법은 어떤 것이 될지를 물었다. 그 결과는 나를 열광시켰고 또한 걱정스런 마음이 들게도 했다.

> 학생들이 좋아하고 또한 가치를 부여하는 근본적으로 행복하고 생산적인 학교에 대한 많은 예가 있었고 학교에 대한 학생 자신의 선입견도 있었다. 그러나 나는 학생들을 불안하고 불행하게 하는 것들도 많다는 것에 놀랐고 충격을 받기도 했다. 학생들이 지각하고 있는 부정한 것들이 많이 있었다.-선생님들에게 들은 심한 말, 불합리한 규범, 불공평한 압력, 학생들 사이의 몰인정함, 교사들의 불친절, 셀 수도 없이 많은 제도적 모순, 그리고 행복한 학교생활을 짜증나고 마음에 맺히게 하는 불일치 행위들이 바로 그것이다. 나는 이내 학생들도 우리들의 대화에 참

> 여할 수 있게 해야 한다는 생각이 들었다. 그것은 생각하는 객체로서 존중받아야 한다는 그들의 권리가 강화되어야 하기 때문이기도 했지만 동시에 그들이 학교에서 그들에게 제공하는 교육에 대해 반드시 말할 필요가 있는 의견을 갖고 있었기 때문 이었다.
>
> (트래퍼드, 1997:4-5)

한편, 우리는 교직원 토의에서 학생들의 학교생활과 학습에 지금보다 더 많은 책임감을 갖도록 격려할 필요가 있다는 것으로 결론지었다. 그리고 이렇게 하고자 한다면 학생들에게 그들의 학교생활 전반에 관한 권한을 더 많이 부여할 필요가 있다는 것을 인정하게 되었다. 그리하여 그들이 보다 유능하고 성공한 학습자가 될 수 있게 해줄 학습 의욕과 책임감을 갖도록 도와주려면 학생들의 권한 부여에 절차가 필요하다는 것을 깨닫게 되었다. 나는 박사논문에서 연구 내용을 상세히 써야했기 때문에 학생과 교사 양자에 대한 배려로 고안한 민주적 접근 방식과 같은 교장으로서 처음 5년 동안 학교에서 일구어 낸 성과를 도표화했다.

우리 모두가 배워야 할 많은 교훈이 있었다. 발언권을 가지고 자신의 주장을 편다는 멋진 사실이 타협 요구에 대해서는 균형을 이루게 되었다. 학생들은 회의에 올라온 안건들이 사람들에게 영향을 끼칠 때에 그 형태에 따라 어떨 때에 찬성을 하고 어떨 때는 반대를 해야 하는 것인지를 배울 필요가 있었고, 우리는 이렇게 결정된 안건이 정당한 방식으로 적절한 때에 발표되도록 하는 방법을 고안해야 했다. 우리 모두는, 학부모과 학생, 그리고 교직원이 학교 정책 안건에 대하여 서로 다른 의견을 가지고 있는 경우처럼, 어떤 사람의 의견이 지배적으로 되어야 할 경우에 적절한 결정을 내리는 법을 배워야 했다. 특히 처음 몇 년 동안은 이러한 안건들이 우리 모두에게 힘들고 스트레스를 많이 주는 일이었다. 때때로 나는 표면적으로 좌절감을 느끼는 포위 공격을 받고 있다고 느꼈고, 화가 폭발하기도 했다. 종종 모진 비난이 '학교 전체' 또는 '관리자'에게 쏟아졌고, 나는 그 일이 내 책임이라는 생각과 나 자신의 과민함으로 인해 생긴 느낌을 개인적으로 해소했던 적도 있었다.

관련자들이 학교를 개선시키는 법

교장의 지위에 앉고 10년이 지난 지금 나는 내가 그 동안 달성한 일을 알아보기 위해서 뿐만 아니라 그 모든 과업과 변화에서 배우게 된 교훈을 찾기 위해 과거를 회상해 본다. 심지어 1996년 연구 결과를 기록하면서 나는 단순히 학교가 더 행복해지고 학교생활이 풍요로워지기만 한 것이 아니라 결과적으로는 학교가 보다 능률적으로 되었다는 것을 깨달았다. 아직 초창기이지만, 가중치를 부여한 평가 방식으로 개선된 학업 표준의 증거뿐만 아니라 나의 연구 결과도 그러한 개선을 학교의 달라진 분위기와 기풍에 연관 지을 수 있었다.

1996년에 확인된 개선 내용은 이후로도 계속되었다. 일상적인 학교 리더십과 의사 결정 방식에 훨씬 더 많은 투명성이 생겼고, 나의 입장에서 예상치 못한 성과는 그러한 개방성이 내가 생각했던 것 보다 많은 글을 쓰게 했다는 것이다. 투명성은 정책과 그 진행 절차가 기록되어 모든 사람들이 확실히 이해할 수 있게 되는 것을 요한다. 학생들이 제안한 친밀감 있고 행복한 학교 대신에 일관성과 공정성이 학교 조직과 기풍의 한 부분이 되었고, 다시, 이는 우리의 목표로 기록되어 정의를 찾고 부조리를 시정하고자 하는 사람들을 위한 통로가 마련되어 우리가 '교훈과 교칙'으로 쉽게 따르게 되었다. 학교 교사들은 항상 그들이 다가가기 편한 사람으로 느껴지기를 원하지만 우리는 너무 자주 우리들 자신을 속인다. 지금 내 학교는 학교 안에서 우리가 가까이 하기 쉽도록 하는 통로를 마련하도록 '요구하는' 성문화된 정책과 메커니즘을 가지고 있다. 학생들은 자신에게 맞지 않는 하나의 특정한 의사소통 채널을 굳이 따르지 않아도 된다. 실제로 학생들과 교사들을 위해 성문화된 근본 규정은 어느 누구나 적어도 자신을 피하지 않을 것이라는 확신이 가는 편안한 사람에게 그들의 고민거리를 가져갈 수 있다는 내용을 담고 있다. 이것이 이론상으로 뿐만 아니라 실제에 있어서도 효과가 있다는 것은 몇 번이고 증명되었다. 상호간의 존중은 학교 기풍의 부산물이 아니라 중심적인 목표이면서 토의, 협상, 타협의 가장 중요한 요소이다.

학생들에게 부여한 권한의 중심은 지난 9년 동안 운영되어온 학생회(Student Council)였다. 학생회 회의의 의사록은 처음에는 불규칙적으로 작성되었지만 지난 5, 6년 동안 꼼꼼하게 작성되어 이제는 학교 도처에서 발행되고 있다. 모아진 의사록은 학교 내부에서 민주주의의 발달과 학생기구가 학교 리더십뿐만 아니라 학생기구 자체의 민주적 리더십에 대해 끊임없이 자문해온 과정에 대한 재미있는 기록이다. 학생회는 학생들이 정말로 주장하고자 하는 것 그러한 주장을 펼칠 권리가 있음을 모두에게 상기시키는 상징적 존재이다. 또한 학생회는 학교에 변화를 가져오는 효율적인 메커니즘이기도 하다. 나는 언제나 학생회 회의에 참석한다. 비록 처음에는 참석하지 않았었지만, 지금은 이것이 실수라 생각한다. 그 주에 가장 인상 깊었던 순간들 가운데 하나를 이야기하면 다음과 같다.

나는 때때로 어떤 일이 왜 행해져야 하는지, 그리고 그것을 왜 바꿀 수 없는지에 대해 설명해야 할 때가 있다. 또한 모든 사람들에게 의미 있는 개선 내용을 함께 계획한다. 나는 회의의 의장이라면 다가가기 쉽고 일에 대해 설명할 책임이 있다는 점을 중요하게 생각하며, 회의를 할 때면, 나는 이 두 가지를 다 보유하도록 한다. 이러한 방법은 실제로 학생들에게 많은 권한을 부여하는 데 도움이 된다.

(트래퍼드, 2000)

따라서 우리는 학생들이 그들 자신의 교육에 대한 권리와 자신의 주장을 내세울 권리를 가지고 있다는 개념을 확립하고 인식시켰다. 지금쯤은 학생들의 행복, 자신감, 그리고 자존심이 단지 자비로운 체제 속에서 나타나는 행복한 사건이 아니라 우리가 학교에서 추진하는 일의 핵심적인 부분임을 이러한 조치가 보장해 준다고 나는 믿는다. 이것은 나의 단순한 인상이 아니다. 처음 몇 년 동안, 실제로 어떠한 변화가 발생하고 있는지를 알아보기 위해 질문지를 돌리고 인터뷰를 했을 때, 더 낳은 조사 결과를 위해 변화 내용에 대한 완전한 배서를 받았다. 초기부터 변화의 양상을 지켜봤던 학생들은 그들의 전반적인 교육 경험이 현재 얼마나 더 나아졌는지에 대한 매우 귀중한 통찰력을 발휘하였다.

학생회는 그들이 할 수 있는 최선의 노력을 다하였다. 학교를 돌아다녀보면 눈에 띄는 변화를 목격할 것이다(13세 학생, 1995).

이전에는 학교의 상황이 매우 심각했었다(13세 학생, 1995).

지금은 학교내의 인종 차별과 약한 자를 괴롭히는 비겁한 사람들도 줄어들었다. 또 지금은 여학생들의 입학이 승인되었다(7세 학생, 9세 학생, 1995).

> 교직원과 아이들 모두가 더 행복해졌다(교사, 1995).

> 자율성, 꽉 막혔던 분위기의 완화, 다양성, 실험실, '우리 학교'라는 더 큰 애정(교사, 1995).

> 대부분의 학생들이 교직원들과 이야기할 수 있을 거라고 생각한다(교사, 1995).
>
> (트래퍼드, 1997:68-69)

여섯 번째로 도착한 편지는 편지를 보낸 학생이 다녔던 전 학교와의 차이를 이야기 한 것으로 그 내용은 아래와 같다.

> 이전의 학교보다 더 민주적이다. 나는 이제 내 의견을 말하는 것을 두려워하지 않는다. 언제부터인가 공개적으로 말을 하게 되었고, 필요하다면 불평을 하는 데에 부담이 없어졌다.
>
> (트래퍼드, 1997:11)

또 다른 학생들은 서로의 문화에 대해 보다 더 알게 되었다고 이야기한다. 예를 들면, 한 학생은 학교의 민주화로 인해 서로 다른 인종 간에도 우정을 싹틔울 수 있다는 것을 확인했다고 하였다. 어떤 한 교사도 다음과 같이 말했다.

> 문화간 이질감 해소가 전반적으로 안전에 이바지했다. 학생들은 심각한 유감과 문제가 생기면 그것을 말해도 된다고 느끼고 있다. 또한 교직원들도 모든 사람이 가치 있다고 생각하고, 그들이 함께 일하며 서로에

게 배울 것이 있다고 생각하게 되었다

[하버, 트래퍼드(Harber, Trafford, 1999:49)]

실천에 적용하는 법

이러한 견해가 모여진 5년 후, 이 학교와 다른 전통적 관료주의 모델 사이의 차이점을 설명해 줄 수 있는 정황적인 증거가 끊임없이 나타났다. 최근에 학교를 방문한 장학사가 어떻게 이론상의 체계와 실제 리더십을 관련시켰는지 물었다. '변화를 이끈 사람이 누구인가?' '이 일의 지렛대를 누른 사람이 누구인가?'라고 궁금해 했다. 나와 교감은 약간 당황했고, '우리는 그 지렛대가 어디에 있는지조차 모릅니다.'라고 답했다. 그 물음에 대해 생각해보면, 지렛대는 우리 주위에 있는 모든 것이라는 것을 깨달았지만 말이다. 개선에 대한 제안들이 필요한 곳이라면 어디에서나 활발하게 쏟아졌다. 예를 들면, 과거에는 공부하는 어려움과 공부하는 스타일에 있어서, 학교 전문가들은 교사들이 관심을 가질 필요성이 있는 몇몇 학생들– 우리는 독서 장애아들의 학급을 가지고 있다– 뿐만 아니라 모든 학생들의 공부하는 스타일을 이해할 필요가 있음을 강조했다. 따라서 그들의 제안으로 주제에 관한 연습 기간이 있었고, 개별 과목의 맥락 안에서 확실히 공부하는 기능을 가르치기 위해 범교육과정 간의 연계 수업이 발의되었다. 학년 주임 교사들은 시골 생활을 하는 교직원과 정규직 교사들을 돕고, 지도 교사들과 함께 시골 활동을 하기 위해 범위를 확대한 계획을 구상하고 싶어 했다. 그 결과 전체 교직원의 훈련이 클럽 활동 시간으로 짜여졌다.

또 다른 경우, 젊은 교직원들은 징계 사건을 처리하는 데에 더 많은 안내가 필요하고 나이든 교직원들이 행정적인 업무가 제대로 처리되고 있는지를 더 자세히 확인할 필요가 있음을 강하게 느꼈다. 나는 젊은 교직원 몇 명과의 대화에서 그들의 이러한 생각을 알 수 있었다. 사실 지루한 업무를 하는 교사들을 믿어주는 나의 방식은 불간섭주의인데, 이것은 때로 내가 그들을 자유방임하고 있는 것처럼 비춰진다. 그런 관심이 가는 교사들과 만난 후에는 새로운 정책과 실천 사항들이 실행되었다. 다른 교직원은 최초 그룹에 의해 짜여지고 조직화되어 상세하게 되었는데 토의가 진행되면서 참여하였다. 이제 나와 교감은 업무를 더 자세히 확인하고 있고 이것은 교사들이 무슨 일을 하는지를 알고 그들에게 도움을 주고 있는 것처럼 보여 진다. 동시에 우리는 정해진 시간 안에 할 수 있는 것보다 더 많은 일을 선생님들에게 요구한 것인지 아닌지를 빨리 알아챌 수 있게 되었다.

그때부터 학교에서 '변화의 지렛대'는 한층 더 좋고 다양한 무엇인가를 하고자 하는 욕구를 파악한 사람들－교사와 학생이 되었으며, 이들은 언제나 그들의 견해를 말할 수 있는 포럼(forum)을 갖는다. 물론 변화를 위한 많은 지렛대는 학교 밖에도 있는데 예를 들어 정부나 시험 위원의 계획 등이 있다. 교직원들 중 어떤 그룹은 그 쟁점에 관해 토의하고 학교의 대응에 대한 실천을 계획할 것이다. 이것은 변화 욕구에 대해 미리 짜여 진 위계가 아니기 때문에 좀 애매한 것일 수도 있지만, 만약 그것이 좀 애매한 것일지라도 그 또한 나름대로 효과적이다. 예컨대 고급 대학입시 과목별 시험[(A) level]의 형태에서 에이에스(AS)와 에이 2(A2) 두 측면으로의 변화는 직원배치와 시간분배에서 깊은 관련이 있다. 거기에는 많은 변화가 있어 왔기에 효과가 어떤 것 일지에 관해서 부서 대상은 아무런 염려도 하지 않았다. 지금까지 우리의 대응은 옳은 것이었다. 그 반응들은 잘 계산되었고, 결코 즉흥적인 것이 아니었으며 강요된 것도 아니었다. 반면에 때때로 세부적이고 열정적인 모임-특히 부장들의-은 나와 다른 나이든 교직원들에게 이 학교를 위해 적절한 해결책이 찾아질 때까지 결정에 도움이 되는 더욱 상세한 정보를 알아볼 것을 요구했다.

앞서 말한 장학관이 또 한 번 학교를 방문해 최종적인 결정을 하는 사람이 누구인지를 물었다. 나는 망설여야 했다. 나는 '최종적인 결정은 내가 하지만, 그렇다고 해서 나 혼자 산에 올라 기념비를 가지고 돌아와야 한다고 생각하지는 않는다.'고 답했다. 반대로 큰 결정을 해야 할 때에는 대개 그 사안에 대해 충분히 논의한 후에야 의견의 일치를 보고 앞으로 나아갈 진로가 분명해지기 때문이다.

우리가 안건에 대한 논의로 모든 시간을 보내는 것은 아니라는 점은 말해 둘 필요가 있다. 정말로, 처음 의사 결정 과정을 민주화하면서 배웠던 교훈 가운데 하나는 그 안건이 긴 시간동안 논의할 만큼 가치 있는지를 결정하는 것이었다. 예를 들어, 앞으로 완전히 새로운 형태의 16세 이상 배치 시험을 시행할 것인가 하는 것과 같이 큰 결정을 하는 것은 긴 시간동안의 모임과 토론 시간을 갖는 것이 당연했다. 반면에, 시간이 흐르면서, 전체 모임을 가질 필요가 없는 사안을 결정하는 데는 꽤 빠르고 능숙해졌다. 그런 경우, 일반적으로 소그룹이 그 사안에 대해 논의한 후에 전체에게 제안하도록 하는 것에 모두들 동의하였기 때문이다. 이것은 간단히 말해 고무도장을 찍는 것과 같았다. 왜냐하면 이것은 실제적으로는 다른 사람들의 견해를 들으며 비공식적인 상의를 하는 것과 마찬가지이기 때문이다.

변형 리더십과 학교 문화

실제 생활을 변화시켜라

만약 이것이 우리가 10년 동안 학교에서 만들어낸 변화 기법이라면, 그러한 변화를 몰고 온 가치관은 무엇이며, 다른 환경에 있는 학교 지도자들에게는 어떤 교훈을 주는가?

현재 영국의 학교들은 전례 없는 변화의 시기에 놓여있다. 교육이 정치인들에게 커다란 관심거리가 되기 시작한 이후 10년 이상, 변화를 위한 정부의 날카로운 비판은 가차 없이 하였다. 때로 외부에서 요구하는 변화의 속도는 비현실적이기까지 해서, 많은 학교에 부당한 압력을 가하기도 했다. 학교에 재직하는 전문가들은 중요하다는 생각을 하지 않지만, 개선된 성과를 쉽게 측정할 수 있는 분야에서 통계학적 수치와 변화에 대한 정부의 바람대로 이끌어져왔고, 압력도 지속되었다. 다소 의문이 드는 점은, 받아들이기는 어렵지만, 교사들이 자기발전에의 칭찬할 만한 바람으로 추진한 자연스럽고 이로운 결과물로서의 변화의 양상을 학교에서 발견할 수 있었는가 하는 것이다. 학교 리더십의 업무의 핵심이 그들만의 업무스타일을 고수하거나 그 일을 달성하는 수준이 아닌 개선, 다시 말해 변화를 향한 끊임없는 욕구에 있다는 것은 일반적으로 받아들여지고 있는 사실이다. 현재 '전국 학교 리더십 대학(National College for School Leadership)'의 웹사이트(www.ncslonline.gov.uk)에 나와 있는, 유능한 교장의 특성에 관한 헤이 맥베르사의 연구결과는 다음과 같은 사실을 강조하는데, 그것은 토론에 있어서 학교 지도부가 갖춰야 할 정말로 중요한 요건은 '변형 리더십'이라는 점이다.

문화를 변화시키는 것

나는 학교 지도자들–특별히 예외적으로 교장의 경우를 제외하고–이 하는 업무의 주된 초점이 학교의 문화가 될 필요가 있다고 확신한다. 여기서 내가 문화라고 하는 것은 학교와 그 학교의 교육적 소임에 대한 교직원과 학생의 태도 같은 학교의 기풍뿐만이 아니라 학부모와 더 큰 지역사회, 그리고 지리적 경제적 측면에서 장점, 단점과 같은 환경까지를 포괄하는 개념이다. 만약 순수하게 변화를 갈망하는 학교 전체의 문화가 존재한다면, 당연히 그러한 변화에의 요구를 수용해야한다. 따라서 변형 능력 지도자는 학교의 문화가 자기 발전과 자기 변화에 개방적이라는 것을 확실히 할 필요가 있다. 그러나 새로 부임한 교장이 발견한 문화가 그렇지 않다면 어떻게 될까? 과거 몇 년 동안 수많은 '교장'들의 떠들썩한 부임 이후 지금까지 학교 문화의 중요성에 대한 훨씬 더 많은 생각을 갖게 한다. 마지막으로, 그들이 일하고 있는 학교 환경과 문화를 이해하고 있는 학교 지도자들의 중요성과 그들이 그런 환경과 문화 안에서 함께 일해 나가야 할 필요성에 대한 상당한 고찰이 현재 이루어지고 있는 실정이다.

> 레스터 대학 교육 관리학과(Leicester University Education Management Development Unit)의 닐 버슨(Neil Burson)에 따르면, 새로 부임한 학교에서 많은 교장들이 실패하는 가장 큰 원인은 학교와 지역사회에서 학생들을 비롯한 관련 이해 주체들이 원하는 것이 무엇인지를 오랜 시간이 지나도 파악하지 못하기 때문이라고 한다. '이것은 교장들이 이전의 학교에서 파악한 학교에 대한 기대치와 관념을 새로운 학교에 그대로 적용하려고 해서 생긴 결과이다.'
>
> [교육 저널(Educational Journal, 2000, 10월)]

설사 신임 교장이 그 학교의 문화를 완전히 이해해서 어떤 점을 개선해야 할 필요가 있는지를 찾아냈다 해도, 그에게 충분한 도움을 줄 동료들이 없다면, 그는 고립되어 학교의 잘못된 문화를 바꾸지 못할 것이다. 그런 경험에 대한 감동적이면서도 다소 우울한 근거가 가디언 지(Guardian)의 기자인 닉 데이비스(Nick Davies)의 날카로운 폭로 기사에서 발견되었다 이는 1999년 11월에 보도된 기사로 지금은 책으로 출판되었다(데이비스, 2000:63-82). 극빈 지역에 있는 학교에 대한 일련의 세 기사에서 데이비스는 빈곤과 교육 성과의 낮음은 복잡하게 연관되어 있으며, 정치인들은 이 문제에 대해 정직해져야 한다고 주장했다. 또한 그 문제에 관해 의문을 갖는 것에서 그치지 않고 실제로 증명해 보였는데, 이에 교육부 장관(Education Secretary)인 데이비드 블렁킷(David Blunkett)이 격노한 반응을 보임으로써, 오히려 그의 반응이 그 문제가 사실임을 증명한 꼴이 되었다. 데이비스는 이후 자율형 분야를 살펴보는 것을 계속했다. 그는 높은 포부와 자신감, 그리고 학업성적이라는 학교 문화를 가진 자율형 학교인 로딘(Roedean)과 브라이튼(Brighton) 지역에 있는 열악한 여건의 인근 학교 11~16개를 비교하였다. 뒤에 언급된 학교들은 유난히 어려운 상황－그 학교 교장들은 가난과 동성애자들에 의한 지속적인 강간, 약물 남용, 아동 매춘 문제를 일상적으로 접하고 있었다.－에 처해 있었을 뿐만 아니라 교직원들은 그들이 이미 학교에서 일어나는 일들에 대해 포기하고 스스로 피포위 의식(siege mentality)을 받아들였다는 사실로 인해 사기가 꺾여 있었다. 아마도 이런 교직원들을 이해할 수 있을 것이다.. 그들은 변화를 거부했고, 그러한 변화를 아주 위협적인 것으로 받아들였으며, 또한 이전의 교직원들이 교장 임명에 반대했던 것에 화가 난 부의장이 학교의 변화를 일으키려는 교장의 시도를 가로막은 것에 대해 찬성하고 고무되어 있었다. 데이비스의 기사는 그 교장이 결국 건강 악화를 이유로 조기 퇴임하였다는 것으로 슬프게 끝났다. 그 교장은 자기 혼자만의 힘으로는 학교의 문화를 바꿀 수 없었던 것이다. 작은 변화가 있었고, 거기에는 낙관적인 근거가 있었다. 그러나 결국 학교 환경과 문화에 깔려있는, 교장이 추진하는 변화에 대한 간청하는 그것 자체가, 혼자서는 변화를 일구어낼 수 없음을 너무나도 잘 증명해준다. 그것이 그 교장의 의지를 꺾어버린 것이다.

변형의 리더십이란, 단순히 개선을 위한 체계와 메커니즘을 만들어내는 것이 아니라, 그 학교에 원래부터 존재하고 있던 문화와 앞으로 우리가 해야 할 일을 융합하는 것을 뜻한다. 학교 전체가 변화를 맞을 준비가 되어있어야 하며, 한 사람이 혼자서 주변의 도움이나 협력자 없이 그 일을 해낼 수는 없다는 것을 데이비스의 기사는 증명한다. 학교는 전체적으로 변화를 꾀할 수 있는 역량을 쌓을 필요가 있고, 이것은 다시 학교의 문화와 기풍이라는 아주 기초적인 수준에서 시작된다. 변화를 위한 능력을 개발하는 것은 교장 케이트 그리핀(Kate Griffin)에 의해 간결하게 설명되어 있다(그리핀, 2001).

문화의 변혁이 가치관으로 뿌리내리는 법

걸으면서 대화하기

이에 관해 생각하기 시작한 이후로, 나는 실제로 학교 지도자들이 학교의 문화를 어떻게 바꾸는지를 훨씬 더 많이 이해하기에 되었다. 예를 들면, 자신의 학교는 다른 어떤 특별한 방식으로 운영되어야 한다고 믿는 교장이 자신이 주장하는 과업과는 모순되게 업무를 집행하는 것은 어리석은 짓일 것이다. 어떤 사람들은 그런 모순된 일이 학교 관리에 너무나 자주 발생한다고 할지도 모른다. 그러나 성공적인 문화의 개발은 단순히 주요 업무의 일관성을 이루는 것 보다 훨씬 더 심도 깊은 작업이다.

나는 ≪학교 리더십의 창의성(The Creativity of School Leadership)≫에 대해 다양한 관점으로 논의하는 책 [베넷(Bennett) 등, 2001]을 출판하기 위해 케이트 그리핀을 비롯한 다른 사람들과 함께 일을 했다. 내가 조사한 부분은 학교 리더십이 집행과 결과 면에서 도덕적인 리더십이 되는 방법이었다. 학교의 지도자들은 그들에게 강하게 자리 잡아 있는 가치관과 자신들의 직업적 행위 및 생애 전체를 관통하고 있는 원칙에 따라 학교 지도자로서의 삶을 살기를 기대했고 또 그렇게 살고 있는 것으로 보였다. 그런 지도자들은 걸어 다니면서 이야기를 하고자 했고, 그렇게 해서 그들이 계승한 보편적인 문화와 앞으로 개발하고자 하는 새로운 문화에 가장 큰 영향을 끼치게 되었다.

나의 경험이 이것을 설명해준다. 내가 최근에 높이 평가하는 것은 걸으면서 대화하기(walking the talk)는 글자 그대로 걸으면서 이야기하는 것이다. 이미 설명했다시피, 내가 교장이 되었을 때, 나는 모든 교사가 학생들에게 다가가기 쉽게 느껴져야 한다는 것을 확신하였다. 그 생각은 발전되어, 학생들에게 자신의 주장을 하게하고 학교생활과 수업에 관한 실질적 권한을 내주었으며 학내 민주주의를 확산시키는 일을 빠르게 실천하였다. 이런 관리 방식에 대해 사람들에게 확신시키는 일이 결코 쉽지만은 않았다. 학교 밖에 있는 사람들은 상의를 통한 리더십이라는 공약을 이해하면서도 그것이 얼마나 오래 지속될 지에 의문을 갖고 있었기 때문이다[지니스(Ginnis)와 트래퍼드, 1999:49]. 나의 경우에, 그들은 내가 항상 시금석인 내 방식대로 할 수 없음을 알 수 있을 때까지 지속적으로 의심하였다. 동시에, 학생들은 모든 대화가 진실로 긍정적 차별을 줄 것인지, 그리고 변화의 속도가 너무 느리지 않을까 궁금해 하였다.(트래퍼드, 1997:20; 하버와 트래퍼드, 1999:49)

> 첫 번째 모임에서, 트래퍼드가 자리를 뜨자마자 소란스럽게 지금 일어난 모든 일에 대해 대화를 하는 대학진학 준비과정 단계 학생들(sixth formers)이 있었다.
>
> (트래퍼드, 1997:28)

그리고 그보다 나이가 많은 학생들로부터, '저 교장은 아무 것도 하지 않고 있어'라는 말이 나왔다.

나는 쓸모 있고 다가가기 쉬운 존재가 되자는 원칙에 따라 살고 있다고 생각했지만, 오히려 사람들이 나에게 쉽게 다가오기 어렵다고 할 정도로 과소평가되어 버렸다. 그래서 교장이 된 11번째 해인 지금 나는 말 그대로 걸으면서 대화를 하고자 노력한다. 즉, 집무실에서 나와 지금까지 해왔던 것 보다 더 많이 학교에 대해 이야기를 한다. 나는 매번 학생회 회의에 참석해 학생회 의장의 오른쪽 자리에 앉는데, 이는 학생회 회의를 내가 지배하고자 함이 아니라 그들이 해야 할 말이 무엇인지를 명확하게 듣기 위해서—이는 참으로 중요하게 여겨진다—이다. 나는 내가 항상 집무실에 있고 학교 행사와 활동을 모든 방면에서 돕고 있다는 확신을 주기 위해 노력한다. 왜냐하면 동료들과 나누는 간단하고 비공식적인 몇 마디 말이, 특히 그들에게 어떤 문제가 있는 것은 아닌가 하는 의문이 들 경우에, 교무실에 앉아 그들이 어떤 문젯거리를 갖고 오기를 기다리는 것보다 훨씬 더 효과적이기 때문이다. 보통 우리가 관리하고 있는 일에 대한 잠깐 동안의 이야기는 실질적인 안건에 대해 열린 상태로 이야기할 수 있는 계기가 된다.

지금 나는 순찰하고 감독하는 직무－집무실의 순번이나 내가 돌아다니고 있음을 확인시키는 것－를 예전보다 더 많이 한다. 교장으로 취임한 초기에 내가 얼마나 자주 그런 일들을 하지 않았던 것을 생각하면 얼굴이 붉어진다. 그 때 나는 그런 일들을 하지 않고 그들을 그냥 그대로 두는 것이 그들에 대한 나의 신뢰를 표현하는 것이라고 생각했다. 요즘에는 학교 밖, 부산한 거리의 한 귀퉁이－학생들은 횡단보도로 건너는 것이 아니라 버스를 잡기 위해 무단횡단을 하고 싶은 유혹을 받는다. －에 서서 하교하는 학생들과 비공식적 이야기를 나누는 기회를 갖는다. 미소를 짓는 것에는 거의 실패를 한다. 왜냐하면 학생들과 오가는 말이 몇 마디 되지 않기 때문이다. 정류장에서의 웃음과 징검 이런 농담은 학생들에게 그들의 학교 교장이 필요하다면 언제나 얘기를 나눌 수 있는 사람이라는 것을 상기시켜주는 훌륭한 매개체－서먹서먹한 분위기를 깨는－였다. 교훈은 내가 뒤늦게 걸으면서 대화하기가 정말로 이동하면서 걸으면서 사람과 이야기하는 것이라는 것을 깨달았다는 것이다.

교사 또는 학생들과의 그런 중요한 만남을 증진시키는 데 늦어서 못한다는 법은 없다. 예전에는 동료였고, 지금은 교장이 된 나의 오랜 친구가 몇 년 전 나에게 그의 학교 주변을 보여주었다. 그것은 사람을 겸허하게 만드는 경험이었다. 그를 지나쳐 가는 모든 학생들이 그에게 따뜻하게 인사했고, 그는 모든 학생들의 이름을 알고 있었다. 심지어 그는 친구와 함께 걸어갈 때에도 대화가 필요한 학생들 몇과 이야기를 나누었다. 나는, 학생들의 얼굴과 이름을 모두 알고 있다는 확신을 주기 위해 더 열심히 노력해야겠다고 결심하며 학교로 돌아왔다. 나는 내 친구가 그랬던 것처럼 잘 하지는 못했지만, 그 결심을 실천함으로써 학생들과의 관계가 더 좋아졌다. 그리고 학생들과 나누는 대화나 그들의 기꺼운 인사가 나의 증가된 노력의 결과라는 것을 확신한다.

젊은 사람들을 지나칠 때에는 바쁘고 뭔가에 몰두해 있는 것처럼 보이기가 쉽고, 그로 인해 그들은 나를 차갑게 느끼기가 쉽다. 그것은 동료들에게도 마찬가지다. 어느 금요일 저녁, 나는 한 교사로부터 걱정스런 전화 한 통을 받았다. 나를 치명적으로 기분 상하게 했다는 생각에 고민을 하였던 그는 그날 아침부터 지금까지 계속 걱정을 했다고 한다. 그 이유는 그가 내 비서의 사무실에 복사기를 사용하기 위해 들어왔을 때, 내가 아무 말도 하지 않고 그냥 지나쳤기 때문이었다. 나는 그 때 정말로 뭔가에 몰두해 있는 상태였고 그가 있다는 것조차도 눈치 채지 못했지만, 그는 내가 계속해서 그를 무시하고 있는 것이라고 생각했다. 나는 굴욕감을 느꼈다. 동료를 놀라게 했던 근본적인 이유가 무엇이었던 간에 바빠서 동료가 있다는 것도 알지 못하는, 지도자로서는 용납이 되지 않는 실수를 저질렀던 것이다. 그 때 이후로 나는 절대 아무 말도 없이 동료를 지나쳐가지 않으며 만약 우리들 사이에 어떤 불화가 있다면 사교적인 인사말을 나눔으로서 이제 그것이 해소되었음을 확인시키도록 노력한다는 나만의 규칙을 세웠다.

실제로 문화를 바꾸는 법

앞서 나는 학교 문화를 구성하는 요소 가운데 하나인 '기풍'이 학교에 대한 교사와 학생들의 태도, 그리고 학교의 목표에 대한 그들의 인식이라고 설명하였다. 또한 그러한 학교의 목표를 때론 '비전'이라고 하는데 학교의 지도자들은 학교에 대한 명확한 비전을 가지고 있어야 한다. 중요한 비전은 문화에 뿌리를 두고 있어야 하며, 그 문화–특히, 그 문화가 갖고 있는 단점–에 기민하게 반응해야 하고 또한 정말로 그것을 변형시키기 위해서는 문화를 형성하기 위한 전략과 열망을 함께 갖추고 있어야 한다는 것이다. 따라서 변형의 리더십은 현실적인 환경에 기반을 둔 명확한 비전을 갖고 있는 지도자–혹은, 지도자들의 무리–로부터 시작한다. 다음으로, 비전에 대한 명확한 표현을 통해–또한 협상과 논쟁, 설득을 통해– 학교 지도자들은 변화에 대한 두려움과 민감한 반응을 고려하고, 학부모, 학생, 교사들의 바람이 한 가지 분야에서 매우 다를 수 있음을 이해하면서, 문화를 바꾸어야 한다. 효율적이고 지속적인 변형은 오직 그런 관점에서만 시작될 수 있다. 학교 리더십에 대한 이러한 관점은 교실의 풍습을 바꾸고, 목표를 설정하며, 측정과 평가 기법을 고안하는 것과 같은 경우보다는 변형의 시작 단계에서 훨씬 더 중요하다는 것은 말할 것도 없다. 그러한 특징은 변화를 가져오는 원인이 아니라 학교가 어떻게 운영되는가를 보여주는 징조들이다. 우리는 기본적인 것부터 시작해야 하며, 그것은 문화에 뿌리를 두고 있어야 한다.

교직원들을 정책 구상에 끌어들인 초기의 기법 가운데 하나는 두뇌집단을 구성하는 것이었다. 여기에는 대부분의 교직원들이 참여하였기 때문에, 개방된 동료애를 가지고 있었지만, 나는 각 층에서 좋은 제안이 있다는 확신을 주기 위해 특별히 선임이면서 비교적 중진인 교직원 가운데서 노련하고 갓 온 사람의 대표인 한두 명을 따로 불렀다.

그 두뇌 집단은 처음에는, 비록 우리가 학생들이 학습과 행동거지에 대한 책임감을 가져야 한다는 관심사를 공유하고 이미 그러한 의제에 대한 세부사항이 준비되어 있었지만, 우리가 생각해 봐야 할 의제를 결정하기 위한 간략한 설명회로 시작했다. 그리고 그 모임은 학교의 주요한 목표와 목적을 규정해 낼 때까지 이런 안건들을 다루지 말자는 것으로 매우 빠르게 결론을 내렸다.

학교 환경은 매우 특별하고, 그래서 목적의 정의와 그에 대한 설명이 필수적인데, 아마도 그것은 모든 학교에 적용될 수 있을 것이다. 내가 책임을 진 학교는 전에는 도시의 남학생초급 중학교이었지만 지금은 자율형 남녀 공학이며, 학업에 있어서는 제한적이지만 그에 대한 접근은 광범위하게 하고, 학생들에게는 넓은 교육을 제공하며, 학교 안팎에서 높은 학업 성적과 참여를 강조하는 곳이다. 내가 교장이 될 무렵, 그 학교는 자율형으로 전환하고 10년이 지난 상태였다. 그 때 학교는 지역 사회에서의 새로운 지위를 구축하고 있었다. 학부모와 미래의 입학생들 가운데 학교의 후원자를 찾고, 자율형 학교로 전환한 것에 대해 적대적일 수밖에 없는, 노동당 소속 지방 자치단체와의 관계 개선에 착수했으며, 전통적으로 학교의 경제적 기반이 되어온 중공업의 쇠퇴와 경기 불황을 겪고 있는 지역 사회에 적응하는 가운데 남녀 공학 학교로의 도입을 계획하고 있었다. 따라서 학교의 목표를 뚜렷하게 설명해야 했다. 전통 초급 중학교는 높은 기대치와 높은 학업 성과를 갖는 경향이 있었지만, 앞서 언급했듯이, 내가 교장으로 부임한 1990년에, 우리 학교는 꽤 많은 교직원들이 충분히 높지 않은 학생들에 대한 참여 수준을 걱정하고 있었다. 따라서 지극히 '단순한' 학술적 목표조차도 분명한 초점을 가질 필요가 있었던 것이다.

그리고 그 과정은 또한 아주 재미있었다. 우리 학교가 특히 중점을 두고 있는 부분을 잘 집약시켜주는 주요 단어들을 결정할 때까지, 우리는 끊임없이 초점을 좁혀나갔다. 이렇게 강조하면서 확인된 주요 개념들 속에서 다음의 간결한 '교훈'이 탄생했으며, 이것은 또한 우리의 소임으로 잘 정리가 되었다.

> **장학에의 도전**
>
> **헌신 의식**
>
> 울버햄프튼 초급 중학교(Wolverhampton Grammar School)의 철학은 활발한 헌신을 통한 성취를 강조하는 도전적인 교육의 중심에 장학이 있다. 그리고 우리의 이러한 철학은 책임감과 자의식의 개발을 추구하고, 개인주의와 이타주의 모두를 높이 평가하며, 학교에 대한 공동체 의식과 헌신 의식을 기르도록 한다.

8년이 지난 후지만 우리는 변함없이 같은 철학을 가지고 있다. 대부분의 공식적인 보고서에서는 학부모들에게 전하는 간단한 말과 함께 학생들에게 강조해야 할 몇 가지 개념이 설명되어 있는 한 장의 종이가 첨부된다. 짤막한 보고서에 우선적인 목표와 목적을 집약시키는 작업을 계속하다보면, 핵심적인 목적에 대한 새로운 개발과 다른 관심거리를 관련짓는 과제는 훨씬 더 쉬워진다. 또한 이것은 수 년 동안 학교 안에서 꽤 급진적인 변화가 일어났기 때문에, 학교 중심적인 목표인, 철학 하에 일어나는 변화를 불안해하는 사람들이 안심할 수 있도록 했다. 이것은 학교의 주된 관심사를 상기시키고 안심을 시키는 데에 도움이 된다.

학교 출판물과 정책 기록물에 의해서, 헌신 의식 개념은 계속적으로 반복되었다. 이것은 모든 학교들이 현재 씨름해야 하는 '삼분 문화(three-minute culture)'를 방지하는 의식적인 시도였다. 젊은이들은 정말로 헌신의 시간과 노력을 함으로서 요구를 의미 있게 성취하도록 하였다. 그러나 이것은 즉각적인 만족감과 벼락부자가 되는 대중 매체의 일반적 이야기에 너무 빈번하게 묘사된 메시지는 아니다. 헌신에 대한 이러한 강조 때문에, 확실히, 영향은 드러났다. 루이스 캐럴(Lewis Caroll)의 ≪스나크의 사냥(The Hunting of the Snark)≫ 야경꾼처럼, '나는 세 번이라고 말한 것이 사실이다'라면서 그런 기준 위에 이 말을 사용하였다. 이런 의미로 이것은 학교 지도자들의 요구를 설득하고 회유하기 위해 초기에 요점으로 반복되었다. 우리는 꾸준히 지칠 줄 모르고 전향하도록 해야 한다. 메시지는 분명히 전달되었으나, 문화는 재빠르게 아무런 일도 일어나지 않은 듯이 변화하였다.

자질: 가치관과 기능의 연결

지도자의 개인적 자질이 비전, 문화, 매일의 일과를 연결한다

가치와 도덕 리더십에 관한 논문식 과제물(트래퍼드, 2001)에서, 나는 학교 지도자의 도덕적 리더십을 이끄는 기본 가치관에 해당하는 벽돌을 쌓는 일과 매일의 업무관리 기능에 적용되는 너트와 볼트를 조합하는 일 사이에는 그 둘을 함께 묶어줄 수 있는 조금 더 부드러운 어떤 것, 즉 회반죽 같은 것이 필요함을 제안했다. 바로 그 회반죽을 만들면서, 나는 학교의 지도자에게 필수적이라고 생각되는 주요한 자질을 알아보았다. 나는 이런 자질이 학교 지도자의 가치관과 그들의 일상 업무를 연결시켜준다고 믿는다. 그들은 직장에서 이러한 자신의 자질을 바탕으로 원칙과 문화의 개발, 변형이라는 장기 사업과 매일 학교를 운영하는 즉각적이고 일상적인 업무를 연관한다.

당연히 우리 모두는 이러한 자질을 각기 다른 비율로 가지고 있으며, 그 가운데에 어떤 부분은 미흡하다는 것을 반드시 발견하게 될 것이다. 내 논문식 과제물의 목적은 만약 우리가 그들을 평가하는 일을 한다면, 현재 학교 지도자와 미래의 지도자들이 자신에게 있어 부족하다고 생각하는 자질을 개발하는 것을 도와줄 방법을 모색해야 한다는 것이다. 이러한 생각들을 탐구하고, 학교 지도자가 매일의 직업 생활을 이끌어 가는 데 필요한 자질들의 목록을 작성하고 종류별로 분류하는 것을 시작하면서 나는 두 가지 사실을 발견했다. 첫째는 내가 확인할 때마다 목록이 계속해서 증가하고 있다는 것이고, 두 번째로는 다음과 같은 사실이다.

> 하나의 자질은 다른 자질－이를테면, 열정과 용기, 감수성 같은－에서 생겨나는 경향이 있어서, 실제로는 자질들 사이에 계층이 존재한다.
>
> 열정에서 우러나오는 것
>
> - 카리스마
> - 창의성
>
> 용기가 발생시키는 것
>
> - 겸손
> - 신뢰

- 자의식
- 감정의 성숙
- 자기 신념
- 자기 이해
- 판단력
- 인내

감수성이 대인 관계의 범위 안에서 발생시키는 것

- 공감대
- 상처받기 쉬움
- 관용

(트래퍼드, 2001)

이러한 자질들은 매우 복잡한 방식으로 상호작용을 한다. 만약, 실제로, 학교의 지도자들이 모든 상황에 대해 그들이 처신하는 크기와 비율을 의식적으로 정해야한다면, 그들은 얼마 못 가 꼼짝 못하게 될 것이다. 다행히도 우리는 무의식적으로 그런 일들을 수행하는 경향이 있다. 이것은 우리가 그런 복잡한 일들을 의식하지 말아야 한다는 의미가 아니라, 학교 리더십의 임무에 대한 준비와 기억 환기의 측면에서 그런 일들을 생각할 시간을 가져야 한다는 것을 뜻한다. 같은 논문식 과제물에서, 나는 잠재적인 학교 지도자들이 그들의 가치와 자질에 대한 개인적인 개발 계획을 작성하도록 자극을 받는 경로를 확인하였다. 학교 지도자와 상호 작용을 하는 교사와 학생들은 도덕적 리더십을 기대하고, 그 지도자가 취한 조치의 결과물들이 나오기도 전에, 그 또는 그녀가 하는 행동을 통해 지도자의 자질을 알아내기 때문에, 이러한 자질은 중요하다. 문제점에 대한 임시변통의 해결은 빠른 변화를 초래하지만 지속적이고 확실한 변화와 개선, 즉 변형은 시간이 좀 걸린다. 지도자들은 변화의 결과 지분이 기다려 볼 만한 가치가 있다는 것을 확인한 후에는 그것을 가지고 사람들에게 확신을 줄 수 있어야 한다. 그리고 그 사이에, 사람들은 지도자를 신뢰할 필요가 있다–사람들은 제도와 그 속에 속해있는 사람들에게 눈에 띄게 헌신하고, 그들의 업무를 완전히 믿는 지도자를 신뢰한다.

설명, 설득–그리고 논쟁을 없애는 것

내가 비전은 지도자가 그것을 구현하는 방법에 따라 현실적으로 만들어져야 한다고 강조하는 것은 바로 이런 이유 때문이다. 위에서 언급했던 말이지만, '걸으면서 대화하기'는 보다 확실하고 쉽게 이용할 수 있는 것이었다. '이론은 명확하게 알지만' 그것을 전해들은 학업상의 어떤 것으로 그냥 지나쳐버리는 지도자들은 유동적이지만, 지속적인 변화를 달성하지는 못한다. 그들은 신뢰받지 못한다. 비전을 믿고, 그것을 열정적으로 설명하는 지도자들은 신뢰를 얻는다. 여기에서 '열정적인 리더십'에 관한 강조와 두 종류 지도자에 대한 인지력–설득하고 격려를 하는 해설자와 주역인 전문가–에 대한 하워드 가드너(Howard Gardner, 1996)의 정확성을 확인할 수 있다. 가드너는 이 두 개의 스타일이 다 채택되면 하나는 다른 하나를 약화시키는 성질이 있기 때문에, 그것을 두 개의 다른 리더십으로 설명하였다. 그러나 학교의 지도자들은 그들이 아무리 업무의 복잡함을 설명해도, 한 번에 두 개의 역할을 정확히 해낼 것을 요구받는다. 나는 어떤 새 개발에 대해 논쟁을 하면서, 약간은 욕구 불만인 상태로, '이봐, 난 이 일에 대해 잘 알고 있다'라고 말했던 적이 있다. 물론, 내가 그것을 설명하는 대신에, 지식에 대한 나의 권리를 주장하고 있었지만 논쟁에서는 지고 있었다. '전문가'와 함께, 열정과 카리스마가 있으며, 다른 사람들이 창의적인 해결책을 찾는 것을 격려하고, 설득하며, 도와주는 가드너의 '해설자'가 나와야 한다.

해설자들은 관중들이 동의하지 않을 때에는 마음에 상처를 입을 수 있다. 발전을 위한 나의 시도가 이기적인 관심이나 학교를 손상시키려는 고의적인 계획으로 오해와 오역 받았던 시절에 다소 쓰라린 상처도 있었다. 학교의 비전이나 동기의 진실성이 의심받을 때, 우리의 자신감은 심한 손상을 입는다. 학교에서 변화를 일으키는 것에 관한 전체적인 설명은 내가 연구 목적으로 써왔던 일기에서 그 시작이 특히 절망적이었음을 말해준다.

> 나는 여전히 불행하고 너무 빈번하게 벼랑 끝에 서있는 듯이 느끼며, 할 수 있다면 그 모든 일들을 집어치우고 싶다
>
> (트래퍼드, 1997:61)

나는 이전에 내가 다소 비열한 비판에, 민감—아마도 과민하다는 것이 더 맞는 말이겠지만—하게 반응한다는 말을 했다. 아직도 침울하게 집에 돌아와 단란한 가정을 고통스럽게 할 때가 있지만, 지난 10년 동안 나는 확실히 다소 무뎌졌고, 상처도 덜 받게 되었다. 그런 날에는, 아내와 아이들이 침울한 분위기를 의심할 필요 없이 부당하게 견디는 인내를 요구받았지만, 우리 집에는 내가 화가 나서 걷어 차버릴 고양이는 한 마리도 없다. 그렇다고 해서 그것이 꼭 부정적인 것만은 아니었다. 학교 지도자들은 감동을 받지 못할 정도로 무딘 성격이 될 필요는 없다. 왜냐하면 사람들이 거리감을 유지하도록—지위, 스타일,

절차, 태도, 가구, 주거지 등– 장벽을 세워놓는 지도자들을 비난하는 것은 당연하기 때문이다. 수세에 몰린 지도자가 자기 자신을 보호하기 위한 다수의 전략도 있다. 그러나 다른 사람들의 근심과 요구를 알고, 우리들과는 다른 그들의 성격상의 단점과 견해 그리고 그들이 하는 실수를 관대하게 다루고자 한다면, 가끔은 상처 받는 것을 허용하는 감수성은 중요하다.

> 감동을 받거나 마음의 상처를 입을 수 있는 능력인 감수성은 학교 지도자들에게 있어서 필수적인 자질이다. '나의 상처를 잊어버리고 곧 비인간적인 결정을 내리기 시작했다'는 내 친구의 최근의 말처럼 말이다.
> (트래퍼드, 2001)

상처 사이의 갈등. 그러나 작고 단순한 조직 내에서도 운영을 하다 보면 때때로 갈등이 있게 마련이다. 학교를 운영하는 일은 그런 갈등을 내포하고 있다. 학교 리더십의 과제는 걱정들 투성이 이다. 학교 업무에 대해 균일성을 기하는 전국교육과정(National Curriculum)과 수행 기록에도 불구하고, 너무나 많은 개인적 염원과 욕구 불만, 다양한 목표, 그리고 구체적이고 측정 가능한 극소수의 결과물이 존재한다. 두 계층의 사람들은 가장 일반적인 항목을 제외하고 아이들이나 학생, 그리고 그들 자신을 위한 교육에서 같은 것을 기대하지는 않는다. 그리고 학교와 관련되어 있는 모든 사람들–학교, 학부모, 교사, 지역사회–은 언제나 그늘 자신을 성장시키고 개발하고 있어서, 그들의 바람이나 요구는 끊임없이 달라진다. 어쨌든 학교를 운영하는 팀은 더 좋은 땅을 찾아온 나이든 미국인 개척자처럼, 모든 사람을 이끌어가야 하고, 학교를 위해 요구되는 일반적인 지침에 반대하는 사람들의 생각을 바꾸거나 중립적으로 만들기 위해 노력해야하며, 또한 그들의 모든 역량을 이용해야 한다. 성과를 일구어내는 방법은 앞에서 설명하였다.

계속해서 나아가게 하는 용기

그러나 지도자들 자신은 어떻게 해야 하는가? 그들은 기분 전환과 자극제를 어떻게 찾는가? 몇 몇은 그들을 이끌고 있는 원칙과 가치관, 다시 말해 소명의식에서 나온다. 그러나 그러한 원칙과 가치관은 장기적으로 1주일의 마지막인 금요일 저녁쯤이 되면 약해져 버릴 수 있다. 그 정도의 단계에 이르면, 다양한 지도자들이 다른 방식의 해결책을 찾게 된다. 대개는 수영이나 조깅을 한다. 하루의 일과가 끝날 때가 되면 지금쯤은 회의에 참석한 많은 동료들이 저녁 전에 그 문제를 해결하기 위해 급히 떠날 것이라는 생각에 나는 놀라고, 더 솔직히 말하면 부끄러움을 느낀다. 왜냐하면 그들은 아마 집에서도 또한 문제 해결을 위해 애를 쓰고 있을 것이기 때문이다. 나는 일주일에 세 번 자전거를 탄다는 나의 목표를 달성하지 못한 데 대한 일련의 양심의 가책을 느끼면서도, 술집으로 직행하는 나 자신에 대해 유감스럽게 생각한다. 친구들과 술을 마시거나 운동을 하는 것이 건강에 도움이 될 수는 있지만, 이 두 활동의 사후작용은 완전히 다를지라도, 관점에 따라 이것은 회피 전략이 되기도 한다. 학교 지도자라는 직무상의 어려움은 회피하는 것이 아니라 직접 부딪혀 해결해야 한다. 학교 지도자에게 있어 필수적인 자질인 용기는 여러 가지 측면에서 정의될 수 있다:

- 자기 자신에 대한 확신을 갖는 용기, 도전에 응하는 용기, 표현을 하는 용기;
- 어떤 것이 탐탁지 않고 평판이 좋지 않다는 사실을 말하는 용기, 어떤 사실의 발설이 불필요하게 다른 사람에게 상처를 입히게 될 때

에 그것을 말하지 않는 용기;

- 동의를 구하기 위해 원칙에 따라 타협하는 용기, 다른 사람들의 신념에 '동의를 위한 동의'를 하는 용기, 팀의 일원으로서 일하는 용기, 대립적인 '마초' 스타일보다는 타협적인 '여성'의 업무 스타일을 택하는 용기;
- 의견의 일치나 타협을 볼 수 없는 갈등상황을 받아들이고 직면하는 용기, 부정이나 불의에 대해 피하지 않고 맞대응 하는 용기, 학대나 공격으로부터 교사와 학생을 보호하기 위해 나서는 용기, 옳은 일을 할 때의 고독함을 받아들이는 용기;
- 다른 사람들이 혁신하고, 실험하며, 위험을 무릅 써서 해내는 것을 신뢰하는 용기, 직접 통제에서 발생하는 희생과 만일의 경우 나타날 수 있는 실패를 수용하는 용기, 교사와 학생들에게 권한을 부여하여 그들이 자율적이며 자립적으로 될 수 있도록 하는 용기;
- 타인의 성공이나 어려움을 분석하기 위해 그 사람의 감정적 성숙에 대한 이해와 자각을 목표로 설정하는 용기;
- 안내를 받고 실수를 인정하는 겸손;
- 판단에 대한 확신;
- 신분을 낮추고 동일한 입장에서 학생들을 포함한 다른 사람들을 만나는 자신감;
- 실패와 실망을 딛고 도전하는 대담함, 일상적이고 관료적인 업무에 의한 억압을 거부하고 '전체상' 보다도 자신의 안목을 믿는 대담함;
- 판단력, 경험, 지식에 기반한 결정을 내리는 능력, 그리고 자신과 타인의 반응과 동기에 대한 이해;
- 더 큰 캠페인 운동과의 전후 관계 속에서 작은 활동의 손실을 수용하는 인내심, 중요한 결정에 쇄도하는 것을 거부하는 인내심, 분노

와 비통보다 더 효율적인 반응으로서 웃음을 이용하고 유머 감각을 유지하는 인내심.

(트래퍼드, 2001)

용기는 어려운 상황에서 요구된다. 우리가 절망에 빠져 집으로 돌아오는 날에는, 항상 그렇듯이, 긍정적으로 생각한다는 전체 비전에 대한 확신을 가질 필요가 있다. 이것은 다음과 같은 것을 의미한다. 오랜 시간이 걸리는 전쟁에서 겨우 한 번 전쟁에 졌을 뿐이라고 생각하는 것, 상황을 통제할 수 있었지만 그렇게 하지 못했고 내일은 그것을 만회할 수 있다는 것, 굴욕을 감수하고 과오를 받아들여 수정하는 것, 표면상으로 드러난 결과와는 달리 우리는 옳은 일을 했고 이러한 원칙을 철회할 수 없다는 것, 우리가 개인적으로 공격을 받았다고 느끼는 것이 다른 사람의 마음속에 쌓인 혼란과 분노의 표현이라는 것, 결국 그것이 별일이 아니며 우리의 권위가 손상된 것이 아니라 자존심이 손상되었을 뿐이라는 것이다. 어려운 시기에 그런 것들을 생각하는 것은 훨씬 더 어려운 일이지만, 확실히 현명하고 안정된 판단을 하는 것이 쉬워진다.

나는 보통 주말이나 학기말에 집무실에 누군가가 찾아와서 그들과 그들의 아이들이 얼마나 무시당하고 불공평하게 대우받았으며, 학교와 나의 리더십 방식−있는 그대로의 의미 또는 함축된 의미로서−이 처참하고 희망이 없는 그들의 삶에 도움이 되지 않고 있다는 것을 감정을 털어놓을 때에 나를 도와주는 개인적인 규칙을 몇 가지 갖고 있다. 심지어 금요일 날, 내가 우울한 감정에 휩싸여 있을 때에도, 방문한 사람이 일방적으로 열변을 토해내고 있을 때, 나는 나의 개방적인 정책이 이런 방식의 학교 상황에 대한 폭로를 촉진시켰고 이것은 '좋은 현상'이라는 것을 나 자신에게 의연하게 상기시킨다. 그리고 나는 '그 모든 것이 다 내가 잘못해서 인가?'라는 궁금증을 갖게 된다. 그러면 내 머릿속에서 누군가가 작은 목소리로 '우리들 가운데 이상한 사람이 한 사람쯤은 있을 거야. 하지만 그게 나는 아니야'라고 속삭인다. 그럴 때는 항상 또 다른 사람이 나에게 그것은 너무 편견에 치우치고 부정확한 견해일 뿐이라는 걸 곧 확인하게 될 것이라고 변함없이 말해준다. 그러나 이런 일은 몇 번이고 일어나고 해서, 그런 말이 의기양양하게 하는 말로만 들려 그런 순간에 나 자신에게, '그래. 정책이 정말이라는 걸 다시 한 번 스스로 증명해 보인 거야'라고 말한다.

그리고 열변을 토한 후에는 그들의 마음속 부담이 잠시 동안이나마 나에게로 옮겨졌기 때문에, 그들은 항상 '좀 나아 졌어요'라고 말한다. 하지만 그런 부담감도 이제는 견딜 만 하다. 왜냐하면 예전에 내 머릿속에서 작게 속삭이던 그 목소리가 나에게 메시지를 전달해 주어서 안정을 찾게 되었기 때문이다. 그런 일이 한 사람의 기분을 상하게 하기는 해도 그 모든 것이 나쁜 것만은 아니다. 내각 전적으로 옳기만 한 것이 아니어서 그런 불만이 정당화되면, 나는 그것이 모두 나의 잘못은 아니라는 것을 알지만 그래도 어떤 조치를 취해야 한다는 것을 깨닫는다. 그런 경로를 통해 새로운 일을 시작한다. 이런 나의 업무 방식의 근저에는, 내가 곧 균형감각과 자신감을 되찾아 일을 시작할 것이라는 경험에서 우러나오는 자각과 판단이 깔려있다. 이렇게 주고받는 것이 유쾌한 일은 아니지만 그렇다고 해서 완전히 사기를 꺾어버리는 것도 아니며, 때로는 진심 어린 화해가 이루어지기도 한다.

다른 사람들에게 용기를 불어넣는 것: 신뢰와 권한의 위임

이미 설명했듯이, 나는 교장으로서 일한 10년의 기간 중 대부분을 권력을 분산시켜 다른 사람들에게 책임감을 갖게 하는데 보냈다. 이것은 그들이 개인적으로 성숙할 수 있도록 하기 위한 목적도 있었고, 또한 그들이 교사로서－또는 학생으로서－ 어떻게 해야 하는지를 나보다 더 잘 알고 있기 때문이기도 했다. 학교 지도자의 힘은 그것을 과시하는 것이 아니라, 다른 사람들에게 권한을 부여하고 그들에게 자신감을 심어주는 것이라는 것을 확신한다. 변형의 학교 리더십은 학교 전체의 문화를 변화와 개선에의 욕구 및 능력과 관련짓는 데에 있다. 변화는 오직 모든 사람, 또는 절대 다수의 참가자가 거기에 동참했을 때만이 지속된다. 모두가 발전의 주체가 되어야 한다. 따라서 최고의 지도자는 권력을 휘두르기보다는 다른 사람에게 위임한다. 권한을 위임과 양도하는 데는 용기가 필요하다. 업무를 처리하는 다른 사람들을 신뢰하는 것은 용기가 필요하며, 지도자의 역할 가운데 하나는 권한을 위임받은 사람들에게 확신을 주는 것이다. '최고의 군주에게, 백성들은 "우리가 해 냈습니다"라고 말한다'는 도교 사상가인 노자의 유명한 격언이 이 학교에서 보다 더 사실적인 데는 없을 것이다.

학교 지도자들은 교사들에게 가끔씩 용기와 자신감을 불어넣어야 한다. 학교 밖에서 오는 너무나 많은 압박감 때문에 교사들은 끝없는 자신감을 가져야 할 필요가 있다. 요즘에는 교과 과정의 변화와 새롭게 시작되는 필수 과목들이 있을 뿐만 아니라 모니터링(monitoring), 벤치마킹(benchmarking), 장학 점검 제도가 그 일에 착수하는 사람들의 의도가 어떤지에 관계없이 적대적으로 인식될 만큼 요구되고 있다. 예전에는 오직 교장만의 현실적인 문제였던 법적 문제가 이제는 교사들에게도 심각하게 우려된다. 교사들이 위험 요소를 내포하고 있는 학교 밖, 교실 그리고 운동장에서 실시되는 스포츠에 참여하는 데 주저하는 점을 증거로 제시할 수 있다. 그들에게도 소송의 위협과 직업적 실패에 대한 두려움이 강력하게 존재하기 때문이다.

> 줄넘기나 초기 야구 경기(rounders)와 같은 운동 경기는, 아이들이 다칠 경우에 장학사로부터 들을 비난과 학부모의 고소를 두려워하는 초등 교장들에 의해서 아직 금지되고 있다.

> 어떤 학교에서는, 마로니에 열매가 '공격적인 무기'가 될 수 있다는 이유로 마로니에 열매 깨기 놀이(conkers)를 금지해오고 있으며, 또한 축구는 반사회적이라는 이유로 자주 금지되고 있다.
>
> [버지와 커크맨(Budge and Kirkman), 2000]

올바른 사고를 지닌 교사와 학부모라면 그러한 야외 경기의 종말 조치를 개탄해야 한다. 위에 인용된 기사는 학교에서 교사들이 용기와 자신감을 가질 필요가 있으며 그들을 이끌어 줄 지도자가 있어야 한다는 것을 보여주는 또 다른 예이다.

따라서 용기는 내면적이고 외면적인 자질이 된다. 지도자들이 '본받을 만한' 존재가 되고자 한다면, 그들이 자신감을 보여주어야 한다는 것은 당연하다. 만약 그들이 자신감을 보여주고자 한다면, 정말로 그들 스스로가 자신감을, 어느 정도는, 가져야 한다. 나는 정말로 용인할 수 없는 행위인 자기 자신을 보호하기 위해 주변에 장벽을 쌓아놓는 지도자들의 위험성을 이미 언급했다. 진정한 자신감은 자기 자신에 대한 자각과 우리의 장점, 단점, 그리고 우리들 자신에 대한 이해에서 온다. 우리가 우리 자신을 더 잘 이해할수록, 단점을 더 잘 극복하고 보완할 수 있으며, 스스로가 더 바르게 서고, 리더십의 역할을 잘 해내며, 용감해지기도 더 쉬워진다.

결어: 학교 지도자는 무엇을 해야 하고, 실천 방법은 어떻게 배우는가?

그러므로, 학교에 있는 모든 사람들이 지속적인 개선의 원인을 인정하고 그것을 달성하기 위한 변화에의 요구를 받아들인다면, 지도자들은 매우 복잡한 업무에 직면할 것이다. 그들은 비전을 설명하고 구현한다. 그들은 논조를 정하고 그에 대한 대화를 한다. 그들은 그들이 요구받는 자질을 제시하고 장려한다. 그들은 예시를 설정한다. 만약 그들이 제시하는 용기, 자신감, 판단력, 겸손함, 감수성, 그리고 열정이 학교 전체에 퍼지게 하려면, 그들은 자기 복제를 해야 한다. 그리고 모든 참여자들이 학교의 진보와 성취에 대한 책임감을 갖고자 한다면, 그들은 단지 더 좋은 자리를 얻으려 하는 사람들이 아닌 학생들을 포함한 모든 사람들에게 그 몫을 주어야 한다. 여건이 어려울 때에는, 학교 지도자들은, 외부에서 오는 압력을 흡수해주는 완충 장치와 지속적으로 안심시켜주는 방향 조절 장치의 손잡이가 되어 주어야 한다. 지도자들은 그런 상황을 밀고 나가야 하고, 거기에서 배움을 얻어야 한다. 지도자들은 또한 다른 사람들을 격려하고 활기를 찾게 하면서, 자기 자신이 기운 회복을 하고 심리적으로 더욱 강해질 수 있도록 해야 한다.

이것은 학교 환경에서 도덕적인 리더십과 관련된 일을 특히 활발하게 해야 한다는 부담이 있다. 시작 부분에서 다룬 아이린 돌턴의 인용문은 그 역할에 부가되는 엄청난 요구 사항과 내구력을 요약하고 있으며, 헤이 맥베르사의 연구 결과는 그녀의 견해를 강화한다.

> 헤이 맥베르사 교육 분과의 프로젝트 매니저인 러셀 하비(Russel Hobby)는, '이 연구는 매우 긍정적인 메시지가 포함되어 있다. 일반적으로, 우리 학교에는 상당히 강하고 다양한 리더십이 존재한다'고 말하였다.
>
> (켈리, 2000)

존재의 이유가 있다. 역할이 매우 특이하고 힘들다는 것은 무수한 관리상의 그리고 기계적인 기능을 조절하는 능력에 있어서가 아니라, 역할의 개별적이고도 상호적인 본질에 있다. 그러나 그것은 달성될 수 있다. 우리 중 어느 누구도 그 모든 것에 능하지는 않다-하지만 내가 생각하기에 성공적으로 운영된 학교에는 그 업무의 '다양한 면을 충분히 잘 조합'하여 효력을 낼 수 있도록 만드는 사람들이 있다는 점이 헤이 맥베르사와 돌턴이 한 제안의 공통점이다.

나는 성공적인 학교 리더십의 핵심이 미래의 지도자들에게 잠재되어 있는 고유한 인격적 자질을 개발하는 데 있다고 확신한다. 그러나 여전히 이러한 자질이 발휘되는 범위와 그것이 유능한 지도자들에게 어떻게 도움을 주는지, 그리고 어떻게 교육을 통해 리더십 역할을 하고자 싶어 하는 사람들에게 개발되는지에 관해 더 많은 연구가 필요하다. 다른 책에서 자세히 설명되었듯이(트래퍼드, 2001), 나는 새로운 '전국 학교 리더십 대학'이 지금까지 가장 많은 복잡함을 가지고 있다는 것을 인식하기를 바란다. 모든 교사들은 지도자이기 때문에 어느 정도 도덕적 리더십의 성질과 구성 요소를 깨달을 필요가 있다. 나는 이러한 방침에 따라 모든 교사들을 위한 자아 개발과 훈련 프로그램이 만들어져서 그들이 교직에 입문하는 순간부터, 참으로는 그 이전부터, 가치관과 자질의 보이지 않는 부분에 집중할 수 있기를 바란다.

그런 훈련은 쉽지도 빠르게 이루지도 못할 것이다. 그런 류의 성질의 것이 아니기 때문에, 우리는 훈련이나 해결이 빨리 나타나기를 기대해서는 안 된다. 정말로 그들은 그 일 자체와 겨루어야 한다. 돌턴(2000)이 다음과 같이 결론 내렸듯이 말이다.

> 지름길도 없고, 요점도 없다. 학교 리더십은 수사로 이루어지는 것이 아니라 매일 조용히 실천해 나가는 것이다.

거기에 학교 리더십－그리고 그것을 준비하는 데 있어서－의 강점, 독자성, 즐거움이 있다. 그것은 흥분되는 도전이고, 나는 일단 그것을 받아들일 준비가 되어 있다.

참고문헌

베넷, D., 클로프, J., 콕스, K., 그리핀, K., 트래퍼드, B. (2001) ≪학교 리더십의 창의성≫ 레스터: 중등교장협의회.

블리션, E. (1969) ≪내가 좋아하는 학교≫ 런던: 펭귄 북스.

버지, D., 커크맨, S. (2000) 〈안전운동에서의 금지된 줄넘기〉 타임 교육 증보판(TES), 12월 8일.

돌턴, I. (2000) 〈연결을 끊지 않기〉≪표제≫ 중등교장협의회 34, 12월.

데이비스, N. (2000) 《학교 리포트: 왜 영국 학교는 추락하는가》 런던: 빈티지.

가드너, N. (1996) 《마음 주도하기: 리더십의 해부》 런던: 하퍼콜린스.

지니스, P., 트래퍼드, B. (1995) 〈교장과 민주적 선정의 도전〉《민주 교육 개발하기》 틱놀: 에듀케이션 나우 북스.

그리핀, K. (2001) 〈변화 능력 구축〉 베넷, D. 앞의 책.

하버, C., 메이건, R. (1989) 《민주적 학교》 틱놀: 에듀케이션 나우 북스.

하버, C., 트래퍼드, B. (1999) 〈두 나라에서의 민주적 관리와 학교 효율성〉 《교육 관리와 행정》 27(1) 45-54.

켈리, A. (2000) 〈교장은 산업의 대표를 능가하다〉 타임 교육 증보판, 12월 8일.

메이건, R. (1986) 《가르치는 사회학》 런던, 카셀 [신판: 메이건, R., 시라지-블래치퍼드, I. (2000) 《가르치는 사회학》 런던: 컨티넘 출판 그룹]

트래퍼드, B. (1997) 《참여, 권력 공유, 사회 개선》 노팅엄: 에듀케이션널 헤러틱 프레스.

트래퍼드, B. (2000) 〈섞은 집보다 더 많이〉《표제》 중등교장협의회 34, 11월.

트래퍼드, B. (2001) 〈가치, 자질, 도덕 리더십〉 베넷, D. 앞의 책.

2

배우기 위한 학습－매력적인 10퍼센트

토니 힌클리(Tony Hinkley) 지음

> 학습은 우리의 개인적이고 집합적인 경험의 가장 강력하고 매력적이며 보람 있고 즐거운 측면이라 할 수 있다. 학습에 관해 배울 수 있는 기능과 학습과정의 숙련자가 되는 것은 다음 세기에 가장 중대한 과제이다.
>
> 허니(Honey, 1999)

왜 배우기 위한 학습인가?

학교가 학생들에게 교육을 제대로 제공하고 있는가? 혹은 학교가 학생들에게 크고 넓은 세상으로 나가는 첫걸음에 필요한 시험에 통과하도록 가르치고는 있는가? 나는 비록 '기본으로 돌아가시오(back to basics)'라는 로비(lobby) 활동과는 의견이 일치하지는 않더라도 오늘날 학교에 대한 그저 실용적인 관점만을 받아들이는 것에 반대한다. 최근 정부의 발의는 표준을 세우기 위한 주요한 추진으로 묘사될 수 있는데, 이러한 접근법의 결과로 명확한 지식을 확장하는 데 대해서 누가 반대하겠는가? 이러한 발제문은 문서화되었으나 표준을 세우기에는 아직 부족하다. 만약에 진실로 '세계 최상급(world-class)' 교육 제도에 접근하고자 한다면 우리는 '표준 의제(standards agenda)'를 넘어서 볼 필요가 있고 어떻게 최상의 학습이 이루어지는지를 연구해야 한다. 시험 결과 지표에 의해서 학교 또는 정부를 측정하는 것은 쉽다. 하지만 우리는 단순히 이것으로 인해 어떤 것은 중요하다고 판단하고 또 어떤 것은 중요하지 않다고 측정할 수가 없다.

우리의 우선순위는 분명해야 한다. 교육은 의심할 바 없이 표준 의제보다 중요하다. 현재 정부가 인식하는 것을 우리가 알고 있는 것으로는 아주 희망적이지만 – 이런 교육 세계의 새로운 관점은 무엇이고 이미 시작되어버린 표준을 세우는 작업은 어떻게 보완해야하는가? 세계는 급속하게 변화하고 있고 변화의 속도는 계속 빨라지며 이러한 변화 속도의 증가는 잠재적으로 위협적인데, 후손들이 우리가 경험해 보지 않았던 세상에서 살아가도록 어떻게 준비해야 하는가?

우리의 교육 제도는 일시적이었고, 그 목적은 더 이상 존재하지 않는다. 존 웨스트-버넘(John West-Burnham)은 그의 글에서 이 전제를 요약했다.

> 21세기를 위해 준비하는 청소년들을 위한 19세기 교육기관에서 근무하는 20세기 선생님들에 대한 많은 진부한 사상들이 있었다. 하지만, 본질적으로 대부분의 학교에서 학생들의 경험을 조직화하기 위한 방법에 있어서 필수적인 교육적 정당성을 발견하는 것은 매우 어려웠다. 시간-시기, 날, 기간, 해-의 사용에 있어서는 학습을 위한 제한된 관계가 있었는데, 많은 것들이 통제와 함께 하였다. 공간의 사용-교실 등-또한 대부분 다른 신뢰성이 떨어진 일종의 조교 제도(monitorial

system)에서 유래되었다.

(웨스트-버넘, 2000)

이제 생활을 위한 직업의 개념은 원칙이라 하지 말고 예외로 취급하는 것이 더 낫다. 비록 교육이 가장 예외일 테지만 말이다. 오늘날 학교에 있는 대부분의 젊은이들은 몇몇 회사를 거치는 것뿐만 아니라 더 이상 존재하지 않는 직업까지 포함해서 여러 개의 직업을 거쳐 계속해서 움직이는 '사회생활 목록(portfolio careers)'라고 알려진 것을 경험하게 될 것이다. 예를 들어 우리들 중에 얼마나 많은 사람들이 학교에서 웹사이트 디자이너(website designer) 같은 직장 생활에 관한 조언을 받는가? 기능은 발전적이고 움직일 수 있는 것이다. 긍정적인 마음 자세와 융통성은 미래를 두렵게 하기보다는 미지의 도전을 받아들일만한 것으로 만든다.

이런 모든 불확실성과 함께 학생들에게 미래에 필요한 실질적인 것과 관계없는 내용에 기반한 교육과정은 점차 빠르게 시대에 뒤처지게 되었다. 배우는 방법을 학습하는 것은 모방을 위한 열쇠가 된다. 어떻게 배울 것인가에 관한 우리의 빠르게 발전하고 있는 이해로 학교의 현재 구조적인 패러다임과 전통적인 교수법에 관한 도전이 발생된다. 신경과학에서 연구결과의 출현, 최근의 인지 심리학의 발전, 그리고 학습의 새로운 모델의 성공은 중등교육을 받는 대부분의 학생들의 구획되어진 경험에 대한 비판의 무게를 더해준다.

이런 전제를 받아들이는 것은 논제로서의 학습을 다른 것들과 대체시킬 것이다. 사실, 배울 권리 그리고 학습자로서의 기능 발전을 도움받을 권리는 모든 사람들에게서 뺏을 수 없는 권리가 되어야 한다. 마찬가지로 이런 기능을 발전시키는 일은 젊은이들에게는 가장 할 만한 가치가 있는 직업의 선택권으로 보여 진다. 우리 사회는 가치 있고 존경받는 이런 '새로운' 교사라는 직업 소임을 다하고, 정치가들 또한 그들의 역할을 수행해야 할 것이다.

다른 기능과 마찬가지로 학습도 발전시키고 개선할 수 있는 기능이다. 그래서 학습 방법을 배우는 것은 근본적인 삶의 기능이 되어야 하고 이해와 가치 있는 위상을 지녀야 한다. 학습에 관한 요점은 학습 방법을 배우는 것이 개선된 행위로 변환되지만 어떤 시험이나 평가를 넘어서 지속된다는 원칙으로부터 분리되지는 않는다.

브리스틀(Bristol)대학의 가이 클랙스턴(Guy Claxton)은 배우기 위한 학습의 3단계를 기술했다. 첫 번째는 학생 개개인의 성과-예를 들어 시험 실제-를 증진시키는 것이다. 두 번째 단계로 그는 학교를 위한 배우기 학습을 기술했는데, 여기에는 향상된 표준 결과가 포함된, 학교에서 학습자를 증진시키는 데 기여한 공부 방법을 가르치는 것이었다. 세 번째 단계는 삶을 위한 배우기 학습이다. 이 단계에서는 학생들이 클랙스턴이 삶의 '복잡한 불확실성'이라고 부르는 것에 대처할 수 있도록 긍정적인 태도를 개발시키는 데 도움을 받는다.

이처럼 기술된 단계 각각은 표준을 증진시키는 데 기여한다는 점에서 가치가 있다. 각각의 단계는 다소 다른 것을 제공하고 삶의 복잡성과 도전과 관련된 이전의 것을 추가한다. 나에게는 학습이 배울 수 있다는 사실을 완벽하게 납득시켜야 한다는 것이 분명하다. 그래서 우리는 더 이상 기능 부족으로 인한 과제의 어려움은 생각하지 말고, 성공하기 위한 적절한 학습 방법을 알아내는 데 주력해야 한다.

교사는 새로운 패러다임 안에서 분명 다른 역할을 맡아야 할 것이고, 그들 중 한 명은 그 일에 숙련되지 않을지도 모른다. 교사는 전문가가 내용을 전달하는 것뿐만 아니라, 또는 대신에, 학습자로서의 학생들을 발전시키는 데 전문가가 되어야 할 것이다. 우리 교육과정의 핵심 영역 중 하나는 열심히 하는 학습자란 어떤 의미인가라는 질문에 대한 답을 해야 하는 것이다. 우리는 가이 클랙스턴의 용어인 '학습력(learnacy)'이 읽고 쓰는 능력을 나타내는 문해력(literacy)이나, 숫자를 세는 능력인 수리력(numeracy)과 같이 나란히 그 정당한 위치를 차지할 수 있을 날을 기대한다.

물론 이러한 생각은 수년간의 필수적인 학교 제도 교육을 넘어선다. 이언 길버트(Ian Gilbert, 2000)가 말했듯이 '자격 중심 교육은 우리가 그들이 일하도록 도움으로써 젊은이들에게 해를 끼치는 것'이라는 것은 논쟁거리가 될 수 있나? 어제의 대답이 더 이상 오늘날의 문제에 맞지 않고, 지식은 전에 없던 비율로 그 배가 되는 변화의 세계에서 평생교육만이 우리 사회를 위한 단 하나의 방법이다. 자격이 좋은 직업을 갖게 할 수는 있지만 시간이 지날수록 자격만 가지고는 충분치 않다는 것을 알게 될 것이며, 긍정적인 태도가 뒷받침 될 때만이 가능해진다는 것을 알게 될 것이다.

역사는 우리에게 무엇을 말해주는가?

알프레드 비네(Alfred Binet)는 지능 검사를 세상에 소개한 것으로 칭송을 받고 있다. 1900년대 초반, 시골이나 그 밖의 지역에 살던 가정들이 파리로 이주했을 때 이주 아이들 중 몇몇은 학교생활에 큰 문제가 있을 것이라고 예견되었다. 비네는 아이들의 학교생활 적응 기능을 알아보기 위해 프랑스의 교육부와 연계하여 연구하였다. 비네는 이러한 아이들을 위해 백 여 개의 시험 질문을 만들었는데, 몇 개 이상의 질문을 통과하면 그 아이의 학교생활은 성공적이라 판단하고, 만약 그렇지 못하면 그 아이의 학교생활은 어렵다고 판단하는 방법이었다.

지능지수(IQ) 테스트는 대서양을 건너 미국까지 이러한 방법으로 만들어졌다. 일대일 테스트 형태에서 종이와 연필을 이용하여 많은 수가 집행할 수 있는 형태로 변했다. 지능테스트는 1920년대 중반에 미국의 교육 시행에 있어서 상대적으로 저렴하고 '응시하기 쉬운' 테스트로 정착되었고, 최근까지도 서구사회에 남아있다. 비네의 예시를 따라서 그때부터 지능 테스트는 말의 기억, 말의 추론, 수의 추론, 논리적인 배열 그리고 문제 해결의 영역을 측정하는 데 있어 중요해지기 시작했다.

한참 후인 1983년, 하워드 가드너(Howard Gardner)는 다중 지능(Multiple Intelligences)에 관한 그의 첫 번째 책을 출판했다. 가드너는 비네와는 대조적으로 지능지수가 고정되고 측정 가능한 실체라는 가정이 잘못되었다고 비판했다. 가드너는 '얼마나 똑똑한가?'라는 질문 대신에 '어떻게 똑똑해질 수 있는가?'라고 질문해야 한다고 주장했다.

가드너는 지능을 '문제 해결 기능이나 하나 혹은 더 많은 문화적 장치로서의 가치를 가진 생산물의 양식'이라고 정의하고, 지능을 일곱 개로 약술하고, 나중에 한 개를 덧붙였다. 처음 일곱 개는 이러하다:

- 언어적: 언어, 성형화, 조직의 재능;
- 수학적/논리적: 정밀을 좋아하고, 추상적인 생각을 즐기며, 구조와 질서를 좋아함;
- 시각적/공간적: 사진과 정신적 이미지를 생각하고, 지도, 차트, 도식을 잘 다루며, 학습을 돕기 위해 움직임을 이용함;
- 음악적: 분위기와 감정에 민감하고, 리듬을 즐기며, 음악에 의해 도취되거나 영향을 받음;
- 신체운동(kinaesthetic): 솜씨 있게 신체를 이용하고, 시간을 잘 맞추며, 생각과 촉감을 실행하는 것을 좋아하고, 대상을 잘 통제함;
- 인간 친화(interpersonal): 다른 사람과 잘 관련되고, 훌륭한 전달자이며, 집단에서 일하는 것을 중재하고 즐김;
- 자기 성찰(intrapersonal): 개인적인 특성과 태도를 반영.

뒤에 덧붙여 진 것은:

- 자연 친화: 자연적인 세계에 연결하는 기능, 삶의 세계를 이해하고, 생태적 논의에 가까워지며, 정황에서 벗어나는 것 보다 그 안에서 학습하는 것을 즐김.

2000년 다나 조호르(Danah Zohor)는 우리가 소유한 가장 강력한 지능이라고 주장하는 〈영성 지능과의 접속(Connecting With Our Spiritual Intelligence)〉이라는 논문을 발표했다. 이 글에서 다나는 우리의 정신 지능을 통해서 우리는 가장 심오한 핵심적 요인과 관련하여 우리 삶의 의미를 찾는다고 주장하고, 정신적 지능은 우리의 배우고자 하는 욕망에 기인하며 가장 창조적인 생각이 나타나는 곳−만약 우리가 그것을 가꾼다면−이라 했다. 가드너는 이제 실재적이거나 혹은 정신적인 9번째 지능에 대해 연구함으로써 우리 모두는 학습자이고 학습은 지속적인 행위라는 것을 보여주고 있다.

신경과학은 인간의 신경조직, 뇌 그리고 의식·지각·기억·학습의 신경적 기본에 대해 연구하는 것이다. 신경조직과 뇌는 인간의 학습과정을 물리적 기반으로 한다. 신경과학은 인식할 수 있는 행동에 관한 우리의 소견과 그런 행동을 지지해 주는 실제적인 신체적 과정을 연결한다.

신경과학의 중요한 발견 중에 1981년 노벨상을 받은 로저 스페리(Roger Sperry)의 연구(1974)가 있다. 스페리는 뇌의 구조와 기능을 연구했고 두 개의 다른 반구가 두 개의 다른 생각 '양식'을 조절한다는 것을 밝혔다. 그는 또한 우뇌든 좌뇌든 생각의 우성을 가지고 선호하는 양식이 있다고 제안했다. 즉 좌뇌는 특히 논리적, 순차적, 분석적이고 객관적인 행동과 관련이 있고 과학자나 수학자의 전형으로 상징화되며, 우뇌 사상가는 좀 더 주관적이고 전체적, 통합적인 접근의 직관 행동을 보여준다고 한다. 좌뇌와 우뇌는 남성보다 여성이 더 큰 뇌량(corpus callosum)을 통해 함께 결합되어 있고, 우반구가 좌반구의 형태를 만들어간다고 알려져 있다.

대부분의 개인들은 이러한 생각의 방식 중에 하나를 명백히 선호한다. 그러나 몇몇은 좀더 광범위한 지능을 가졌고 두 가지 양식에 동등하게 숙련되어 있기도 한다. 학교에서 좌뇌 피실험자는 논리적 사고, 분석, 정확성에 초점을 맞추고 반면에 우뇌 피실험자는 심미성, 감정, 창의성에 중점을 둔다. 학교에서는 역사적으로 우뇌자를 얕보는 반면 좌뇌의 사고자는 선호하는 경향이 있다는 것은 놀랍지 않은가?

'좀 더 광범위한 지능(whole-brained)'을 가진 사람이 되기 위해서 학교는 오리엔테이션에서 예술, 창의성 그리고 상상력과 통합의 기능에 동등한 무게를 둘 필요가 있다. 이것은 단순히 시간표에 이런 과목들을 집어넣는 것 이상으로, 커리큘럼의 구성과 실행에서 그 개념이 이해되고 내재화되거나 명백하게 나타나야 할 필요가 있다.

가르치는 것은 학생들을 위해 좀 더 광범위한 지능을 가진 교육적 경험이 요구된다. 교사는 양쪽 뇌를 연결시키는 기능을 이용해야 한다. 논리적, 구조적 접근에 기본을 둔 좌뇌 활동은 상대적으로 상상하거나 설계하기 쉽다. 교사는 그들의 독서나 분석적 행동에서 시각적, 은유, 분석, 역할놀이, 움직임을 조직함으로써 학생들의 우뇌 학습 활동을 증가시킬 수 있다. 이것은 학생들의 잠재기능을 최대화하기 위해서 조금 다르지만 중요한 교수법의 이동을 보여준다.

폴 맥클린(Paul Maclean, 1983)은 사실 인간의 뇌는 세 개로 이루어졌다고 가정했다. 이들 중에 행동과 진화 조건에서 가장 초기의 것은 파충류의 뇌라고 알려진 것이다. 이것은 호흡, 균형, 그리고 우정이나 인간관계의 영역 측면 같은 감각상의 운동 신경 기능을 조절한다고 믿어졌다. 여기에 기반을 둔 행동 측면은 예측할 수 있고 반복적인 상황 그리고 추구, 자랑, 동지애, 정의 그리고 '회피(flight)나 항쟁(fight)' 반응과 같은 행동을 포함한다.

두 번째 뇌는 중간 뇌이고 또한 포유류 혹은 변연계의 뇌로 알려졌다. 이 강력한 구역은 감정과 장기기억 그리고 생체리듬을 조절한다. 변연계 조직은 학습을 위한 '감정적 통제자'로 역할하고 학습의 타당성과 가치와 관계가 있다. 가장 후기의 뇌인 세 번째는 인식, 추리, 언어, 고단계 지능을 조절하는 신피질 또는 사고뇌이다. 이것은 고도로 요구된 추리기능에 의한다는 점에서 다른 영장류를 포함한 동물과 우리를 구별시켜 준다.

연구에 의하면 뇌는 컴퓨터와 다르다고 한다. 뇌의 신경 연결 조직은 컴퓨터처럼 꽉 조여지고 순서적이고 예상 가능하고 직선적이거나 수평적인 구조와는 달리 느슨하고 유동적이며 '거미줄 같고' 포개어진다. 결과적으로 뇌는 스스로 조직된 것으로 설명하는 편이 더 낫다. 마찬가지로 뇌는 컴퓨터처럼 고정되어 있는 실체가 아니고 일생동안의 사용을 통해 변화한다. 정신 집중과 노력은 뇌의 조직을 바꾸는데, '사용하지 않으면 잃는다(use it or lose it)'는 개념처럼 말이다. 신경세포는 서로 연결되어있고 수상돌기라고 불리는 부분에 의해 소통된다. 뇌에는 약 100억여 개 정도의 뉴런이 있고 1000조 개 정도의 연결고리가 있다. 연결 조합이 가능한 수는 약 백만분의 십 정도이다. 우리는 뇌를 사용함으로써 특정 연결 형태를 강화시키고, 다음 시기에 연결될 때는 더 쉽게 연결될 수 있도록 한다. 이것이 기억력을 발전시키는 방법이다.

다음은 다니엘 골맨(Daniel Goleman)이 미국의 감성계명력(emotional literacy)에 대해 서술한 것이다.

> 우리 삶을 항해하는 동안, 날마다 우리를 조종하는 것은 두려움, 시기, 분노, 의기소침, 걱정, 불안이다. 우리들 중에 학업적으로 가장 명석한 사람이라 할지라도 제멋대로의 감성 때문에 타락한 사람이 될 수 있는 약점이 있다. 감성계명력을 위해 우리가 지불해야 하는 것은 실패한 결혼, 문제 있는 가정, 성장을 방해 당한 사회나 노동생활, 악화되는 건

강과 정신적 고통, 사회적인 살해와 같은 비극이다.

(골맨, 1995)

골맨은 우리의 감성적인 결점과의 싸움을 치료하는 최선책은 예방책(preventive medicine)이라고 증언했다. 다시 말해서 우리는 지능지수와 같이 좀 더 전통적인 방법으로 지능을 측정하는 것처럼 우리의 아이들에게 감성지능[감성지수(EQ)로 알려진]과 연합된 필수 기능을 가르치는 데 그 중요성을 둘 필요가 있다.

무엇이 감성지능인가? 감성지능에 관한 골맨의 개념은 다음 다섯 개의 특징과 기능이라 말할 수 있다:

- 자의식: 자신의 감성을 알고, 발생하는 감정을 인식하며, 그들 사이에 구별하기;
- 분위기 조절: 현재의 상황에 맞게 감정을 조절하고 즉각적으로 반응할 수 있다;
- 자발성: 감정을 '한데 모으고' 자기 회의, 타성, 격정적임에도 불구하고 목표를 위해 방향을 조절;
- 감정이입: 다른 사람의 감정을 인식하고 그들의 언어적, 비언어적 신호를 이해하기;
- 관계 조절: 사람 사이의 상호작용, 결심의 갈등, 협상을 조절.

감성 건강이 효과적인 학습에 기본이 된다고 이 연구는 주장한다. 예를 들어 한 연구에서 골맨(1995)은 미국 학생들의 성공에서 가장 중요한 요소가 학습방법을 이해하는 것이라고 결론지었다. 이것이 그렇게 놀라운가? 명백한 결론보다는 우리가 계획하고 설명해야 할 것이 얼마나 많은지를 생각해 보라.

학습 방법을 배운 학생들은 훨씬 더 쉽게 성공할 수 있다. 미국에서 감성지능은 지능지수나 규격화된 시험점수 같은 전통적인 방법보다 더 나은 성공의 예측자로 알려져 왔다. 그래서 회사, 대학, 학교에서는 감성지능에 큰 관심을 보였다. 감성지능에 대한 생각은 연구나 커리큘럼 개발에 영감을 불어넣었고 게다가 연구자들은 자신의 감정을 잘 조절하고 다른 사람을 효과적으로 대할 줄 아는 사람들은 좀 더 즐거운 삶을 살 수 있다고 결론지었다. 마찬가지로 만족해하는 사람들은 불만족스러운 사람보다 좀 더 쉽고 효과적으로 정보를 보유할 수 있다.

한사람의 감성지능을 만드는 것은 평생의 힘을 가진다. 어린 학생들의 충돌의 증가 단계에 놀란 학부모와 교육자들은 학생들에게 그들의 감성지수를 이용하는데 필요한 기능을 가르치는데 주력했다. 회사에서 훈련 프로그램에 감성지능을 포함하는 것은 고용자들의 상호작용을 도와서 생산성과 이윤 증대를 돕는다고 믿어졌다.

골맨(1995)은 학교에서 감성지능과 '감성계명력'을 배양하는 데에 설득력 있는 논의를 제시했다. 그는 저인식된(under-recognized)한 지능의 개발은 인지지능에 중점을 두는 것 보다 젊은이들의 삶에서 장기적인 성공에 좀 더 영향을 미칠 것이라고 주장했다.

다른 연구는 세 가지 학습의 주요 방식인 시각적, 청각적, 신체운동 탐구를 포함한다. 많은 교사들은 이 세 가지 방법으로 교과과정을 구상하고 그래서 그들 반의 학생들의 학습 잠재력을 최대화한다. 여기에는 아직 전반적으로 탐구되어지지 않았고 광범위하게 출판되지 않은 음식과 건강의 효과와 같은 학습 분야가 있다. 우리는 우리 관심에서 학습자의 자치를 증대시키기 위해 탐구 학습을 이끄는 것을 지속해야 한다.

패러다임의 경향과 장래에 대한 생각

격려하듯이, 생각하는 기능은 노동당 정부 정책에서 중심적인 특징에 포함되는 매우 명백한 단언이었다. 교육고용부(DfEE)의 표준효율부 대표(Head of the Standards and Effectiveness Unit)인 마이클 바버(Michall Barber)와 데이비드 블렁킷(David Blunkett)은 이 분야 개발을 관심 있게 보고 연구와 최근 바람직한 실례에 대한 정책을 기본으로 하고 있다. 그러나 연구의 배경은 많은 교사들에게 약간의 편안함을 제공한다. 이 연구는 교육표준청(Office for Standards in Education ; Ofsted) 자료와 런던 킹스 대학의 폴 블랙(Paul Black)과 딜런 윌리엄(Dylan William)의 연구(1998), 그리고 교육고용부(Department for Education and Employment ; DfEE)에 의해 연구 의뢰된 최근의 모리스 골턴(Maurice Galton), 존 그레이(John Gray), 장 러독(Jean Ruddock)의 연구(1999)인 단계별 교육과정(Key Stage) 2부터 3단계까지의 변이에 매우 의지하고 있다.

교육표준청 증거는 다른 단계별 교육과정보다 불만족스러운 단계별 교육과정 3처럼 묘사되어 질 수 있는 교수법이 있다고 나타낸다. 마찬가지로, 이 단계별 교육과정 안에서 그들 과목의 특수성을 벗어나 교사들의 높은 교수법 비율이 있다. 골턴, 그레이, 러독(1999)은 많은 학생들이 그들의 이전 경험과 비교했을 때 반복적이고 비도전적이고 충분한 진보도 하지 못한 학습에 직면해 있다고 주장한다.

블랙과 윌리엄(Black and Wiliam, 1998)이 발견한 이전에 형성 평가라고 불리었던 학습을 위한 평가 연구에서:

- 학생 스스로의 학습이 수반된 행위는 유익한 것이다;
- 학습을 위한 평가는 동기부여와 자아 존중에 긍정적 영향을 미친다;
- 학생들이 자신 스스로를 평가하고 어떻게 증진시킬지 이해할 필요가 있다;
- 이러한 접근은 일반중등교육자격시험(General Certificate of Secondary Education: GCSE)등급을 1에서 2로 증진시킨다.

교육표준청은 이미 학교를 조사할 때 학습을 위한 평가의 증명을 기대했다. 생각하는 기능에 대한 접근의 포함은 미래의 교육표준청 구상에 포함될 것이다.

게다가, 현재 많은 영국 학교에서 쓰이고 있는 인지가속도 과학교육(Cognitive Acceleration through Science Education: CASE)프로그램은 다음과 같은 개선점을 서술했다:

- 유익한 점이 지속된 프로그램이 끝나고 2-3년 후에 일반중등교육자격시험 실적의 한 등급 증가;
- 19% 이상의 학생이 과학에서 A*-C를 획득;
- 15% 이상의 학생이 수학에서 A*-C를 획득;
- 16% 이상의 학생이 영어에서 A*-C를 획득;
- 단계별 교육과정 3에서 6단계에 도달하는 비율이 두 배.

고맙게도 증명은 축적되었고 정부는 들어주었다.

신속한 고정은 없었으나 우리는 초등, 초기 중등 교육에서 필요한 기능을 끼워놓고 그리고 나서 조직적으로 그것을 만들어낼 필요가 있었다. 명백히 학생들이 어떻게 배우는지 교사가 이해해야 하는 것처럼 누군가가 어떻게 평가하는지 학생들이 이해할 필요가 있다. 아마도 기운을 북돋는 징후는 교육과정평가원(Qualification and Curriculum Authority: QCA)에 의한 전국교육과정(National Curriculum)에서 사고의 기능을 포함하는 것이다. 생각하는 기능은 학생들이 그들의 학습을 조절하는 것을 돕는 전략으로 정의될 수 있다. 전국교육과정에서 이것들은 정보 진행, 추론, 조회, 창조적 생각과 평가로 명부에 올려지고 교육과정을 통해 포함되어져야 한다.

단계별 교육과정 3에서의 2년의 전국시범시험(national pilot)으로부터의 잠정 결론은 2001년 9월 모든 학교에서 나타났다. 시범시험의 과제는 사고하는 기능과 학습의 평가 사이에서 겹쳐진다는 것을 인식하고, 전문적인 개발은 교육과정과 학습 계획에서 생각하는 기능을 끼워넣어야 할 필요가 있다는 것이다. 결과적으로 가르치는데 응용할 수 있는 지속적인 교수법을 이끌어 낼 것을 희망한다.

골턴, 그레이, 러독(Galton, Gray, Ruddock)의 연구결과(1999)는 몇몇의 명백한 그리고 걱정스러운 논제에 대해 기술했다:

- 40%의 학생들은 중등학교로 옮기는 데에 진보가 줄어들거나 전혀 보이지 않는다. 이것은 동기부여의 감소와 연관이 있다;
- 아이들에 의하면 7학년, 8학년에서의 학습은 반복적이고 비도전적이며 동기가 부족한 것이다. 후에 성공하는데 상관관계가 없다;

- 친구들의 압력과 우정의 경향은 중요한 요소이고 학생들은 친구의 기대 때문에 변화하는 것이 어렵다는 것을 인식 한다;
- 학생들의 영어, 수학, 과학에 대한 흥미가 하락하고 있고, 적어도 영어가 가장 덜하고 과학이 제일 심하다;
- 과학교육은 낮은 기대에 의해 특성화되고 칠판을 복사 한다;
- 중학생은 초등, 중등 정황이 비슷한 학생들에 비해 7학년이나 8학년 일 때 좀 더 발전하고 5, 6학년일 때 약화 된다;
- 저자들은 과제는 학교 사이에서 이동하는 것이지 학년 사이에서 변화되는 것은 아니라고 결론 내렸다;
- 성공적인 전략은 학습을 관리 하는 데에 광범위한 귀납 프로그램, 위계 편성, 단원 연결하기와 조정을 포함 한다;
- 전학은 이제 덜 긴장되지만 교수 학습에 대한 초점이 약하다.

엘로우즈 홀(Ellowes Hall) 학교에서 몇 년간 개발했던 작업은 이 연구가 수행되기 전에 이러한 논제들을 잘 다루도록 시도되었다. 우리는 여전히 연구하고 있고 목적지에 절대 도달하지 못하리라는 것을 받아들인다. 다음 절에서는 착수되어서 개발 중인 몇몇 내용이 약술된다.

엘로우즈 홀 학교에서의 배우기 위한 학습

엘로우즈 홀 학교는 웨스트 미들랜즈(West Midlands) 더들리(Dudley)의 광역자치구 끝에 위치한 11-19세를 위한 남녀공학 학교이다. 우리의 입학생은 고등 교육의 기회를 경험했던 것이 대략 10%로 소수였던 가정 출신이다. 이 현상은 10년 전부터 발생했다. 열망은 전통적으로 낮았다. 12년 전 일반중등교육자격시험의 성취율은 18%의 학생이 5개의 A*-C등급을 획득하는 것이었고, 좀 더 높은 점수를 기대하지는 않았다. 우리의 무상급식 비율은 대략 놀랍게도 13%로 낮았고 천천히 하락했다. 이것은 한계 경제 조치 위에 있는 가정 출신 모집이 다수라는 사실을 숨겼다. 입학생은 비록 명백히 자료의 일부는 그렇지 않다고 제시했지만, 전형적으로 도회지의 '백인으로서 노동 계급'이라고 묘사되어졌다.

최근에 입학생은 단계별 교육과정 2에서의 달성이 증가했음에도 5%로 낮아졌다. 그럼에도 불구하고 우리는 5개의 A*-C의 성취율을 40% 이상 달성했고, 미래에 이러한 현상을 증진시켜야 했다. 사실 우리의 목적 중 하나는 50%를 넘기는 것이다.

지방권력의 재조직의 부분으로 1990년에 발표된 것에 의하면, 엘로우즈 홀 학교는 대학진학 준비과정(sixth form)을 잃고 7학년 입학생을 모집했다. 12-18세에서 11-16세로의 변화는 직원들이나 부모들에게 환영받지 못했다. 대학진학 준비과정이 있는 한 우리는 선택할 여지가 없었다. 그럼에도 그것은 3년 후에 교부금 지원 학교가 되는데 강력한 특징이었고 대학진학 준비과정은 회복되었다.

그럼에도 7학년을 우리는 선택했다. 우리는 '술로 슬픔을 달랠(cry in our beer)' 수 있거나, 한해 빨리 새로운 7학년, 8하년 교육과정을 만들어 배포하거나, 다른 그 밖의 것을 할 수 있었다. 우리는 후자를 선택했다. 우리의 논의는 중등학교로 전환하는 실적에서 떨어진 인식을 포함시켰다. 아시다시피 이것은 새로운 현상이 아니었다. 그 이유는 문서화되어 있지 않는다. 같은 시기에 학교를 개선시키기 위한 광범위한 의제는 또한 교육 방식에 초점이 포함되어 있고, 최상의 초등 교육을 받기를 갈망했다.

이것은 아이들이 하나의 교실에서 25시간의 편안한 공간에서 변화하기 위한 외상을 받을 정도의 경험을 발견하는 것, 학생들은 '완전한(inside out)' 이라고 알려진 한 명의 교사에게 배우는 것, 교육과정과 시간에서 유동적으로 특별한 방식으로 가르치는 것이 우리의 논쟁이었다. 아이들은 그리하여 30개의 수업, 16개의 다른 교실, 12명의 교사, 100여명이 넘는 많은 사람, 교실 자원 없이 도움을 주는 것, 12개의 다른 기대치, 들고 다녀야 하는 책과 가방 그리고 저녁 같은 것들에 직면하게 되었다. 그들이 그다지 많은 발전을 하지 않았으리라고 궁금증이 생기지 않는가? 아마도 그들은 거의 진보되지 못했으리라 여겨질 것이다. 참으로, 그들 중의 일부는 그렇게 되지 않았다.

결과적으로 원래 초등교육에서 중등교육으로 바뀔 때 학생들에게 소개될 목적이었던 우리의 연합교육과정기간(Amalgamated Curriculum Time: ACT)프로그램은 9년 후에 소개되었다. 중등학교로 전환하는 학생들이 직면한 도전이라고 정의 내려진 세 가지 분야가 있다. –안전, 진전, 계속성

이 관점에서 몇 년 전에 작성된 원래의 목적과 목표를 다시 보는 것이 좋을 것이다. 결과로서 이어지는 것에서 아무것도 변한 것은 없었다.

7학년 연합교육과정기간

이유

7학년의 발전을 이끌었을 것이라는 인식은 수년 전부터 시작되었다. 중등학교로의 전환은 그렇게 하는 것에 비해 훨씬 덜 유용하고 효율이 적다는 믿음에 기반을 두었다. 전환을 하는데 있어 가장 큰 어려움은 계속성, 진전, 안전의 논제와 관련 있었다.

계속성은 아이들이 많은 초등학교에서 완전히 새롭고 이상한 환경으로 온다는 문제점을 가지고 있었다. 기록의 전환은 학생들에게 항상 최고의 이점을 전해주지 못하는 학교로의 도전을 의미했다. 마찬가지로 많은 학교가 그러하듯 유도 과정은 학교의 간단한 여행 이상의 것이 되지 못하는 것 같았다.

진전은 주요한 관심사로서 어떤 일을 다시 해야 한다는 가정은 그들이 근본적인 기능을 가지고 있을 것이라는 것으로 이런 견해는 중등 교사들 사이에서 매우 흔하다. 초등의 동료에게 있는 자신감은 그들의 헌신과 기능만큼 크지 않았다. 반복은 시간 사용의 비효율을 의미했고 게다가 '우리는 항상 다 했다.' 라고 주장하는 학생들의 불만을 증가시킴으로서 학습의 즐거움을 떨어뜨리는 결과를 낳았다. 게다가 연구는 직원들의 중등학교 학생들에 대한 기대가 항상 학생들의 기능이 보증된 것만큼 크지 않고 그들의 초등학교보다 덜 달성된다는 것을 보여주었다.

대부분의 아이들에게 안전성의 부족은 한 선생님으로부터 많으면

15명의 다른 선생님으로 바뀌는 상황에 의한 것이었다. 다른 면과 연합되어진 이 자연스러운 변화는 불안정한 것 같았고 변화는 그렇게 했을 때 보다 덜 효과적이었다.

가교 교육과정(bridge curriculum ; ACT7)의 개념은 더 나은 실제의 결과를 가져왔다. 그러나 대단히 중요한 구조에 의해, '가교(bridge)'라는 단어의 본질은 두 개의 분리된 개체를 합친다고 전제하였다. 이것은 우리가 가교 교육과정(ACT7)을 어떻게 보느냐가 아니다. 그것의 처음에는, 가교 교육과정(ACT7)은 감소하거나 명백한 재조정 없이 학생들을 변화의 장벽으로 옮기는 교육적인 고속도로처럼 보였다. 가교 교육과정(ACT7)은 학생들이 학습의 즐거움을 계속 증진 할 수 있도록 하는 교육과정의 계속성과 진전처럼 초등학교와 중등학교 사이의 자연스러운 변화에 필요한 안전을 제공하는 것이 목표이다.

의미의 진술

연합교육과정기간의 의도는:

- 단계별 교육과정 사이-특히 초등과 중등 변이 국면-에서의 기능, 태도, 지식의 개발에 대한 매끄러운 이행을 보장;
- 교원들이 명백한 자각을 하고 다른 교수방식과 학습방식 그리고 전체 교육과정에서의 그들의 기여를 어떻게 최대화 할 것인지에 대해 보장;
- 각각 학생들에게 교육과정 경험의 일관성 있는 세트의 제공;
- 학생들이 교육과정과 다른 맥락 사이에서의 교육적 경험과 이동성의 가치를 이해하도록 도움;

- 우리가 태어날 때부터 가진 학습의 즐거움을 증대;
- 자율적인 학습을 위해 학생들의 기능을 더욱 발전;
- 학습 기능의 범위를 개발시키기 위한 기회의 풍부한 음식을 학생들에게 제공:
  - 좀 더 효율적으로 배우도록 도움;
  - 그들의 일생동안 봉사;
  - 그들의 학습에 대한 고유의 욕구와 동기를 증진하도록 도움;
- 그래서 한 명의 교사와 튼튼한 학습 기본을 갖도록 본질적 접촉 시간을 제공.

요망되는 결과

그들의 이전 경험을 세우기 위해 학생들은:

- 그들의 학습에서 계속성과 진전을 제공하는 명백하고 알기 쉬운 체계를 통한 초등·중등 교육 사이의 이행에 대한 확실성 느끼기;
- 자아를 존중할 줄 아는 잘 통합하고 자율적인 사람이 되기;
- 다른 사람을 존중하기;
- 그들의 성과를 인식하고 보상받아야 한다.

학생들은 다음을 통해 자율적인 학습자가 될 것이다:

- 다양한 교수방식의 경험;
- 모든 교육과정에 필요한 다양한 학습 기능의 개발;
- 그들의 학습에서 관련된 활동적이고 반응이 있는 것;
- 학습에 대한 긍정적인 태도의 개발;
- 전국교육과정과 다른 교육과정 영역의 과목에 관한 지식의 개발.

부모들은 지지와 안내를 제공하기에 적당한 어느 때이든 몰두할 것이다. 초등학교와의 연결은 더욱 강화될 것이다.

개발을 위한 가능한 전략

이 간단한 메모들은 가교 교육과정(ACT7) 개념의 더 나은 발전을 위해 가능한 전략과 자율적인 학습자로서 학생들의 개발에의 기여를 약술했다.

교육과정은 다음의 단계가 포함된 체계에 기본을 두어야 할 것이다:

1. 학습 기능의 정의
   - 현존 프로그램으로부터–예를 들어 시간조절, 연구기능, 도서관, 프로젝트 계획 등.
   - 새로운 기능–예를 들어 학습 전략, 선호하는 학습 방식, 학습 지도 등
2. 기능 개발을 위한 문맥의 정의
   - 전국교육과정의 영역이나 내용은 무엇인가?
   - 교원의 가능성, 능력, 훈련의 필요는 무엇인가?
3. 평가 전략 고안
   - 학생들의 발전에 다음 단계를 알려줌
   - 기능 개발의 진전을 기록
   - 전국교육과정을 통한 진전을 기록
   - 자기 평가와 검토에서의 기능 개발

연합교육과정기간에서 개발된 기능은 교육과정의 나머지를 서비스하기 위해 전환될 수 있고 강화되어질 것이다.

안전에 관한 논의에 대한 응답-다니엘 골맨의 ≪감성지능(1995)≫으로 반향-은 현저하게 성공적인 것처럼 보였다. 우리가 소개한 연합교육과정은 교육과정시기 30%에 대해 한 그룹 당 교사 1인에 의해 가르쳐졌다. 이 계획의 주제는 현대 외국어와 체육의 모든 범위 장벽을 포함했다. 훌륭한 초등 교육 실행자는 자원봉사자 팀을 이끌도록 지목되었고 첫 어린이 집단이 도착하기 전에 두 개 학기를 따라잡았다. 이 준비 시기는 태도를 개발시키고 교원 수행을 바꾸고 교수법을 따라잡는데 귀중했다. 채택된 접근 교육과정은 그 시기에 전형적으로 가장 훌륭한 초등교육 수행이었고 교육과정에 대한 주제적 접근에 기반을 두었다.

동시에 우리는 7월 인도 주일(Induction Week)을 소개했다. 6학년의 모든 학생들은 예를 들어-수업과 교사의 교체, 소지품을 갖고 다녀야 하는 것 같은 이동에 직면한 많은 도전에 적응하기를 바라는 동안 '표준적' 보조 시간표에 한주를 보낸다. 해를 거듭할수록 이것은 현저히 성공적이라고 증명되었다.

원래 연합교육과정기간 교사들은 이러한 교수 그룹의 지도교사였다. 그래서 초등학교에서 보여 지는 한 선생님과의 관계에 대한 안정성과 접촉의 의미 있는 확대가 되풀이 되었다. 같은 시기에 학생들은 많은 사람과 벨, 교실마다 움직임, 가방 들고 이동하기, 많은 과목과 선생님과의 대처를 통해 중등학교 생활의 소동에 대한 자신감을 개발시켰다. 첫 번째 해가 끝날 즈음에 지방교육위원회(Local Education

Authority: LEA)의 평가는 7학년 학생들은 좀 더 진전되었는데 같은 때에 학교에 들어왔지만 특별 프로그램의 혜택을 받지 못한 8학년 상대 학생보다 앞서갔다고 지적했다.

그러나 진전과 계속성의 논제는 성공의 같은 척도로 다뤄지지 않았다. 사실 연합교육과정기간 프로그램은 많은 잘못된 시작과 차질이 생겼다. 1994년 교육표준청 조사는 학생들에게 긍정적인 기여를 한다는 결과에도 불구하고 틀에 적합하지 않다고 밝혔다. 교육표준청 견해는 발전했고 계획을 포함했다. 그러나 자동 반사적 반응은 교육과정의 몇몇 과목을 없애고 연합교육과정기간의 시간을 20% 줄였다. 이것은 교육과정 내용처럼 영어, 종교교육(RE), 개인, 건강 사회교육(PHSE), 정보통신기술(ICT)이 핵심으로 남았다..

교원 문제가 뒤따랐다. 일반적으로 연합교육과정기간이 학교에서 구심성을 잃고 학교는 표류되는 것이 받아들여졌고, 초등 분야와 새로 임명된 자인 원래의 팀 지도자는 점차 좋지 않게 되었다. 질병은 교장과 연합교육과정기간 팀 지도자를 포함한 예상보다 빠른 사임의 결과를 빚었다. 새로운 팀 지도자는 지명되었고, 인원에 대한 다른 주요한 변화를 가진 연합교육과정기간은 '다시 나왔으며', 이것의 목적은 다시 굳어졌다.

1999년 그 시기는 모든 것을 가져오기 위한 새로운 추진을 위해 너무나 충격적인 현실 속으로 좋은 생각을 적절하게 개발하였다.. 어쩔 수 없이 새로운 교장은 도착했고 많은 변화가 발생했다. 가장 중요한 것 중 하나는 지도교사 요원들을 밀접하게 돕고 모든 학생의 진전을 확대하기 위해 혼합 연령(nixed-age) 지도교사 제도를 바꾼 것이다.

우선적으로 우리는 어떤 학생도 주목하는 바 없이 그리고 그들의 진전을 기록하는 것 없이 학교에 눈에 보이지 않게 슬쩍 들어섰다. 환합연령 지도교사 그룹은, 대학진학 준비과정을 제외하고, 매 학년 집단으로부터 4-5명의 학생을 포함시켰다.

25명 정도의 지도교사 집단은 나이든 학생은 후원을 위한 기회를 즐기고, 그들의 어린 동반자를 보호하는 '가족' 기풍의 개발을 허락한다. 긍정적인 역할 모델을 위한 기회와 북돋음은 지고교사의 시간을 좀 더 집중이 된 기간으로 바꾸었다. 지도교사들의 작업량은 한해에 걸쳐 이루어졌고 그래서 학교의 모든 아이들에게 더 친숙한 관찰과 후원이 가능했다. 전형적으로 즉각적인 결과는 학부모의 상담미팅이 95%나 그 이상의 참석률을 가진다는 것이었다.

교수법과 기풍을 매우 호의적으로 판단한 1999년의 교육표준청의 조사는 좀 더 나은 개선을 위한 기본을 제공했다. 교육과정의 취지는 교수법으로부터 학습하는 것으로 중점을 옮겼다. 우리는 또한 1999년에 이직 칫 시원사블 보지 못한 인지가속도 과학교육을 시작했다. 학습을 위한 활동(Campaign for Learning)에 의해 조직된 '배우기 위한 학습(Learning to Learn)' 발의의 24개의 시범학교 중 하나가 되기 위해 성공적인 신청은 2000년에 이루어 졌다. 이 프로젝트에서 우리는 7학년에 연합교육과정기간 프로그램의 투입을 비롯하여 교육과정에 영향을 미치는 어떻게 배울 것인가의 학습을 포함하는 학습 기능의 일관성 있는 프로그램의 개발을 기대했다. 더들리 학습망(Dudley Grid for Learning)의 한 분야-권한은 광범위한 공공 자금 계획(Public Funding Initiative)/공사립협력(Public Private Partnerships)프로젝트-로서 2000년 우리는 학교 전반적으로 150대의 컴퓨터를 이용한 새로운 정보통신기술 네트워크를 구축하였다. 이것은 10년을 단축한 서비스였고 전국학습망(National Grid for Learning: NGfL) 선도 프로젝트였다. 62명의 모든 교원은 교육과정을 위한 개인 컴퓨터를 받았고 행정적 이용을 했다. 정보통신기술은 미래의 학습을 증가시키는데 좀 더 강한 모습일 것이지만, 연합교육과정기간은 학습을 강화하기 위해 정보통신기술을 이용하는 프로젝트는 아니다.

연합교육과정기간 프로그램은 요즘 영어, 종교교육, 정보통신기술, 개인건강과 사회교육의 융합된 프로그램을 구축하는 기능을 학습하는 것에 기본을 두어 재구성되고 있다. 학습 기능, 방식, 접근의 모체는 그들의 탐구와 적용의 문맥을 제공하는 과목과 함께 그려졌다 예를 들어, 새로운 프로그램에서 학생들이 선호하는 학습 방식은 정의 되어졌고 학업 계획과 수업은 다른 유형의 학습자의 운영을 위해 구상되었다. 하워드 가드너의 다중 지능의 개념(1983)은 학생과 그들의 진단된 속성과 함께 탐구되었다. 그들은 그들의 연구에 접근하기 위해 이런 이론을 응용하며 도움을 주었고 그럼으로써 그들의 다름을 정당화하고 학습자로서의 자연스런 힘을 적용하는 다른 방법을 개발했다. 우리는 이것을 통하여 혹은 다른 접근을 희망했다. 가이 클랙스턴의 학습력은 우리 학생들의 교육과정 경험에서 현실이 되었다.

우리는 프로젝트 연구 차원에 피드백될 만한 특별한 관심의 생각이 있다. 이것들은 다음을 포함 한다:

- 연합교육과정기간의 4개 교육과정 영역에서 학습방식과 다중 지능의 이론에 기반을 둔 계획된 교실 개입을 구상;
- 학생들이 선호하는 학습방식과 두드러진 지능의 정의;

- 학습 접근과 기능에 대한 교원 소책자의 개발;
- 이전에 7학년 진학 전 학생을 위한 '어떻게 배울 것인가의 학습'의 인도 과정 준비;
- 부모를 위한 '어떻게 배울 것인가의 학습' 안내 제작.

우선 목표는 '전달' 목적-그것이 발생 했는가-에 기본을 둘 것이고 후에는 학습 목적-학습 상황에서 행동 변화의 증거-에 둘 것이다. 평가는 연합교육과정기간 프로그램과 다른 과목의 영역 안에서 학생과 교원들로부터의 증거의 분석과 수집을 포함할 것이다.

학생들에 대한 태도나 행동 변화의 검증은 필요하게 될 것이고 조사나 관찰에 의해 수행될 것이다. 학습에 대한 학생들의 태도에 대한 조사는 한해의 시작 무렵에, 통제단(control group)역할을 하는 지역적으로 비슷한 학교의 학생들로 실시되었다. 이 조사는 그 첫해의 말에 반복될 것이고 결과는 유사성, 차이점 그리고 흥미 지수로 분석될 것이다. 덧붙여 잠정적 조사는 오직 엘로우즈 혹의 7학년 학생에게 1학기 말에 실시되었다. 그들은 1에서 4번까지 그들의 느낌을 고르는 것으로 질문에 답했고 4가 가장 높았다. 그 '통제된' 질문은 학습지도(Learning Maps)가 소개되지 않은 이래 봄 학기까지 디(D)였다. 이러한 결과는 도형 2.1을 보임으로서 만족스러움을 나타냈다.

배우기 위한 학습 학생 조사

2000.12.

문항	여학생 1	여학생 2	여학생 3	여학생 4	남학생 1	남학생 2	남학생 3	남학생 4
너는 학습자로서 이번 학기에 무엇을 배웠는가?								
가 나는 학습을 통해 더 긍정적 태토를 가졌다.	0%	12%	75%	12%	2%	15%	70%	13%
나 나는 일을 기획하는 것에 더 나아졌다.	0%	23%	56%	21%	3%	26%	49%	21%
다 나는 일을 할 때 잘 협조한다.	0%	5%	56%	39%	3%	8%	59%	30%
라 나는 도움을 주는 학습지도(Learning Maps)를 사용할 수 있다.	73%	6%	12%	9%	79%	5%	13%	3%
마 나는 내가 일 잘하는 것으로 달성할 수 있는 목표를 설정할 수 있다.	1%	19%	53%	26%	8%	11%	47%	34%
바 나는 내가 일 잘 하는 조건들을 알고 있다.	0%	10%	42%	48%	6%	10%	53%	38%
너는 학습자로서 이번 학기에 어떻게 느꼈는가?								
사 나는 학습자로서 더 만족을 느끼는 중이다.	1%	9%	47%	43%	3%	9%	44%	44%
아 나는 꼼짝 못하게 되면 무엇을 해야 하는지 알고 있다.	0%	5%	30%	65%	3%	5%	36%	55%
자 나는 자신에 대해서 학습자로서 바람직하게 느낀다.	0%	14%	68%	18%	6%	17%	54%	23%
차 나를 학습자로서 가장 잘 묘사한 문장은?	1%	4%	34%	61%	1%	5%	26%	68%

1. 나는 잘 할 수 없다.
2. 나는 무엇을 선택해야 할지 모른다.
3. 나는 잘 할 수 있다.
4. 나는 몇 가지는 할 수 있고 다른 것은 나는 아직 할 수 없다.

도형 2.1 엘로우즈 홀 학교의 '배우기 위한 학습' 학생 조사

이러한 답변은 이 기간 동안에 교원의 어려움을 고려해 볼 때 좀 더 큰 민족이나. '신흥 전문가(emerging specialist)'의 핵심적 팀을 위한 우리의 계획은 병으로 인한 장기 근무했던 교원의 퇴직, 그리고 교원의 부족으로 인해 7개의 그룹 중 4개가 시간제 선생님에게 배움으로서 흔들리게 되어버렸다.

교원의 태도와 실천조사는 교원이 그들의 전문적 실천을 변화시킨 정도를 평가하기 위해 포함될 것이다. 다른 평가 자료－표준평가시험(Standard Assessment Tests: SATs)과 학교 시험－는 적절하게 포함될 것이다. 이것은 집단들 간의 다양성을 제거하기 위한 상위 성취의 기본에서 이러한 자료를 알맞게 조절하는데 중요할 것이다. 다른 학교의 통제된 집단은 평가 과정에서 계속해서 참여하기를 기대한다.

평가를 위한 다른 자료의 기여는 접근이 '가르침'이 되지 못한 곳에서의 다른 과목에 대한 접근의 변이를 평가하기 위해 온건하고 표준적인 과목 평가 자료가 내적으로 포함될 것이다. 비록 우리가 다른 집단 사이에서 비교의 부가치한 잠재력을 인식하였지만, 전년도의 '명백한' 자료의 비교는 사용되어질 것이다. 한 해 동안의 잘못된 행동과 출석 경향에 대한 자료 또한 분석될 것이다. 가르침의 비디오, 동료의 관찰, 그리고 학습일기는 가능한 곳에서는 포함이 될 것이다.

2단계는 다른 학년 중에서 이해의 확산과 7학년의 모든 과목에서 이 연구의 적용－다른 모든 학년 집단과 나중에는 학부모에게도－이 포함될 것이다. 연합교육과정기간 팀을 위한 교원 훈련은 규칙적으로 일어났고 그들의 지식을 개발시키고 이미 확인된 바람직한 실천을 공유하기 위해서 모든 교원 대상으로 계획되었다. 이러한 경험의 강화와 새로운 접근은 학생 개인의 다음 학교생활에 끼워질 것이다. 반면에 이러한 핵심적 활동과 개발은 7학년 연합교육과정기간에서 계속 발생할 것이다. 결국 모든 교육과정 경험이 학습을 위한 이론과 접근을 바탕에 둘 것이라는 것이 우리의 목표이다.

이것은 어떻게 중대한 영향을 줄 것인가? 명백하게 이 질문에 대한 어떤 대답도 추측에 근거한 것이지만, 우리는 여러 가지의 것을 보게 되길 기대 한다:

- 학습 기능이 개선;
- 증가한 자신감;
- 배우기 위해 증가한 동기;
- 학습자들을 위한 증가한 자치;
- 학습에서의 증가된 고용-학창시절을 넘어서서;
- 모든 단계 학생들의 성과를 위한 시험 성공의 개선;
- 더 나은 고용 전망;
- 불만족과 학생들 사이의 분열의 감소;
- 교사들의 더 큰 업무 만족.

이것을 성취할 수 있다면, 즐거울 것이다.

마치며

이것은 우리 사회와 경제의 두 측면에서 영국의 미래는 교사들의 손에 달려 있다는 나의 주장이다. 모든 연령에서 공식, 비공식적 학습 기회는 정보를 지식으로 바꾸기 위해 준비를 갖춰 주고 그 지식에 지혜를 적용한다는 점에서 중요할 것이다. 그리하여 사람들이 그들의 재능과 기회의 대부분을 성취하는 것을 가능케 한다.

슬프게도, 16에서 24세 집단의 10%－50만 이상의 젊은이들－는 전일제 교육이나 훈련 같은 일을 가지고 있지 않거나 비고용 관련 혜택을 주장한다. 그들은 완전히 공식적 통계에서 제외되었다. 학교에서 다수는 자기 능력 이하의 점수를 얻고 많은 사람은 무단결석을 했다. 대부분은 그런 비극의 한 부분이고 학습에 종사하지 못했거나 그러지 못할 사람들의 어쩔 수 없는 하층그룹이다.

낮은 자기 존중과 자기 신뢰의 부족, 불확실성과 위험은 학습을 방해한다. 우리는 학습에 이러한 젊은이들이 참여하도록 노력해야 하고 그들의 참여를 유지할 긍정적인 마음과 자신감을 개발시키도록 도와야 한다. 우리의 다른 90%는 물론 유익할 것이다

참고문헌

블랙, P. 와 윌리엄, D. (1998) ≪교육평가에서의 '평가와 교실 환경': 원리, 정책, 실제≫ 런던: 킹스 칼리지.

클래스턴, G. (2000) 〈'배우기 위한 학습' 회의〉 런던: 학습을 위한 활동.

골턴, M., 그레이, J. 와 러독, J. (1999) ≪학생들의 진전과 성과에 대한 학교 이동 영향≫ 런던: 교육고용부.

가드너, H. (1983) ≪마음의 틀: 다중 지능 이론≫ 뉴욕: 베이직 북스.

길버트, I. (2000) 〈무엇을 위한 자격인가?〉 ≪표제≫ 중등교장협의회.

골맨, D. (1995) ≪감성지능: 왜 그것이 지능지수보다 중요할 수 있는가≫ 뉴욕: 반탐 북스.

허니, P. (1999) www.peterhoney.com/declaration(1판).

맥클린, P. (1983) ≪삼위일체≫ 뉴욕: 플레넘.

스페리, R. (1974) 〈외과적으로 분리된 뇌반구에서의 측면 분화〉 ≪신경과학 제3차 연구계획≫, 3: 5-19 캠브리지: 엠아이티 프레스.

웨스트-버넘, J. (2000) 〈미래의 학교〉 ≪표제≫ 중등교장협의회 31호.

조호르, D. 와 마샬, I. (2000) ≪영성 지능과의 접속≫ 런던: 블룸즈버리.

3

표준은 성적을 위한 것이 아니라, 삶을 위한 것이다

마이크 하드데커(Mike Hardacre) 지음

맥락

나는 1980년대 초반부터 중반까지를 특징지은 교직원 노조 논쟁이 베이커(Baker)의 1265 시간의 안수기도에 의해 잠재워진 1988년에 교장이 되었다. 교부금 지원 분야와 자유 입찰이라는 그럴싸한 개념을 포함하고 있는 전국교육과정(National Curriculum) 개혁안을 정부가 발표한 시점에서 그것은 지방 학교 운영 제도(Local Management of Schools; LMS)를 도입시켰다. 그때는 무능력한 지방 정부의 세금 인상에 의해 중앙 정부로 권한이 이양되고 우리가 정부가 지방교육위원회의 생존 능력을 심각하게 문제 삼고 있는 것을 목격하는 정도까지 지방 민주주의 통치 세노가 약화된 시기였다. 또한 그로 인해, 역으로, 통치 기구의 입지를 강하게 함으로써 권력의 공백 상태를 채워주자는 시도를 하게 되었다. 이 두 가지 운동의 추진은 학교는 교육고용부(Department for Education and Employment)와 학습기능자문위원회

(Learning and Skills Councils: LSCs)로부터 해방된 반면, 남은 지방 당국은 전체적인 권한을 빼앗길 수 있는 상황으로 나아가게 되었다.

내가 교장으로 있었던 곳은 특별한 학교 개념이 정해져 있지 않았다. 그곳은 170명이 전출하고 99명이 전입하여, 600명의 학생들로 이루어진 도심부 학교였는데, 인구통계학에서 제시하는 것보다 가파른 수적 감소세를 나타내는 대학진학 준비과정(sixth form)의 작은 학교였다. 그 학교는 거친 백인 노동자 계급과 1960년대의 과잉 공영 주택 단지라고 인식되던 것들을 위해 일했다. 가장 가까운 학교는 이미 종합 중등학교(comprehensive school)로 개명하였지만 아직도 마치 초급 중학교(grammar school)인 것처럼 행동하는 초급 중학교이었다. 내 부임 첫 해에, 당국은 다중 선택 폐쇄 계획을 세웠고, 그 학교는 13개의 선택안 중 12개로 폐쇄 지명되었다. 그 학교는 내부적인 불만감이 있었다.–학교 규칙에 대한 비집행, 항상 사회 문제에 대한 논쟁으로 흘러가 버리는 5분간의 교직원 조회, 운영진–'지배계층'으로 알려진 교장과 고위 운영진(SMT)–과 다른 교직원 사이의 분열을 지켜봐야만 하는 교직원. 이것은 학교의 정책 방향이 부족하고, 경영 위기 상황에 놓여 있다는 것을 의미했다. 학교가 운영진과 정부 관리자에 의해 휘둘리고 거의 잊혀 진 상태에 놓여 있음을 보여주는 더 많은 사례를 드는 것은 어렵지 않다.

그 지역은 웨스트 미들랜즈(West Midlands) 지방의 철강 생산 기반의 파괴로부터 회복하고 있었으나 실업률이 높으며, 학부모의 자질은 낮고, 기관에 대한 불신도 높고, 임시 고용이 일상적이었다. 고용 상태를 통해 그들의 존재감이 정의되는 많은 실직 아버지들이 있었다.

그러나 학교가 지역을 위해 했던 좋은 일도 많이 있었는데 그것은 내가 학교를 발전시키기 위해 할 수밖에 없었던 조치들이었다. 그 중심에는 아이들이 잘 되기를 바라는 학부모들이 있었다. 나는 소매를 걷어 부치고 학교에 대한 내부의 기대와 외부적인 인식을 바꿀 준비가 되어 있는 강하고 사려 깊은 고위 운영진을 얻을 만큼 운이 좋았다. 매년 학교와 학부모, 그리고 지역 사회의 연계에 중심적인 역할을 해주는 강력한 전통의 뮤지컬이 있었다. 〈회전목마(Carousel)〉, 〈사운드 오브 뮤직(Sound of Music)〉, 〈오클라호마(Oklahoma)〉는 지금 학교가 상연하는 뮤지컬 가운데 인근 주택 단지에 가장 잘 알려져 있다. 그것을 제작한 대표자는 학부모들이 문화적으로 향상되고 있다는 실질적인 느낌을 가졌고, 심지어 그때는 1/4에서 1/3정도의 학교가 제작에 참여했다. 그 학교는 개인적인 시골에 대한 배려라는 양질의 전통과 정책 방향의 부족이라는 전통을 가지고 있었다. 미술과 수학은 잘 가르치고 성과도 좋았지만, 학교의 남아 있는 분야는 정말로 '좋은 점도 있고 나쁜 점도 있는(curate's egg)'의 상태여서, 정책이나 지침에 있어서 일관성이 결여되어 있었다. '학교의 팀을 위한 역할'의 필요성 인식은 어디에도 없었다.

계속해서 전진함

나는 항상 16세기 신성 로마 제국의 찰스 5세(Holy Roman Emperor, Charles V)가 한 스페인, 이탈리아, 독일, 네델란드, 교황권에 대한 표현: '그것은 거대한 완충물(mattress)을 압축해 놓은 것과 같다. 그가 통제하던 곳 아닌 다른 곳은 곤란한 문제가 일어났다.'를 긍정적인 입장으로 대해왔다. 비록 나의 학교는 신성 로마도 아니고 제국도 아니었지만, 나는 마치 내가 찰스 5세와 어떤 공감대를 나누고 있는 것처럼 느껴졌다.

나는 이 장의 남은 부분에서, 학교의 예전의 상황을 설명한 후에, 어떻게 그 학교가 잠재적인 폐쇄, 무질서, 불만감에서 벗어나 학술적 표준 선도 의제를 억압적으로 억제하는 노력의 집중 없이 성공한 노동자 계급으로 기억되는 900명의 학생을 가진 종합 중등학교가 되었는지를 보여주기를 바란다. 나는 변화를 시작하는 것은 단기간의 시도이고, 본질적인 변화의 실현은 장기간의 작용이라고 믿는다. 내가 앞으로 쓰게 될 변화는 한 번에 일어난 것이 아니라 12년이 넘게 조직적으로 이루어진 것이다.

나는 학교가 갖고 있는 그러한 정책이 이행되어야 한다는 것을 확실히 하기로 결심했다. 이것은 10학년과 11학년의 남학생들이 블레이저(교복 상의, blazer)를 입어야 하고 그렇지 않을 경우에 교복 정책에 강조점이 없게 된다는 주장을 포함하고 있었다. 당신이 '정말로, 그것은 다른 어떤 학교 정책을 시행하는 것을 더 어렵게 만든다.' 라고 말하는 것보다 학교에 더 불명예를 초래하는 것은 없다.

학교 안에서 생기는 이윤을 자본화 할 수 있다고 나는 믿는다. 나는 학교가 인지도를 높일 필요가 있다고 생각한다. 학교의 일부분에서 일어나는 좋은 관행들을 알리기 위해 훨씬 더 구조화된 접근법- '장점을 극대화하고 단점을 극소화하는 것'-을 채택할 필요가 있다. 시간 배정과 교직원 배치의 재개편이 내 부임 첫 해에 이루어졌다. 이것은 무시당해왔던 교직원들의 생각을 받아들이기 시작한다는 당국의 지방

운영 계획을 활용하는 능력-재편성과 쇄신 같은-과 일치했다. 교칙을 집행하고, 교직원들을 후원하며, 학부모들에게 학교가 지속되는 가정불화를 가려내는 곳이 아니라, 교육을 하는 곳임을 상기시키는 일을 해야 했다. 선택 제도는 전국교육과정을 채택하기 위해 해체되었다. 9학년 말의 어린이들에게 언어 과목에서의 낙오는 허락되지 않았고, 우리는 전국교육과정의 이러한 융통성 없는 적용을 비난했다. 이는 성공적인 지역의 일부가 실제에 있어서 감소하고 있으며, 이미 나타났던 몇몇 부분에서의 우수성 또한 줄어들고 있다는 것을 의미했다. 일부 학교에서는 교복 정책을 시행하지 않는 노선에 따라 운영되었고, 교육적 지원은 자신들의 부분적 기여를 인정하는 학교에게만 주어졌다.

학교들이 함께 뭉칠 필요가 있었으며, 그것이 나의 첫 번째 목표였다.

공동 자치 전략

어떤 학교도 학교가 무엇을 위해 존재하고, 무엇을 달성하기 위해 노력해야 하는지에 대한 공동 자치 견해에 대해서 교직원들의 지지가 없이는 전진할 수 없었다. 대개는 운영진이 그리고 특별한 경우에는 교장이 비난이 아니라 모든 사람이 찬성할 수 있는 최소한의 기준을 세운 틀 안에서 그들의 전문성과 교실에서의 경험을 발전시킬 수 있는 분위기를 조성한다는 것은 이런 상황에서 매우 중요하다. 굳은 의지의 교장이 새로 임명된다는 것이 항상 쉬운 일은 아니다. 교장에게 명확성이 없다면, 담임교사나 그들 사이에 있는 이들에게도 명료성이 없다. 교직원들에게 주어지는 가장 큰 지원은, 내 생각엔, 그들이 의사소통과 진전이 가능하리라는 확신 속에 자신들의 역할을 이해하게 하는 분명하고 간단하며 간결한 직무에 대한 해설이다. 이런 종류의 접근법은 요즘 외부 기준에는 적합하지 않는 목표가 된다. 그러나 반드시 그래야 할 필요는 없다. 교직원에 대한 요구 사항은, '그들이 자신의 아이들에게 기대하는 것에 못 미치는 어떤 가르침이나 행정적인 준비가 다른 사람들의 아이들에게는 충분치 않다'는 것으로, 매우 간단하게 표현할 수 있다.

이러한 과정이 부정적이지 않고 긍정적인 것임을 보장하는 운영진에 의한 전폭적인 격려가 있어야 한다. 반드시 조성해야 할 환경은 학교가 언제 어디서 보아도 전진할 수 있는 환경이다. 이것은 상위 운영 단계에서 중·하위 운영 단계까지의 전 부분에서 엄청난 회복력과 의욕을 요구한다. 교직원들이 아이들을 위한 최상의 기준을 설정할 수 있도록 격려해야 한다. 그들이 규칙과 기준을 이행하도록 돕는 것은 운영진의 몫이다. 이것이 교직원의 화합과 개성의 감소를 의미하는 것은 아닌지 걱정한다면, 그렇지는 않다. 그것은 실제로, 모든 사람들이 개선에 대한 매우 분명한 틀과 다른 사람들과의 좋은 직업상의 관계 안에서 자신만의 견해를 갖도록 격려해야 한다는 것을 의미한다. 이것은 학교의 근본 원리가 된다. 어떤 학교도 개인의 자아가 정부 관료와 고위 운영진이 학교를 위해 추구하는 표현된 기풍을 압도하는 것을 허락하지는 않는다. 그것은 지역 사회의 어린이들에게 무엇이 필요한지를 간파하는 고위 운영진의 능력을 강조한다.

아이들을 위한 개선은 개인의 능력과 재능을 쌓는 것으로 나타나야 한다. 반드시 해마다 성과가 있을 수는 없다. 원점수와 성적표는 창피하기 짝이 없는 자료의 오용일 뿐이다. 왜냐하면, 그 두 가지는 학업 성취 능력을 고려하지 않으며, '가중치'의 개념에 대한 신뢰도 없기 때문이다. 25%의 무료 급식을 시행하는 학교와 20%의 무료 급식을 시행하는 학교를 비교하는 것은 분명히, 그리고 전체적으로 불공평하다. 고위 운영진들은 외부 압력이 그들 각자의 지역 사회와 관계를 맺어야 한다는 요구를 극복하게 할 만한 여유가 없다.

그러나 아이들이 무엇을 달성할 수 있어야 하는지에 대한 고려를 하고 교직원들이 아이들의 심리적 건강과 함께 성적향상도 이루어질 수 있도록 보장해야 함은 분명하다. 만약 아이들에게 적용될 수 있는 일이라면, 교직원들에게도 적용될 수 있을 것이다. 나는 신경 쇠약의 경지에 이른 교직원들을 다루는 방법에 동의하지도, 동의할 수도 없다 –오히려 그 방법은 더 큰 문제를 야기할 것이다. 교직원들은 교장이 학교의 건강과 안녕을 보장받기 위해 가지는 가장 귀중한 필수 용품이다. 이것은 집합적인 틀 안에서 아이들을 위해서 뿐만 아니라 교직원들을 위해서도 개인적인 요구에 대한 적절한 배려가 주어져야 한다는 것을 의미한다. 나는 오랫동안 학교는 아이들이 안전하게 실수를 할 수도 있고, 또 거기서 배울 수도 있는 곳이라고 생각해왔다. 아이들에 대한 이러한 관점은 언제나 자신의 행동의 결과를 생각하지 못하는 입장에 놓여 있는 자신을 발견한 교직원들을 대하는 것을 훨씬 더 쉽게 만들었다. 교직원들은 함께 뭉쳐서 행동할 필요가 있다. 교직원들과 고위 운영진들이 가장 큰 소리를 내는 사람들이 그 쟁점에 관한 소리도 만들어내는 유일한 사람들이지만 또한 그들이 전 교직원의 대표자는 아닐 것이라는 것을 기억하는 것은 중요하다.

업무에 관한 모든 요목과 계획은 인근 지역의 도서관에 놓여 학부형들이 아이들이 할 일을 참고할 수 있도록 실질적으로 흔한 틀로 짜여 져야 한다. 학교에 대한 주도적인 견해인, '대중성'에 대한 이러한 조치는 어딘가에 써놓은 것이 아니라 나의 머리 속에 간직된 생각이었다. 나는 매주 아이들의 성공에 대한 긍정적인 언론 발표문을 쓰기로 결심했다. 동료 교장들은 내가 모든 신문 방송사에서 다수의 공감대를 얻었다는 생각에 이르렀지만, 파생효과는 아이들과 학부모를 위해 생긴 자부심이었다. 마침내, 그들의 학교－능력이나 계급에 따른 지방의 선발제 학교 대신에－가 신문에 나왔다. 이 접근법에서 가장 기억에 남은 것은 지방의 무료 신문이 '학생들이여 책을 읽으라.!'는 표제로 지방의 도서관을 찾은 7학년 아이들 30명에 대한 4분의 1페이지 정도의 기사를 실었을 때였다. 가장 기억하고 싶지 않은 것은 몇몇 교직원과 내가 프랑스 혁명(French Revolution)을 이야기하면서 아침을 보내는 다양한 부분에서의 프랑스식 활동을 하는 날의 정점으로서 미들랜즈(Midlands) 지역의 텔레비전에서 15번이나 참수형 당했을 때였다. 물론, 어학 분과는 라마르세예즈(Marseillaise)의 의미와 몇 개의 단어를 모든 사람에게 가르쳤고, 음악 분과는 사람들에게 그 노래를 부르게 했으며, 연극 교사와 나는 그것을 감독하고, 공예 디자인 기술 분과는 단두대를 만들었다. 나는 단두대 받침대에 머리를 놓는 것을 교장의 보통 아침과는 다르게 15번이나 했다.

지역 사회와 의사소통

학교와 지역 사회의 연계는 작지만 소리 높여 외치는 사친회(Parent Teacher Association)나 22년 전 학교 부지 위에 지은 집에 살고 있는 지방 세입자들의 집단 그리고 대표자들 가운데 한 사람의 힘든 작업으로 창설된 지역의 합창단을 통하여 하는 경향이 있었다. 실제는 이들 단체의 대부분이 같은 사람들이라는 것이고, 위험성은 그들이 학교가 아이들을 관리하는 것을 보장하도록 영향을 끼칠 수 있는 대표성이 없는 패거리라는 것이다. 고위 운영진의 도움으로, 나는 교직원과 학생을 위한 학습 쟁점이 있으면, 지역 사회를 위한 학습과 신뢰 문제가 또한 있게 하는 것으로 결정했다. 나는 신임 교장의 전통적인 방문을 이바지 초등학교(feeder primary school) 주변에서 수행하고, 학교에 대한 나의 초등 동료의 인식을 조심스럽게 듣고 입을 다물기로 결심했다. 이것이 쉬운 일은 아니었지만, 많은 우리 초등학교 동료들이 나쁜 관계를 갖고 있다고 느꼈기 때문에, 실제로도 그랬지만, 우리가 중등 교육을 어떻게 할지에 대해 너무 허풍을 떨지 않은 것은 잘한 일이었다.

이 모든 것에서 조합한 정보에 따르면 통학 가능 지역은 학교의 신뢰성에 어떤 혼란스러움을 갖고 있었다. 누적된 잔무에서 야기된 다소 황폐한 분위기를 연관시킬 때에, 아이들이 양질의 학습 환경을 갖지 못하고 있다는 생각과 학교에 대한 반감을 일으키는, 괴롭히고 개략적이며 거친 환경에 대한 인식이 있었다. 처음 몇 달 동안, 나는 통학 가능 지역을 조사하고, 학교를 독특하게 하기 위해 노력했다. 그 학교는 반경 8km 이내에 있는 여섯 개의 선발제 학교들과 이론적으로 경쟁할 입장이 아니라는 것이 우리의 학업 성적을 볼 때 분명해 졌다. 6.5km 이내에 있는 3개 교회 학교도 이론적으로 경쟁할 입장이 아니었으며, 그것의 수용은 출세를 염원하는 사람들과 성공한 사람들에게 왜곡되어 졌다.

우리는 고위 운영진으로서 학교의 내부 행동 양식이 달라져야 한다는 결정을 내렸다. 교실 내에서 혼란을 일으키는 행동을 뿌리 뽑으려 하는 학교 어디에나 고위 운영진이 있었다. 나는 작지만 의미 있게 11학년 학생들을 배제하고 '학교에 불명예를 초래하는 것'에 대한 목록을 작성함으로서 수업 시간 이외에 지역 사회에서의 행동을 다루는 개요를 작성했다. 신중한 사용은 또한 교실의 위반 행위를 다루기 위해 규정된 조항의 예외를 두었다. 이 지역의 학부모들은 화가 나있고, 불안정하며, 예의, 명확성, 확고부동함을 가지고 대할 필요가 있음을 기억하는 것이 중요하다. 의심을 하고, 불신감을 갖고 있는 학부모를 대하는 것은 시간이 걸릴 때가 있는데, 이성적인 설명으로 그들을 대하는 것이 중요하다. 가장 '어려운' 학부모들 가운데 어떤 사람은 학교의 가장 좋은 후원자 가운데 하나가 되었다. 물론, 여전히 분노를 품고 있는 사람들이 있지만, 이들은 그 숫자가 줄어 소수자가 되었다.

학부모들이 아이들에게 적절한 학습 환경을 보장하겠다는 우리의 능력을 신뢰하기 시작하면서, 이 접근법은 즉각적인 성과를 거두었다. 그것은 또한 청소년 범죄를 없애고, 평화롭고 법을 준수하는 지역이 되게 하였다. 이것은 교사들에게 요구되는 기능과 경험을 감소시키지는 않았지만, 그들이 아이들을 가르치는 데 필요한 토대와 행동 개선을 제공했다.

매트리스를 만들고 튀어나온 부분을 제거하는 것도 중요하지만, 혁신을 지속시키고, 교실 밖의 활동을 장려하는 것도 매우 중요하다. 이것은 학교에 있어서 실질적인 활력소가 된다. 당국에서 제안하는 야외 활동을, 우리는 하루가 아니라 3주 동안 생물학 답사, 지리학 답사, 전통적인 야외 활동을 할 것을 지지했다. 수업에 출석하는 것은 답사에 앞서 강조되는 출석, 행동, 성실성의 기준이다. 아이들이 문제를 바로잡은 것에 대한 보상을 필요로 할 때, 교사들은 그 보상을 행한다. 답사를 실체화하기로 한 결정은 학교 예산에 부담이 되었지만, 나는 답사가 만들어내는 행동과 개성이 결과적으로 남은 문제를 해결해주게 될 것이라는 것을 확실히 했다.

가장 가치 있는 학교의 프로젝트 가운데 하나는 국제적인 교육과정과 교사의 교환을 강화시키기 위해 고안된 코메니우스(Comenius) 프로젝트였다. 우리가 대상으로 한 곳은 이탈리아, 헝가리, 스웨덴, 체코공화국의 직업학교(vocational school) 가운데 있었다. 학생들은 스웨덴, 체코와의 교환 방문에 참가했다. 우리는 학교 합창단과 악단을 헝가리에 데리고 갔다. 이것은 우리의 많은 학생들에게 해외 첫 여행이었다. 합창단과 오케스트라가 헝가리에서 온 팀과 함께, 우리가 도착한 토요일 오후 11시 45분에 이동 전화로 부모님께 연락을 하기로 한 아이를 포함하여 우리 모두에게 놀랍고 깊은 감상적 경험을 제공했는데, 부다페스트에 있는 만원 상태의 마을 회관에서 연수를 하기 위해 합류했다. 그때 학부모가 전화를 해서 그녀가 향수병에 걸렸으며, 건강이 좋지 않다는 말을 했다. 아이들이 있는 집으로 교직원 둘과 함께 헝가리의 택시를 타고 간 임무는, 모든 것이 잘 되었고, 문제가 해결되었다. 인생은 값비싼 태피스트리(tapestry)와 같다!

학교 및 지역 사회와의 의사소통은 학교에 대한 학부모의 인식을 바꿀 때에 쉽고 결정적인 승리를 안겨준다. 나는 상징적 의미가 있는 로고를 담고, 14 포인트 크기의 글씨체를 사용하며 학교 메모용지의 배치와 색깔을 바꿀 것을 권한다. 내가 그것을 생각해낼 때까지, 메모용지는 몇 번의 변화를 거쳤고 후에는 현저히 좋은 공공서비스 제공을 인정하는 의미로 국무조정실에서 수여하는 학교교육과정상(School Curriculum Award, Investors in People and two Charter Marks)을 받았다. 당신은 이성을 가진 이사회의 시험센터의 일원임을 기억하라. 언제나 쉬운 단어를 사용하고, 여러 번 글자를 확인해보며, 최종 확인으로서 그것을 읽어 본 적이 없는 사람에게 읽어보라고 하라. 편지와 신문과 같은 것들이 문법이나 철자상의 오류를 가지고 있다면, 그것을 버릴 준비를 해라. 대중에게 보내는 편지에서 글자나 문법이 틀리는 것보다 더 학교를 우습게 만드는 것은 없다. 모든 서신은 발송이 되기 전에 교장에게 제출이 되고, 거기에 문법이나 철자상의 오류가 있다면, 교정을 위해 담당자에게 다시 보내야 한다. 그것은 시간이 소요되는 일이지만 교정을 볼 필요가 줄어들므로 결국은 더 빨리 일이 수행된다.

교직원

내가 다음에 언급하는 말은 교사 임용 문제의 배경에 있어서 경솔하게 보일 수도 있지만, 학교에 대한 신념을 구현할 교직원 임용에 다른 대안은 없다. 당신이 후보자들에게 보낸 세부 사항이 매우 분명하고, 학교의 신념 체계가 실제로 어떻게 작용하는 지를 보여준다면, 당신은 학교의 철학에 찬성하는 사람들에게서만 지원을 받을 것이다. 당신이 데리고 있는 교직원의 개발 실패에 대한 변명은 없다. 업무를 실행하는데 필요한 최소한의 만남을 갖는 것은 중요하다. 만남은 그 자체로는(per se) 교실 전달의 질을 향상시키지만, 스포츠 팀이 목적지에서 도착하는 것을 안전하게 하거나, 금관 악기 그룹의 예행연습을 보장시키거나, 도서관의 사서가 숙제클럽을 운영할 수 있게 하지는 않는다. 만약 학교의 철학이 완벽한 명확성을 가지고 표현되고, 실제 업무가 투명하다면, 그렇다면, 모임도 분명하고 목표를 가지고 있어야 한다. 실제로 학교의 안정은 교실 밖의 행사에서 드러난다. 베이커가 제시한 온 종일 동안 하는 만남의 양식은 학교생활을 완전히 파괴할 수 있는 것이다. 이것은 고위 운영진이, 다른 교직원들이 시간을 채우는 것이 아니라 업무를 완성하게 하는, 사전 대비적인 태도를 가져야 함을 의미한다. 고위 운영진은 학교가 추진해야 할 일을 선별할 필요가 있다. 학교가 자신이 요구받는 모든 것을 할 수는 없고, 교사들은 외부의 압력에서 보호를 받을 필요가 있다. 그런 일은 고위 운영 업무에 해당한다.

작은 기적이 시골에 있는 중등학교에서 매일 발생한다는 것을 생각하기는 어렵다. 800 명 정도의 선천적으로 활발한 학생들이 학교에 오고, 이틀 동안의 시골 일을 위한 방학을 포함하여 하루에 8과목을 55명의 선생님으로부터 배운다. 모든 교사들이 한 시간에 한 번씩 학생들과 상호 작용을 하는 것을 생각해 볼 때, 나는 학생들을 그냥 지나치는 경우를 제외하고, 440,000번의 인간적인 상호 작용이 일어난다고 본다. 상호 작용의 범위를 생각할 때에, 학교가 그처럼 잘 운영되고 지역 사회로부터 칭찬을 받는 것은 기적이다. 이것은 학교가 그 모든 구성원들— 교직원, 학생, 학부형, 지역 사회—에게 가치를 부여하는 지역 사회의 귀를 기울이고 있음을 확실히 함으로써 달성될 수 있다. 노동을 달콤하게 만드는 보상에의 희망을 기억하는 것은 중요하며, 따라서 모든 기회는 외부적인 보상을 제공해야 한다. 그것은 책임감 또는 다른 어떤 것에 의해 강요된 것이든 간에, 내면의 만족을 위해 일하는 아주 작은 소수이다. 당신의 전체 사회에 그들이 좋은 일을 하고 있음을 이야기할 수 있는 기회를 찾고, 또 만들어라.

사람들이 가치를 인정받는다고 느끼게 할 기회를 찾기에 가장 좋지 않은 경우 가운데 하나는 배제의 과정이다. 이것은 관련된 사람들에게는 근심과 어려움이 따르는 과정이다. 사안을 결정해야 하는 다양한 포럼(토론회)은 어렵지만 도움이 된다. 이러한 절차는 의사 결정을 객관화하고 감정적이 되지 않게 하는 장점을 가지고 있지만, 아무리 흉악한 범죄라도, 모든 참가자들이 확신을 갖게 하는 것은 노련한 전문인의 몫이다. 교장으로서 당신은 모든 공청회에서 '승리'할 수는 없다는 것을 받아들여야 하고, 그러한 맥락에서 노련한 전문인으로서 교장이 긴장감을 풀어 토론에의 재몰입이 가능하면 쉽고 부드럽게 하는 것이 중요하다.

나는 토론에의 재몰입 프로그램을 조정할 학교의 상담원을 고용할 것을 적극 추천한다. 모든 배제된 학생들이, 아무리 짧은 시간이었을지라도, 학교의 상담원과 어떤 만남을 가져야 하고 토론에 재몰입 할 수 있는 상황이 된 그때에는 그들이 만남을 계속할 것인지 말 것인지에 대한 선택권이 주어져야 한다. 거대한 다수의 학생들은 얼마 동안 계속할 것을 결정했고, 많은 수가 나에게 그들이 분노 관리의 수단이 주어졌을 때 그것이 얼마나 가치 있는 것인지를 말했다.

요약

내가 지금까지 써왔던 것은 내가 13년 동안 교장으로 있었고, 내가 믿기에는, 좋은 학교였던 학교에서 만들어졌던 많은 개발 중 일부분에 관한 만화경 같은 변화무쌍한 생각이다. 요약하자면 요지는 다음과 같다.

- 확실히 명백한 시야
- 실용적 사용이 가능한 단계에서의 분명한 효과
- 학교와 학부모의 아이들에 대한 열망을 확인하는 것 · 지역사회와 밀접한 연관
- 학습 과정에 있어서 부모님, 학생들, 교직원 그리고 지역사회를 포함시키는 것
- 학교생활의 모든 면을 주입시키는 학습 환경.
- 당신이 전달할 수 없으면서 당신이 아는 것을 결코 제시하지 말 것
- 학교의 공공적인 면은 높은 품질의 공연 예술에 의해 제공된다.
- 학교는 미리 활발하게 운영되고 사전 대비되어야 한다.
- 교직원과 그들의 특이한 성격을 대체할 수 없다.
- 전문적인 용어 없이 평범한 영어로 문서를 작성할 수 없다.
- 개인적인 이기심이 학교보다 더 커서는 안 된다.
- 상담은 중대한 영향을 준다.
- 당신이 행한 것을 말하고 당신이 말한 것을 행하라.

특히 전체 체계로서 마지막의 중요한 점은, 만약 공개 보고서와 지역사회와 함께 하는 학교의 처리 과정에 있어서 동시성이 없다면, 무너지게 될 것이다.

4

생생한 상태로 머무르기: 학교 개선에 대한 가치

아이린 돌턴(Irene Daltion), 존 리드(John Read) 지음

웜브웰 고등학교(Wombwell High School)의 재앙은 바로 이 학교가 최근에 전국적인 의제를 부주의하게도 항상 앞서 나갔기 때문이다. 두 번째 이유는 '수상쩍은 돈'이 항상 우리가 돈을 필요로 하는 약 일 년 후에 도달됐기 때문이다.

웜브웰 고등학교는 사우스 요크셔(South Yorkshire)의 반즐리(Barnsley) 외곽에 위치한, 이전에는 탄광이었던 마을로 850명의 학생과 44명의 교직원이 있는 종합 중등학교이다. 그 지역은 막 1984년 광부 파업 충격에서 회복되기 시작했지만 여전히 높은 실업률을 지니고 있는 지역 중에 하나였고 학생 중 29%에게는 무료 급식 자격이 주어졌다. 학교의 수는 1987년 이래, 주로 인구통계학적인 이유에서 학생은 1150명에서 859명으로, 교직원은 74명(1987년)에서 44명(2001년)으로 감소해왔고 학생감소와 교직원감소 비율은 26% : 40%이다.

현재 교장인 아이린 돌턴이 1987년에 도착했을 때, 학교는 전체적

으로는 태만한 모습을 보이고 있었다. 관목 숲이 있었던 학교 입구 반대편에는 광차가 서있었고, 현관을 어지럽히는 우유 상자와 부러진 책상더미, 창문이 불결해 보였다. 그리고 그녀는 그랜드 피아노 뚜껑을 열면서 두 개의 빈 콜라 캔을 발견했다. 교실가구는 솔직히 망신거리였다. 약 1950년경 수년간의 조심스럽게 쓰여 진 낙서들이 있었고 대부분의 책상은 경첩이 빠져있었다. 아이린의 첫 번째 행동은 교장 집무실에 있는 사무용 의자와 구멍과 담배로 얼룩진 망사 커텐을 포함해서 모든 가구를 버리는 것이었다. 그런 후 그녀는 두 달 동안 장학담당관(chief education officer: CEO)이 다른 준비를 할 때까지 바닥에서 일했다.

최상, 중간, 최하의 무리로 학생들을 배정했고 비록 학교가 돌보고 헌신적인 교직원들을 공유했을지라도 '미지의 무리' 종류의 학생들은 공통적인 흐름이었다. 또한 공통적인 흐름은 행동에 대한 낮은 기대치였다. 어떤 공격적인 학생들은 상대적으로 덜 도전적이었고, 학업 재능이 있는 그룹을 넘어서 기대치가 낮았지만, 소규모 대학진학 준비과정(sixth form)이 성공하는 동안, 일반중등교육자격시험(General Certificate of Secondary Education: GCSE) 결과는 14%와 16% 위아래 사이에서 나타났다. 어떤 사람들은 학업 재능이 있는 학생에 관해서 관심을 가지는 것 같았고, 어떤 사람들은 특별한 필요성이 있는 학생에 관해 관심을 가지는 것 같았지만, 아무도 아이들 전체 그룹에 대해 관심을 지니는 것 같지는 않았다. 확실히 평등적 가치에 대한 감은 없었다. 고위 운영진은 전통적인 역할, 과거에는 시간표를 의미했던 교과과정, 부목사, 대학진학 준비과정의 장, 그리고 상급학교와 하급학교로 구성되었다. 그러나 그들은 하나의 팀으로써 일하지는 않았다.

즉 그들은 그들의 개인적인 업무를 지닌 채 그럭저럭 지냈고 결정해야할 커다란 결정사항이 있을 때는 교장의 말을 참고했다.

이것은 문화, 기질, 그리고 가치가 어떻게 중대한 영향을 주는지에 관한 이야기이다. 즉 돈에 의해서가 아니라 사람, 강요에 의해서가 아니라 사랑과 열정에 의해서 야기되는 변화이다.

역경

어떤 변화는 일찍부터 만들어졌다. 삼 대역(three-band) 제도가 끝이 났고, 전국교육과정(National Curriculam)이 이뤄지기 전인 1988년에 100%의 핵심적인 교육과정이 도입되었다. 게다가 대부분의 과목들은 능력별 학급 편성에서 우열 혼합 형태로 바뀌었다.

1988년 새 교장은 강한 지지와 국왕 장학관(His Majesty Inspector: HMI)과 지방교육위원회 (Local Education Authority: LEA) 조언자들의 충고와 더불어 소규모 공식적 점검인 분과 '방문'을 도입했다. 이것들은 교장이 그 당시 매우 드물게 기회를 가지고 있었기 때문에, 한 분과에서 짧은 기간에 걸쳐 많은 수업에 주의를 기울여, 교수가 일어나는 조건을 경험하고 한 분과의 모든 구성원들과 함께 확장된 면담을 하기 위한 주된 업무의 가치였다. 첫 번째 때에 그들은 그들의 상황에 관해 느낀 점이 무엇이고, 분과가 기능을 하는 방식에 있어 그들의 역할을 이떻게 보았는지에 관해 토의했다.

어떤 작지만 중요한 변화는 하나의 결과로서 만들어졌다. 현대 언어 분과는 다시 3층 블록의 꼭대기 층에 위치를 잡았고 카펫을 깔았다. 이렇게 하여 1층이 지녀 왔던 문제를 제거해 나갔다. 예방 접종을 위해 많은 학생들이 지나가는 공명실의 듣기 기능 집중 불가능을 해소했다. 한 기사는 대학진학 준비과정이 1989년에 폐지되었을 때 과학 분과에서 예술 분과로 재배치되었다. 왜냐하면 '방문' 하는 동안 한 유능한 음악 교사는 그의 전 휴식을 짐을 꾸리는데 사용하고 있었고, 다음 수업에 이르기 전에서야 전기 건반을 획득하였기 때문이다.

결과적으로 1990년에서 1991년 사이 겨울 6주 이내에 조그마한 개선이 있었다. 우리는 심각한 두 건의 화재를 겪었는데 한 화재는 공예, 디자인, 기술 건물을 파괴했고 다른 화재는 전체 행정 건물, 교직원실, 회관과 19개의 교실을 파괴했다. 그러한 황폐함의 경험을 공유하지 못한 사람은 아무도 그것의 느낌이 어떠한지 상상할 수 없을 것이다. 또한 난방이 되지 않고 경험하지 못한 추위가 당신의 뼈 속을 파고들 때 그 재건축의 기간을 상상이나 할 수 있겠는가. 건축가들은 "죽어버린 건물" 이라는 문구를 사용했으며 그것은 정확한 묘사였다.

재건축은 2년이 걸렸는데 부분적으로는 우리가 손실해버린 것을 제자리에 돌려놓기 위해서였고 또한 건축가들이 건물 부지에서 1960년대 유산인 나머지 건물이 수 년 동안 지방교육위원회에게 우리가 말해왔던 목적에 부합하지 못하다는 것을 발견했기 때문이다. 비가 와서 아이들은 창문에서 1.5미터 떨어진 곳에 앉아있어야만 했다. 3층에서는 강한 바람이 불 때마다 15센티미터가 바닥과 벽 사이에서 벌려졌다. 콘센트는 실험실에서 분리되어야만 했다. 왜냐하면 그것은 비 때문에 영구히 젖어버렸기 때문이다. 3층의 완전한 2개 구역은 바깥쪽에서부터 결국 다시 갈아 바꾸게 되었다. 우리는 2년 이상 동안 건물 부지에 있었다.

당연히 학교가 이런 상태에 있는 동안, 외부의 야만적인 행동이 증가했고 자존감은 떨어졌으며 우리는 많은 것을 잃었고, 건물이 1992년 여름에 완공되었을 때 우리는 우리의 최악의 시험 결과에 직면했다. 즉 시험 결과에 있어서 12%의 A에서 C를 기록한 것이다. 우리의 출석율은 하위 80번째였으며 우리는 우리를 비난하는 소리에 둘러싸였다. 많은 능력 있는 학생들이 다른 학교를 선택했다. 우리가 가지고 있는 모든 것이라곤 우리가 재건축기간동안 지녀왔던 정신과 아름다운 새 건물 그리고 약간의 우수한 아이들이었다. 그리고, 우리는 또한 안전한 울타리가 있었다. 즉 보험인들이 지방교육위원회가 제공했던 것을 주장하고 있었다.

의심할 여지없이 그런 구절－웜브웰 고등학교는 전국적 의제에 보다 앞서 나아가고 있다－을 들어보기 전에 우리는 실패한 학교였다.

교장이 가장 좋아하는 이야기 중 하나는 그녀의 첫 번째 주에서 엿볼 수 있다. 숨을 헐떡거리는 9명의 소년 동기생들이 그녀를 연구실에서 후문으로 끌어서는 다음과 같이 소리를 쳤다. '저기에 쓰레기차가 오물을 우리 운동장으로 쏟아 붓고 있어요!' 상호 의견을 교환 뒤에 쓰레기차는 떠났다. 교장과 소년들은 이렇게 말하면서 되돌아왔다. '잘했다! 그것이 그들에겐 쓰레기였을 수도 있지만, 우리 것이야'

그리고 그 사건에서 웜브웰 고등학교 교직원이 학생에 대한 정직함과 가치에 대해 반응하는 능력은 우리가 만들어낸 변화의 씨앗을 낳았다.

변화의 씨앗 뿌리기

체육교육 부장이면서 섬세한 정원사인 쉬 페나(Sue Fenna)가 1993년에 시작했을 때 그 장소를 더 좋게 보이도록 하기 위해 초목에 대한 예산을 200 파운드로 요구했다. 그녀는 학교 환경을 변화시키는 '캠퍼스 사업' 이라는 하나의 비전을 가지고 있었다. 쉬와 교장은 이것이 반 학기가 걸릴 것이라는 것에 동의했고, 쉬는 교직원이 진짜 변화를 볼 수 있을 거라고 그들이 돌아왔을 때 결정하였다. 공원과 정원에 고용된 두 명, 그리고 로터베이터(Rotavator) 경운기와 함께 2명의 열광적인 웜브웰 고등학교 여인들은 하루 종일 꾸준히 아침 9시부터 밤 5시까지 화단을 관목으로 채우면서 묵묵히 일했다. 그들은 관목이 성장할 때까지의 지지대로 만들기 위해 작은 울타리를 똑바로 세웠다. 마지막으로, 여전히 곧추서도록 안간힘을 쓰고 있는 금속 말뚝에 망치질을 하고, '화단 접근 금지' 라고 쓰여 있는 오렌지색 테이프를 붙였다.

효과는 놀라웠다. 쉬는 재빠르게 '캠퍼스 팀'을 선발했고 약 20명의 학생들이 방과 후 매번 금요일과 토요일 아침에 괭이로 잡초와 식물들을 파기 위해 모였다. 아이들이 정원을 만들었기 때문에 매번 아이들은 개인적인 울타리를 그 장소에 따라 가지고 있었다. 즉 어떤 손해도 입혀지지 않았고, 아무도 잔디를 밟고 지나가지 않았으며, 쓰레기는 드물었다. 쉬는 이곳에서는 제일 상층의 토양을, 저곳에서는 정원 작업대를, 다른 곳에서는 타맥(tarmac) 포장을 파기 위해 중장비를 졸라 얻어내었다. 그녀는 일 년에 개선을 후원하기 위해 250 파운드를 낸 6명의 동업자를 찾아냈다. 캠퍼스 팀은 1996년 블룸(Bloom) 대회 -영국 최고의 지역학교 시합-에서 승리하였다. 이전의 우승자들은 아름다운 마을의 초등학교이기가 쉬웠다. 그들은 식물학자 데이비드 벨라미(David Bellamy)를 만남으로서 수상을 하였고 야외 교실의 비용 절반을 공급해주는 전국 시합에서 이겼다. 학교는 아름다운 환경이 되기 시작했다. 더 중요한 것은 학생들이 차이를 알아챘고 그들이 운동 시합을 위해 방문한 학교에 대해 반대로 충고하기 시작했다는 점이다. 그들이 그들의 학교가 이러한 점에 있어 '최고'라는 것을 깨달았을 때, 그들은 그들 역시 최고라는 것을 믿기 시작한 것이다. 교장은 꾸준히 집회를 이어갔고, 교장이 그렇다고 한 것처럼, 우리는 가장 최고였으며, 그 곳에서 최고의 학교가 될 수 있었다. 그 결과가 가정에 알려지는 것은 쉬운 일이었지만, 말하지 않을수록 좋은 것이다.

대충 똑같은 시기에 새로운 교감이 임명되었다. 데이비드 잭슨(David Jackson)은 지금 우리에 앞서서 '성취 문화(Achievement Culture)'라는 용어를 사용한 첫 번째 사람이었다. 이것으로 인해, 우리는 성공이란 표준이 있는 문화를 창안한 것이라는 것을 의미했다. 그리고 성취를 실패하게 하거나 혼란스럽게 하는 것은 예외적인 것이었다. 그는 수상식 저녁을, 회관에서의 공식적인 시상식의 표창 수여 체계로, 부모님과 귀빈들, 연설, 박수갈채, 차와 번 빵(bun)과 함께, 시작했다. 그것은 여전히 진행 중이고, 비록 우리가 수상에 대한 기준을 바꾸지 않았어도 상을 받는 학생의 수가 두 배에 이르러, 지금 우리는 고학년과 저학년으로 나누어 저녁 시간을 가져야만 한다. 소년과 소녀의 상을 받는 비율은 또한 급격히 증가했다. 데이비드는 교직원과 학생들을 필요한 시기에 맞춰 기분 좋게 하는 특별한 재능을 가지고 있었다. 다시, 우리는 전국적인 의제에 앞서 나아갔다. 즉 바람직한 경쟁적인 스포츠, 좋은 교수 환경, 보상 받는 학생들, 지역 사회와 기업 관여. 어떤 '전통적인 가치들'이다.

빠른 정비는 없다!

1994년 확고히 인정받은 성적표와 함께, 우리는 더 많은 것이 행해졌어야 했다는 점을 깨달았다. 자존감이 높았고 점수도 좋다고 느꼈지만, 우리는 우리의 결과와 출석이 충분히 좋은 것이 아니며, 새 교육표준청(Ofsted) 제도의 정밀 조사를 견디지 못할 수도 있다는 점을 깨달았다. 무엇이 행해졌건 간에 고위 운영진은 계속해서 되는 것을 밝혔고, 빠른 정비는 선택사항이 아니었다. 엄격한 학교의 방향이 결정되었다. 첫 번째 우리는 공동체와 그렇게 멀리까지 받은 환경에서의 자부심에 기초를 둔 자존감 문제에 부딪혔으며, 그런 후 좋은 행동과 교복 그리고는 광범위한 성공의 범위에 부딪혔다. 그리고 이것들은 우리가 꾸준히 높은 학업 성취의 미래－성적표에 있어서 좋은 점수－를 똑바로 세우는 것에 기초를 두었다. 우리는 또한 우리의 전략에 맞지 않고 어떤 대단한 발전 기금을 유지 할 수 없다면, 어떤 기금을 위한 지지를 얻기 위해 노력하지 않기로 결정했다. 우리는 전에 다른 학교에서 그런 방식을 썼던 것을 보았다.

예지력 있는 리더십과 전략적인 계획의 중요성에 관해 말하는 사람들은, 마치 그 자신은 아주 신났고 다른 사람은 기계적인 것처럼 생각해, 그 요지를 놓치고 만다. 비전이 먼저 온다. 당신은 '햇빛이 찬란한 반구형 지붕과 얼음 탑'을 볼 수 있어야만 한다. 그러나 만약 당신이 거기에 들어갈 것이라면 당신은 전략이 필요하고, 그것은 좋으면서도 견고하고 지능적인 노력이 있어야만 한다. 당신이 순수한 근면과 관심을 지닌 태도를 통한 시행으로 비전과 전략을 해석할 수 있다면, 비전이나 전략에서 멀리 떨어져 있는 것은 아니다. 우리의 현재 리더십 그룹의 힘은 우리 사이에 우리가 '이상적'인 팀의 주요 성분을 공유하고 있다는 점이다. 즉 우리는 '시설', '형체 성형자', 도구 제작자, '의장', '회사 직원', '마지막 주자'가 있기 때문이다. 우리는 우리의 위임에 의해 강한 인간적인 감정과 서로에 대한 진정한 돌봄으로 학교에 대한 의무를 지녀야 한다.

우리는 환경과 자존감을 지녔다. 전략상의 다음 단계는 좋은 행동의 기질이다. 우리는 우리가 지금 긍정적인 행동의 운영이라고 부르는 것에 기초하는 행동 정책이 필요하다는 것을 알았지만, 우리는 만약 효과가 없다면 적당하고 아마도 긴 모든 당사자와 함께 한 자문에 의해 고안되어야만 할 것이다. 존 리드(John Read)는 1982년 이래 학교에 있었고, 체육(PE)의 첫 번째 교장으로서, 저학년의 실무 대표로 있었다. 1994년에 그는 돌봄(pastoral care) 담당 실무 대표가 되었다. 1998년 이래 그는 학생 관리 부대표가 되었고 그의 직위는 중요한 것이었다.

존은 학교가 했던 것으로 알려진 가장 큰 '일소'를 이끄는 것을 맡았고 동시에 출석과 행동에 씨름하고 있었다. 그때 우리는 83%의 출석을 지녔었고, 11학년은 그 해에 53%의 출석을 나타냈다. 우리는 지방 교육위원회 교육 심리학자의 한 명인 데이비드 보틈리(David Bottomley)에게 출석 처리에 대한 보고서를 위임했다. 그는 우리의 처리가 조직화되어 있지 않고 의사소통에 있어서 효과를 완전히 만들어내지 못하는 차이가 있다고 말했다. 존의 첫 번째 단계는 출석에 대해 적어 두기를 주장하면서, 인정받은 어떤 의심할만한 결석이 아닌 어떤 수치를 주마다 계산하여 매주 매년마다 최고에게는 상을 주고, 핵심적 지각생이 없어지도록 매일 일찍이 기록을 했고 학년 지도교사와 함께 지각생을 위한 보호 시설의 구류 등의 강력한 제한을 취하는 것이었다. 요약하자면 그는 학생과 교직원뿐만 아니라 학부모들에게 커다란 쟁점을 불러일으킨 출석을 실시하였다. 출석률은 더 떨어졌다. 그러나 그런 후 출석률은 증가하기 시작했다. 즉 우리는 학생과 학부모가 작은 구실만으로 학교에서 멀어지기 힘든 그러한 구실을 만들었던 것이다.

시대를 앞서 나가다

1994년 11월 교육표준청 검사 시기 출석률은 90%이상이었다. 연관된 과업은 여전히 경이적이었다. 다시 우리는 시대를 앞질러 갔던 것이다. 한 가지 아이러니 한 점은, 또 아이러니 한 점이 있는데, 2000년까지 출석률이 0.6%의 공인되지 않은 결석률과 더불어 전국적인 평균 수치에 있었다는 점이다. 그런 후 학생 유지 보조금(Pupil Retention Grant)이 승인되었다. 우리는 공인되지 않은 결석을 줄이고 지방교육위원회는 우리에게 보조금 해당 해의 학기마다 지속적으로 0,03%－이것은 오식이 아니다－줄이는 목표를 할당했다. 우리가 어떤 부가적인 도움이나 자금 없이 이 지역에서 전에 달성했던 모든 것은 무시되었다. 우리는 아직 그 수치들을 줄어야 했다. 실제적으로 우리는 지금까지 가지고 있었고, 우리는 그것을 넘기를 좋아했다. 학생 유지 보조금은 첫날 전화를 위한 사무보조를 포함하여 우리가 오랫동안 요구하였던 작업을 제공하였다. 우리는 6주의 시험기간 동안 교장과 교감이 스스로 진행하여 이미 이것을 시도하였다. 그것은 잘 운용되었으나 우리는 계속 진행할 만한 여유가 없었다.

존이 만들어낸 두 번째 취지는 행동에 대한 것이었고, 그것과 더불어 교복이 있었다. 그는 그의 벽 격자 판 위에 모든 학생의 이름을 적어 놓은 거대한 도표-체육교육과 지리를 배경으로-를 만들었다. 누군가는 넥타이를 착용하지 않거나, 규정에 맞지 않는 스포츠 점퍼를 입거나, 장신구로 자신들을 꾸미고 학교에 도착하거나, 그들의 디자이너 훈련을 과시하거나 학용품 준비를 잊어버려서, 그 도표에 경고와 기록되었다. 심지어는 단단히 바지 안으로 집어넣지 않은 셔츠의 착용이 금지되었다. 세 번의 경고 후에는 벌로서 방과 후 학교에 남아있게 했다. 저항은 확실히 급속도로 사라졌다. 결코 잊어버리지 않고 증거를 제시하는 교감을 저항하기란 매우 힘들었다. 지도교사는 활발하게 교복을 확인하였다. 고위 운영자들은 집회에서 세심한 흥미와 함께 교복을 쳐다보았다. 옷의 기준이 매우 높아졌고 학생들의 착용 방식은 환경에 적응하기 시작했다. 우리는 정말로 그들 역시 더 나아지고 있다고 믿었다. 학교 교복의 이점 중에 하나는 그것의 격식 이었다. 많은 의복의 유행 양식은 불안감을 주는 공격적 함축을 지닌다. 형식을 갖춘 의상은 당신이 사업자의 위치나 사람들이 일하는 장소에 있을 때 부여된다. 교직원의 의복 양식은 똑같이 중요하고 학생들이 그들이 선생님에게 도전해야할지 말아야 할지에 관한 판단을 빠르게 하는 메시지를 주로 전달한다.

용인될 수 없는 행위가 규정되었고 우리는 그 용어를 토니 블레어(Tony Blair)의 예비 선거 발표문에서 미리 쓰였던 '관용 제로'를 사용했다. 우리는 만약 작은 비행이 무시된다면 심각한 문제 행동이 훨씬 더 다루기 힘들게 될 것이라고 믿었다. 우리는 '좌측통행', '나란히 걷기'를 시작했고 계단 위에서의 이동과 저녁식사를 위한 식당으로의 이동의 흐름에 대해 주의를 기울였다. 환경은 지금 학생들이 사교적 시간과 실외농구코트에서 에너지를 발산시키기 위해 밖에 많은 좌석을 가짐으로써 우리를 도왔다. 이렇게 학생들의 이동을 진정시키는 모든 것들은 특히 점심시간이었다. 아무도 비행에 대해 고위 교직원에게 보고되는 것을 피하지 못했다. 모든 사건은 존 리드의 검정 색 책 속에 기록되었고, 거기에는 매주 그가 모든 학생의 이름에 대한 매 번의 칭찬과 매 번의 방과 후 남아있게 하는 벌, 그리고 매 번의 당직 사무직원의 호출과 매 번의 '사건 서류'들이 기록되어 있었다. 사건의 기록은 매 학년 지도교사의 주의와 즉각적인 협조 응대를 불러 일으켰다. 교장은 이 장을 '한 남자와 그의 일지(One Man and his Log)'라고 제목 붙였을지도 모른다고 믿었다.

중요한 것은 상황의 제일 정상부분에 머무르고 있었고, 학교의 움직임을 느끼고 있었고, 무엇이 진행되고 있는지 알고 있었다. 만약 존이 '우리는 오늘 거기에서 나올 필요가 있다'라고 말했다면 아무도 거기에 대해 의문을 품지 않았을 것이다. 비슷하게, 만약 교장을 포함해서 교직원 구성원 중 누군가는 미지의 열 번째(10X)는 감당할 수 없게 되었다. 라고 하면 이를 그의 사무실로 들여보냈을 것이고, 그는 아마도 일지에 조용히 도달해서 그의 손가락을 적절한 페이지에 놓고, 그들에게 정확히 누가 행동을 잘못했고 최근에 개선되었으며, 누가 그러지 못했고 죄가 있는지 말해 주었을 것이다. 우리는 또한 일주일 중 2일－지금은 하루로 바뀌진－을 학생과 사전 대비책으로 함께 일하기 위해 훈련받은 상담사인 반즐리 교육 서비스 지원 팀(Barnsley Education Service Support Team: BEST)원을 활용했다. 그녀는 약자 괴롭히기에 대한 분노 다루기, 부모님과 함께 하는 봉사활동 과제와 자존감 개선, 몸무게 줄이기에서부터 커피, 직접 만든 케이크와 잡담으로 상급 교직원을 즐겁게 해주기 위한 자신감을 지니는 것에 이르기까지 멋지게 일을 해냈다. 늦게 성숙된 조직-우리는 민주주의를 획득할 것이다라고, 버나드 트래퍼드(Bernard Trafford)가 그의 저술 부분에서 서술했다-인 학교운영위원회의 지도자는 약자 괴롭히기 조사를 지휘하고 결과를 분석하여 그것을 정기 모임에서 전체 교직원에게 제출했다. 이것은 양 쪽에게 약간의 용기를 맡겼다.

이 일지는 학생들에 의해 특별한 신뢰의 기초를 뒷받침하고 있다. 그들은 어떤 사건도 실제적인 증거가 없거나, 그 사건이 완전히 조사되지 않거나, 고위 교직원이 그들이 가능한 한 사건에 완전히 가까이 접근했다고 만족하지 않는다면, 기소되지 않을 것이라는 점을 안다. 다시 이것은 온 마음을 사로잡는 강렬한 시기이며, 학생과 교사의 비율이 21:6으로 상향된 이런 점은 학교생활에 있어서 알려져야 했다. 이 기간 동안 퇴학이 갑자기 올랐지만 그들은 급속히 1994년과 1995년에 감소했다.

성공의 전략

1994년 여름에 우리의 시험 결과는 A에서 C 등급까지 이전 해에는 14% 이었던 것이 27%가 되었다. 교육표준청에서 나왔을 때 학교 행동 관리에 대한 칭찬이 열렬했다. 우리는 결과를 개선시키기 위해서 D 등급을 C로 만들기 위해 시도하는 행위를 넘어, 다른 직접적인 어떤 일도 하지 않았다. 성취문화, 전해진 분위기와 목적의식에 대해 말하면서 학교의 기풍, 행동, 태도의 개선은 중대한 영향을 주었다. 이것은 우연한 것도 아니고 선례에서 발견된 것도 아니었다. 우리는 그것을 우리의 전략의 일부분으로써 계획했다. 그것은 가장 중요한 것이었다. 다음 단계는 기다릴 수 있었다.

우리의 적극적인 행동 관리 정책을 위한 협상이 오랜 시간이 걸렸다. 아마도 그것은 2년 정도였을 것이다 하지만 시간은 잘 흘러갔다. 우리는 재직 중 훈련에 있었고 이 훈련은 지원자 교직원 위원회가 초안 정책을 만드는 것이다. 그리고 그것을 시작하기 전에 교직원, 학생들, 운영위원 그리고 부모와 함께 하는 장황한 자문이 있었다. 그 정책은 확실히 우리 행위의 관례에 근본을 두고 있었다. 그리고 그 행위는 우리로 하여금 서로 간에, 우리 자신에게 그리고 학습과 환경에 존중하라는 점을 밝혔다. 또한 하나의 제재에 대한 6개의 보상 목표에 대한 시작에서 드러났다. 그 '일지'는 최근에 이 목표가 초과했다고 폭로했다. 2000년의 대책에서 한 제재에 14개 보상이 있었다. 다시 동의된 그 정책은 완벽하게 한 번에 한 집단인 작은 규모의 학생들에게 설명되었다. 이 설명의 현저한 특징은 우리가 그 정책이 학교 내에서 일하고 있는 모두에게 적용이 될 것을 설명했다는 점이고, 교장이 학생뿐만 아니라 교직원에게도 적용이 될 해고와 더불어 영구 제외를 의미하는 제재와 보상을 설명했다는 점이다. 이것은 급진적이라고 간주되었지만 우리는 그것이 왜 지켜져야만 하는지에 대해서는 보지 않았다. 그것은 학생들이 학교가 이곳에서 과업의 세계를 반영하는 것이라는 것을 이해하도록 돕는다. 우리는 모든 학부모들에게 100%성공과 함께 학교에 대한 그들 아이들의 입학에 있어서 정책과 더불어 그들의 동의를 나타내기 위한 서명을 하라고 요구했다.

교직원, 학부모 그리고 운영위원들이 엄격한 정부 지침에 따라 우리가 교육해왔던 곳에 적절한 새 재택학습(Home-School) 합의를 믿는다는 것을 주목하는 것은 흥미로운 일이다. 이것은 행동정책에 대해 서명하도록 부모와 학생들의 동의를 얻어내기 위한 우리의 이전 시행보다 훨씬 더 미약한 수단이다. 게임에서 약간 앞서나가는 것에 대한 또 다른 불리한 점이다.

목표 실행

일반중등교육자격시험(GCSE) 결과에 있어서의 상승은 우리를 놀라게 했다. 우리는 20%를 바랬는데 A에서 C까지 27% 등급을 획득하였다. 우리는 여전히 그때부터 학교 수석 장학관(Chief Inspector of Schools)인 크리스 우드헤드(Chris Woodhead)에게서, 2년 후 우리의 시험결과가 두 배가 아니고 거의 세 배였을 때, 100개의 최고 학교들 중 우리가 왜 하나가 아니었는지에 대한 까다로운 질문에 대한 응답으로 받은 서신을 보물로 여겼고, 긍정적인 교육표준청 보고서를 확보했다. 그는 그가 우리가 하고 있는 과업에 진심으로 감사하고 우리를 다음 해를 위해 고려할 수 있다고 말했지만, 우리가 그 첫 번째 리스트는 아니라고 말했다. 왜냐하면 그 결과와 교육표준청 장학 점검은 두 가지 다른 학년도에 발생했었기 때문이었다. 우리를 다음 해에 고려한다? 우리가 하기로 예정되어 있던 일이 무엇이지? A부터 C등급을 81% 얻고 다시 교육표준청 장학 점검을 요구하는 것?

A부터 G 등급이 역시 90%를 넘어섰다. 그래서 우리는 정부 요구사항에 맞춰서 목표를 정하고 운영위원들에게 이것들을 공포할 수 있는 하나의 운영진으로서 결정했다. 목표를 정하는 것을 오히려 애매한 방식으로 실행했다. 우리는 시인해야만 했고 우리는 학생 수준을 내려놓지 않았다. 장기간 목표는 2001년까지 우리가 개인 부문의 결과가

1996년 현재 최고 수행 부문보다 더 낮아서는 안 되도록 확신하기를 바랄 수 있어야 한다는 점이었다. 우리는 아직 거기까지 얻어내지는 못했다. 우리는 또한 부문들이 목표를 세우기를 기대했고 이것은 재밌었으며 매우 정직하게 수행되었다. 부문의 대표들은 '더 많은 학생들이 일반중등교육자격시험에 들어가도록 하기 위해 더 나은 과업 기풍을 구축하기' 그리고 '더 많은 A등급을 얻기'와 같은 것들에 대해 자신들의 임무를 맡겼다. 어떤 이는 그것에 대하여 정당화의 다양한 수단으로 더 공식적인 숫자를 부과했다. 실제로 시작하기에 나쁜 방식은 아니었다. 교감－1994년에는 색다른 직위였던－으로부터 어떤 사람은 승진과 더불어 부문의 대표들은 그들의 강점뿐만 아니라 약한 점이 어디에 있는지를 분석해야 했다.

결과는 1996년에 A에서 C 등급까지 30%로 올라가서, '바람직한 해'였다. 다음 해에는 똑같았고 그것은 문제 집단이 있었다. 이와 더불어 교직원으로부터 새 학교의 신뢰가 이르렀다. 좋은 결과의 한 가지 설정은 그들의 교수가 영향을 주었다는 것을 의미하였고, 능력에 있어서의 미흡함을 인식한 다른 집단과 더불어 이러한 결과들을 반복하는, 요행이 될 수도 있었다. 어지러운 시기였다. 우리는 다음 해에도 30%에 머물렀고, 그런 후 34%와 36%에 이르렀다. 학생들의 숫자가 증가했다. 우리는 꾸준한 개선이 가능하다고 믿기 시작했다. 우리가 지녔던 교직원처럼, 사실 우리 자신의 선전이 먹혀 들어간 것이다. 그리고 그것은 좋았다.

환멸

1998년 교장은 지도자 부재 기간 동안에 장학담당관–반즐리 교육지원청(Education Services then in Barnsley) 대표–으로 지방교육위원회에서 업무를 보기 위해 8달 동안 파견되었다. 이것은 새롭게 임명된 교직원 개발 담당관인 쉬 시몬스(Sue Simmons)가 부가적인 임무를 맡아야만 했기 때문에, 적절한 교수·학습 정책을 얻기 위해 다음 대규모 공격을 연기시켰다. 이 직위는 교감의 교수·학습에 대해 1999년 운영위원에 의해 재평가되었고, 다시 일반적인 관례에 앞서 다시 평가되었다. 우리는 다시 빨리 앞서서 움직여야 한다는 것을 알았다.

그러나 마침내 표준 의제가 우리를 붙잡았다. 상부로부터 그리고 정부와 교육표준청으로부터의 압력, 지방교육위원회의 목표를 위한 성적 책임의 현실을 각성하고 있는 지방교육위원회, 그들 자신의 압력을 적용하고 있는 지방교육위원회, 교사에 의해 인지되었던 흐릿한 성과 관리와 한계, 실패학교의 이야기였다. 요약하자면 그 직업에 울리기 시작한 두려움이 스며들기 시작했다. 전략적인 의제는 정부의 표준 의제와 함께 일부 교직원들의 마음속에 확실하게 자리 잡기 시작했고, 뒤늦게 깨달은 것이지만 우리는 이것이 어떤 환멸을 야기 시키고 있다는 것을 알았다.

우리가 2000년 여름에 새로운 교감의 성취에 관해 알렸을 때, 운영위원에 대한 교장의 요약보고는 다음에 나오는 진술이 포함되었다.

> 운영위원들이 깨닫고 있는 것처럼 학교는 중요한 전환점에 와 있었다.

학업 성취 결과는 작년 몇 년에 걸쳐 꾸준히 개선되고 있고, 출석률과 행위 역시 대단히 개선되었다. 학교의 환경은 매력적으로 잘 유지가 되고 있고 모든 돈을 모아 몇 년 후, 우리는 마침내 추가적으로 교육과 비교육 직위를 만드는 입장에 있다. 학교에 대한 정보통신기술(ICT) 조항은 지금 충분한 것 이상이고, 만약 계획하고 있는 것이 있다면 곧 매우 좋아져야만 할 것이다.

몇 년이 걸릴 다음 단계는, 전국적 평균치 이상이면서 학교에 대한 자존심의 문제인 성취도 폭을 유지하는 동안에, 학생들이 A부터 C등급까지 5개 이상을 성취하는 것에 대하여 '40%의 장벽'을 깨는 것이다. 이것을 해내기 위해 우리는 다음에 나오는 분야에 초점을 맞추어야 한다:

- 단계별 교육과정(Key Stage) 2단계에서 3단계까지의 진행;
- 단계별 교육과정 3단계 이내의 진행;
- 과제 복습 정책;
- 2000년에서 2001년 사이의 교육과정의 주요한 복습;
- 일반중등교육자격시험에서 A와 B 수준의 등급 이상을 획득하기;
- 학교를 통틀어 개인 학생을 위해 목표를 세우는 현실적이면서도 엄격한 목표;
- 교수·학습 정책의 개발;
- 사회적 배제의 '위험에' 처한 학교의 학생과 더불어서 하는 창조적인 업무.

학교 의제는 확실히 꾸준한 개선의 개념과 교육에 대한 모든 접근, 학습에 대한 헌신, 교사를 위한 전문적인 표준, 학생과 교직원 모두를 위해 시작된 명백한 목표를 뜻하는 사회적 포함의 전국적인 의제에 근간을 두고 있다. 우리는 완전히 전국적 청사진을 이해하고 전국적인 영감의 범위 안에서 이 학교의 미래를 형성하기 위한 학교 지도자 그룹이 내에서 과업을 해나갈 동지를 원한다.

하나의 커다란 의제! 그럼에도 불구하고 신뢰와 씨름하기 위해 우리는 한 가지를 준비했다.

그러나 부활절 2001년 직책을 위해 2000년 11월에 우리가 새로운 교감－교수·학습－을 구하는 광고를 했을 때, 교장은 다음과 같이 진술했다.

> 이 부분의 마지막－사회적 배제의 위험에 처한 학교의 학생과 더불어서 하는 창조적인 업무－은 매우 최근에 심각한 출석 문제나, 다른 학교로부터의 지장을 주는 행동 양상을 보이는 학생들의 현저한 유입과 함께 '학생의 격변" 문제에서 우리가 상당한 증가를 보기 위해 시작하고 있는 것으로서, 훨씬 더 중요하게 추정된 것이다. 이러한 점은 그들이 단계별 교육과정 4단계 학교에 입학할 때 특별한 문제가 된다.
>
> 임명된 사람은 교수·학습 표준과 교사 수업 관리를 통해 학교 개선에 있어서 주도적인 역할을 수행하게 될 것이다. 이렇게 종종 보이는 어려운 학생들을 끌어들이기 위한 전략은 교수·학습 의제의 중요한 부분을 형성할 것이다. 7학년 때 적극적 기능의 지원 없이 다가 온 종종 어려운 학생에게 몰두하기 위한 전략은 교수·학습 의제의 중요한 부분이 될 것이다.
>
> 그러므로 우리는 강한 리더십을 보이고 다른 학습 방식의 이해와 좋은 교수의 성분을 쥐고 있는 사람을 임명할 필요가 있다. 똑같이 중요한 점은 다른 사람에게 이것을 전달할 수 있는 능력이고, 태도에 있어서 위협적이 아니라 지원적인 교사와 함께 일을 하는 것이다.
>
> 임명된 사람은 교육과 비교육 교직원 모두와 더불어 일을 처리하는 데에 있어서 상당한 기능을 요구한다. 우리는 헛되면서도 긴 논쟁에 시간을 낭비하지 않지만, 동시에 포함된 모든 사람이 그들이 상담을 받았고, 완벽히 '동등한 탑승'에 있다는 것을 느끼도록 만들어야 한다.

추가는 중요했고, 운 좋은 상태에 있는 학교를 제외하고 모든 학교를 위한 개선 위협을 제기하는 새로운 양상을 반영했다.

교장과 새로 임명된 교감-성취-인 크리스 윌슨(Chris Wilson)이 2002/2003 학년도 법정 목표에 따라 일을 했을 때 그들은 놀라운 변칙을 발견했다. 2000-2001 10학년 집단의 학업 성취도 평가(Standard Assessment Task: SAT) 시험의 단계별 교육과정 3단계 결과는 학교가 지닌 최고기록이었고, 일반중등교육자격시험에서 40%의 A-C 등급 그리고 96%의 A-G 등급이 가능하다는 성취를 예언해 주었다. 우리는 약속을 하면서도 도전적인 것이라고 생각했다. 그러나 같은 시기에 11학년 정보 안내(Year 11 information service: YELLIS) 점수는 오히려 걱정스러운 A-C 등급까지 27%를 나타내었다. 이것은 이치에 맞지 않았다. 그러나 학업 성취도 평가 시험이 2000년 5월에 행해졌을 때 그리고 같은 해 10월 엘리스(YELLIS) 시험이 행해졌을 때를 기억해보아라. 우리가 차이점을 추적하고 있을 때 우리는 현저한 학생이 출석. 행동문제. 영구 퇴학의 역사. 어떤 경우는 매우 도전적인 행동을 해서 이에 대한 형편없는 거의 모든 기록과 함께 9월 이후에 10학년에 왔었다는 점을 발견했다. 우리는 전혀 똑같은 집단을 바라보고 있지 않았다. 그리고 현재 10학년에 들어가기를 바라는 학생들의 목록은 계속해서 늘어났다. 대부분은, 몇몇 지방 학교가 '가득' 찼다는 사실을 포함해서, 환경문제 때문이었고, 부분적으로는 우리가 어려움을 지닌 학생들을 다루는데 능력이 있다고 평판이 나있었기 때문이었다.

크리스와 교장은 다음에 뒤따르는 전략에 대해 동의했다. 그들은 두 개의 수행 자료 증거사이에서 중간 방식을 목표로 시작했다. 다시 말하면 그들은 차이점을 분석하고, 지방교육위원회에게 우리는 대화

비율을 신입학생 50%로 성공시키고자 한다고 말했다. 지방교육위원회도 동의하였다. 운영위원 역시 동의했지만 그 현상에 대해서 우려를 나타내었다.

진행 중인 투쟁

이렇게 증가하고 있는 '격변'의 또 다른 효과가 있었다. 학생 유지 보조금이 퇴학을 줄이는 것에 의존한다는 점이다. 우리의 퇴학 비율은 낮았다. 만약 우리가 영구히 올해에 3명 이상의 학생을 퇴학시킨다면, 우리는 한번에 3000 파운드에 해당하는 자금을 잃게 될 것이다. 만약 1년마다 10으로 시작한다면 우리는 재정적으로 더 안전한 위치에 놓이게 된다. 더 교활하게 격변은 학교로 돌아가서 뻗어나가기 시작했고, 더 작은 손해가 근본부터 일어나고 있었다. 그 기풍은 유입될 학생을 빨리 충분하게 '안정'시켜주지는 않았지만, '원래' 학생들의 일부 의미 있는 소수-는 잘못된 지휘를 따르고 있었다.

그러나 우리는 정말로 우리의 학생을 위해 질적인 업무를 하고 성취도를 올리기 위한 것이라고 믿고 있었기 때문에 억압을 했다. 2001년 9월 이래로 크리스 월슨은 부모님을 위한 보고 제도를 이끌었고, 그것은 교사들이 각각의 과목에서 각 아이들의 세 가지 개인 목표를 정한 것이었다. 또한 부모님들에게 통계적인 정보를 제공하기 위해, 컴퓨터로 일반화된 중간기 보고도 있었으며, 이 보고는 주의 깊게 설명되었다. 크리스는 또한 2001년 9월 실행을 위해 멘토(mentor) 시간을 완벽한 교육과정 복습-이것은 시작부터 끝날 때까지 두 달이 걸렸다－으로 짜 넣었고, 훈련은 멘토 기능으로 교직원들에게 주어지게 될 것이다. 우리는 여전히 그대로 서있지 않았다. 새롭게 임명된 교감－교수·학습－인 데이브 심(Dave Sim) 역시 상당히 똑똑하게 움직여 주어야만 했다. 우리는 교수·학습 정책을 필요로 했다.

그러나 사실은 거기엔 가치가 있었다. 리더십 집단은 회사에 매우 일찍 도착했으며 매우 늦게 까지 머무르면서 전속력으로 일하고 있었다. 교장 보조－개인적 요구－인 데이비드 파크스 (David Parkes)는 3번의 긴 부재와 2번의 공백 기간이었던 파견근무동안 조용하게 그러나 훌륭하게 지난 3년 간 모든 고위 운영자의 업무의 일부를 익혀 왔다. 긴급히 선생님들은 교실에 대한 욕구가, 이런 모든 의식에서 소란스러운 집단과 함께 학교 기풍에 동화되지 못하고 도전 받는 허약함이 나타날 때, 존경과 관대함을 보여주지 못하는 학생들을 지원해주어야 한다고 느꼈다. 그것은 더 많은 시간과 돈이 들었다. 우리는 교직원들이 통합 지도교사와 학생후원 계획교사로서 행동하도록 수당을 투자해왔다. 그리고 특별 교육 요구 조정관(SENCO) 대리를 추가했고, 전일제로 근무하는 상담 교사를 높은 봉급으로 고용했고, 그녀를 위해 사무실을 만들어주었다. 우리는 우리가 할 수 있는 모든 것을 하고 있었다.

우리는 또한 더 나이가 들었다. 아마도 더 현명하고 더 창조적이었겠지만 여전히 교직원들만큼 신체적으로 나이가 들어 있었다.

리더십 그룹으로서 우리가 직면하고 있는 문제 중에 하나는 우리가 계속해서 1994년에 세웠던 전략적인 의제를 몰아붙였지만 매우 다른 상황에 있다는 것이다. 그런 후 우리는 희망과 자신감 그리고 어떤 것이든 우리 교직원과 아이들과 함께 하면 가능하다는 믿음으로 이끌었다. 표준적인 의제는 우리를 뒤따랐고 어떤 학교 지도자들이 교직원을 보호하는 것이 매우 힘들다는 것을 발견하게 하는 외적인 강압을 가져 와서 우리의 밝은 낙관주의를 무색하게 했다. 그러나 우리는 해야만 했다.

당신은 사랑을 강요할 수 없다. 그리고 어떤 인간적 현실의 성취와 가치를 지속시키는 것을 알려주는 것은 바로 사랑이다. 교사들은 지금 그들이 한때 아이들을 위해 애들의 마음으로 하고자 했던 것을 하도록 하고 있으며, 이것은 좋은 일은 아니다. 그것은 또한 우리가 시도할지라도 성공적으로 운영하기에는 어렵다.

우리는 조기 퇴직으로 대리부터 주요 전문적 규모에 이르기까지 매 수준의 좋은 교사들을 잃어왔다. 이렇게 되어서는 안 된다. 만약 학교 개선이 유지되어야 한다면, 개선을 가능하게 만드는 사람들인 교사와 학교 지도자들은, 일일 가르침 내에서 직관적이든 개인적이든지 간에, 창조적으로 필수적인 위험을 감내하는 모든 자신감을 넘어서서 안전하고도 감사하게 느껴야만 한다.

마지막으로 아이러니 한 점은 이 학교의 교직원이 막 다른 학교가 받은 수행 상을 주시하고 있다는 것이다. 우리가 지금까지 개선시켜왔기 때문에, 이것에 대해 어떤 표준의 모임을 한다는 것은 상상하기 어렵기 때문이다. 그렇게 많은 것이 인식 될 때에, 우리 교사들이 결코 과거에 했던 과업을 공개적으로 고마워하지 않는다는 것을 받아들이기란 어려운 일이다.

표준적인 의제는 바로 한 가지 관점 안에서 우리와 함께 머물러 있다. 어떤 교사도 그들의 학생에게 그들 자신의 아이들을 위해 바랄 수 있는 것보다 질 적으로 더 낮은 서비스를 제공해서는 안 된다. 그것은 최고의 교육적인 기회가 가능하다는 것을 의미한다. 최고보다 더 아래 단계를 행해서는 안 된다. 그러나 저자는 웜브웰 고등학교가 이 표준 의제에 앞서 있었다는 점에 대해 기쁘게 생각한다. 바로 우리는 우리가 원했고 관심을 가졌고 그것을 해내기 위해 하나의 학교로서 함께 일했기 때문에 우리의 개선을 해냈던 것이다. 그리고 우리는 다음 단계를 통하여 그것을 지켜보며 계속 주시하고 있을 것이다.

5

학습의 전반적인 개편방안

제프 바턴(Geoff Barton), 마이크 폴리(Mike Foley) 지음

도덕적인 이야기로 시작해보자. 화이트홀(Witehall) 연구(1999)에서는 건강과 요절의 양식을 연구하기 위해 30여 년간 3만 명 이상의 공무원들을 추적하였다. 공무원이란 상당한 계층 구조를 갖고 있으며, 연구자들에게 노년까지 살아남을 수 있는 기회가 계층이 어떤 영향을 끼치는지 보여주기에 가능했으므로 선택되었다. 어떤 사람이 가장 때 이른 죽음을 맞이하게 될 것인가? 공무원 조직의 상층에 있는 험프리 경(Sir Humphrey) 스타일의 고위 관료일 것인가, 아니면 스트레스나 책임감이 적은 낮은 지위에 있는 도어맨일까?

답은 물론 도어맨이다. 연구자들은 육체적, 정신적 건강에 영향을 미치는 주요 요인들은 유전자도 아니며, 담배를 피우고 음주를 하든가, 운동을 하거나 지방과다 음식을 먹는 등 하는 행동도 아니라고 밝혀냈다. 이러한 요인들은 다 합쳐봐야 조기 사망 중 10분의 4 미만의 원인이 된다. 양호한 건강을 확실하게 보장해주는 것은 우리의 경쟁이나 빠른 반응의 효율성이다. 이는 우리의 호르몬이 인지된 육체적 위협에 대해 반응하여 오르내리는 형태를 말한다. 화이트홀 연구 결과는

우리가 일상생활에 대해 갖는 지배의 정도가 이를 결정짓는다는 것을 보여준다.

따라서 이 사실은 제일 하위 층의 사무원과 비교했을 때 고위 공무원 쪽이 네 배 정도가 평균 수명에 이르는 비율이 더 높아 생존율의 증가하고 있는 사실을 설명해준다. 고위 공무원들은 상부에서 책임감이라는 짐을 지녀야 하며, 삶의 스트레스를 경험해야 할지도 모른다. 하지만 적어도 통제력은 갖고 있다. 직업 통제력이 낮은 사람들은 심장마비, 뇌졸중, 당뇨나 단순한 일반적인 전염병 같은 새로운 질병에 걸릴 위험이 50%나 더 높다는 사실에 직면한다.

우리가 학교를 운영하는 방식과 관련해서 이 연구는 어떤 중요성을 띄는가? 영국 서퍽(Suffolk)주의 베리 세인트 에드먼즈(Bury St. Edmunds) 근처의 서스턴 지역 대학(Thurston Community College)에서 지난 3년간 수행한 우리의 연구는 계층 구조를 분석하고 모든 단계의 학생과 교사의 역량과 재능을 재확인하는 방법 등에 집중해왔다. 이런 종류의 설명에는 항상 과장되는 부분이 있기 마련이라 권한 위임과 자유에 대한 당당한 요구는 피하기로 한다. 우리의 시작점은 약간 더 소박하다. 학교란 종종 어린이나 어른이든 개인이 길 잃은 느낌이나 분리되거나 중요하지 않다는 느낌을 갖게 하는 거대한 조직이라는 점이라는 것이다.

우리는 이 엄격한 계층구조는 근로자 지배라는 19세기적 관점에 기반을 두고 있다는 시각에 의해 자극 받았다. 이는 우리의 존 웨스트-버넘(John West-Burnham) 교수와 함께 했던 초기 전략적 연구에서 강조하는데 유용하게 썼던 시각이었다. 혹자는 너무 빈번하게 학교란

방적 공장이나 감옥처럼 '노동자를 지배하는' 조직 같은 곳에 더 적합한 구조로 운영되었다고 지적해왔다. 우리는 교사란 고도로 숙련된, 가끔 확신이 부족할 때도 많지만, 전문가들로서 많은 자율성, 상황에 대한 기본적인 통제력과 낮은 관리 계층에 있을 때 업무를 더 잘 수행할 수 있을 것이라고 본다. 우리가 경험한 바로는 이 직종에 들어서는 많은 새로운 동료들은 가르치는 업무에 대한 이상과 열정으로 가득 차있다. 그런 다음 어떻게 되는가? 많은 경우 교육 환경의 구조와 가능성들은 그러한 낙관론을 억눌러 버린다.

문제는 우리가 통제와 권위의 환경이라는 정의 그대로 학교 환경을 교사와 학생을 위한 교육 환경으로써 진실하게 가치가 있도록 만들 수 있는지 하는 점이다. 본 장에서는 이제 막 시작되기 시작하는 개혁이라는 변화 단계의 시작점을 기술하기로 한다.

학생들과 교사에 대한 우리의 요점은 다음과 같다. 우리가 어떻게 해야 학생들의 개별적인 학습 욕구를 진면으로 끌어내을 수 있는가와 어떻게 하면 작고 긴밀한 교사 그룹에게 자율과 책임을 줄 수 있는가 하는 점이다.

첫 번째 초점: 학생의 학습

교사들에게 21세기 초와 20세기 초 수업에 대한 두 가지 이미지를 비교해 보라고 질문하는 건 진부한 이야기가 되었다. 차이란 어떤 것들인가? 복장, 수염에 대한 유행, 벽에 있는 전기 소켓 같은 것들? 밀

집된 계층의 아이들 그룹에서부터 칠판을 배경으로 권위적인 자세로 서있는 교사에 이르기까지처럼 다른 많은 분명한 본질적인 요소란 똑같은 제도 내에서 유지될 것이라는 점이다. 교사/학생의 교훈적인 모델에 대해서 언급할 부분도 많지만, 우리 자료에서는 학습이란 항상 책상을 가진 방에서 한 명의 성인과 30여명의 학생들이 있는 상황에서 이루어져야 한다는 걸 확신시켜주는 것은 없다. 다르게 말하면 우리는 학습(learning)에 대한 수업(learning)을 특별히 강조하면서 교수·학습과정을 개별화하는 방법을 모색해왔다.

서스턴 커뮤니티 칼리지는 1,300명 학생을 수용한 큰 학교이다. 550평방킬로미터의 전원 담수지역이라는 의미는 대부분의 학생들이 버스로 통학을 해야 한다는 것이다. 이는 수업시간을 조찬수업과 방과 후 수업으로 늘리는 생각들을 힘들고 비경제적으로 만든다.

본래 각 기숙사감이 이끄는 세 기숙사로 구성되었는데, 이는 매우 거대한 하나의 조직이었다. 기숙사의 일부가 되었어도 여전히 많은 학생들은 큰 연못 안의 작은 물고기 같은 느낌을 들게 했다. 우리의 목표는 학생의 경험을 현대화하는 것이었으나 이는 고상하고 든든하게 보이는 깔끔한 문서상 개혁을 통해서가 아니라, 교수·학습의 일상적인 움직임을 약간 수정하는 것이었다. 우리는 거대한 조직 내에서 학생이라는 점이 어떤 것이라는 걸 본질적으로 바꾸려는 변화에 영향을 주고 싶었다. 더욱 소규모 팀으로 만드는 것이 여기서 중요했다. 세 개의 기숙사를 여섯 개로 나누고 새로운 이름을 붙였다. 그리고 독특한 기풍을 개발하는 것을 돕게 학생위원회를 설치했다.

그러나 공립학교 전통과 해리 포터(Harry Potter)의 세계에서 아주 동떨어졌던 것은 아니었다. 신정한 도전은 우리 현대적인 소비지 지향적인 시대에서 최고로 긍정적인 측면을 이용해서 학교를 재창조해야 한다는 것이었다. 그리고 바로 여기서 많은 교사들이 곤란하게 된다. 학교와 '밖의 현실계'의 문화는 가끔 반대되는 것처럼 보이기도 한다. 성인과 아이를 위해 학교는 최고의 상태를 유지하여 담장 너머 존재하는 잔인하고 용서 없는 세상으로부터 성역처럼 느낄 수도 있다. 하지만 학교는 역시 일부 학생들을 삶의 다음 단계를 위해 준비시키는 비현실적이고 가공된 환경으로 느껴진다.

공공부분의 안락한 범위 내에서 교사로서 우리의 판에 박힌 반응은 생존 시장 지배의 세계라는 소비자 사회가 무의식적으로 나쁜 것이라는 것이었다. 약자를 취약한 상태로 두고, 도덕적인 판단을 행사하지 못하여 고약한 모습이 구체화된다. 하지만 이는 그렇게 도움이 되지 못하는 단순한 시각이다. 소비자 중심주의란 놀라운 개인적인 취향의 세계를 창조했다. 다양한 슈퍼마켓에서부터 디지털 서비스에 이르기까지 우리는 이 세계를 우리의 취향, 관심거리와 생활방식에 맞출 수 있다. 그리고 이는 우리 학생들이 살고 있는 매우 새로운 세상인 것이다. 이 곳은 '네 자신이 되라'는 식의 개인적이 되는 것이 매우 중요한 토템(숭배)이라는 약속으로 가득하다. 그리고 여전히 마케팅(시장 거래)의 위력은 우리를 항상 우리 자신을 재발견하기 위해 우리 자신을 변화시키라고 권유하고 있다.

이 강렬한 소비자주의는 우리 학생들이 매력적으로 끌리고 있으며, 만약 학교가 어느 정도 반응하지 못한다면, 점점 증가하는 숫자의 학생들이 현재에도 컴퓨터 기술을 통해 개인화된 교육 프로그램을 접할 수 있으므로 학교를 불필요하고 부적절한 곳으로 간주하게 될 것이다.

대부분의 교사들은 더욱더 비판적인 입장을 취하고, 천박한 방송 문화를 무시하면서, 개인의 책임이 존재하지 않는 듯 보이는 개인의 권리 주장을 걱정할 것이며, '나 위주'의 세상이 창조하는 도덕적 진공 상태에 대해서도 근심할 것이다. 우리는 학교의 역할이란 학생들을 소비자 세계의 가치에 관하여 – 대항해서가 아니라 – 교육하는 것이라고 주장하고 싶다. 우리의 과제를 다르게 말하자면 전통적으로 다수를 사회적 통제에만 신경 썼던 학교를 개인의 중요성과 그들의 학습 요구를 소생시키게 방법을 고안해내는 것이다. 목표는 학생들을 어떻게, 언제 배우고 싶은지 제일 잘 알고 있다는 걸 믿고, 스스로 학습을 할 수 있도록 자동적인 통제력을 인정해주는 것이다. 하워드 가드너(Howard Gardner)의 다중 지능(Multiple intelligence)에 대한 독창적인 연구와 앨리스터 스미스(Alistair Smith)의 가속화 학습 모형 등은 우리에게 교실내의 학생이라는 단순 모형이 이젠 더 이상 진실로 통하지 않는다는 점을 상기시켜 준다.

우리의 목적은 교육에 있어 소비자 중심의 개념을 확립하는 것이다. 여기서 학생들은 더 활동적으로 자신만의 학습 프로그램을 구체화할 수 있다. 첫 번째 학기에서 개인, 건강 사회 교육(Personal, heath and social education: PHSE) 프로그램은 현재 두뇌이론과 이를 학습에 어떻게 응용할 것인가를 가르치고 있다. 학생들은 다중 지능과 사고지도 그리기(Mind mapping) 등을 배우고 있다. 대학진학 준비과정(Sixth form) 학생은 학교의 개인 지도교사 그룹과 만나 복습 진행에 도움을 받는 등 그들을 학교생활과 연관을 맺게 된다. 각 학생들은 학교 전체적인 역할을 수행하도록 기대한다. 11학년 학생들은 다른 학생들과 점심시간 워크숍이나 1대1 복습지도 등을 선택할 수 있다. 학교 내부

전산망은 학습과 보조자료 등을 제공한다. 사친회(Parent Teacher Association)는 어떻게 자녀의 학습을 최고로 후원할 수 있는지 부모에게 보여주는 활동을 벌이는데 다시 초점을 맞춰왔다.

또한 우리는 지적능력에 대해 최근 추진 중인 연구에 대부분 동의를 한다. 이는 듣고, 읽고, 말하고, 쓰는 능력 같은 내재된 언어 능력들은 때로는 학생들이 더 효율적으로 쓰기 위해서는 표출되어야 한다는 견해에 기초한다. 그렇다면 아이에게 스릴러 소설의 서두를 써 보도록 시켜보라. 그렇다면 연이은 반응을 얻게 될 것이다. 문학적인 배경은 방식의 효과를 적절하게 주기 위해 사용된다. 다른 아이들은 쓸 수도 있고 그렇지 않을 수도 있다. 분위기 처리, 구조가 긴장감을 빚어내는 방식, 구체화 돼가는 주인공들이 나누는 대화의 역할 같은 스릴러 소설의 본질적인 요소를 뽑아내는데 시간을 투자하라. 그러면 세련되고 성공적인 작문을 볼 수 있을 것이다. 동일한 방식으로 많은 우리 학생들은 성인들에게 고의가 아니라 적절한 구조와 모델이 부족하기 때문에 무석실하세 발한나. 예늘 늘사번 학생늘은 물만늘 나타내거나 설명을 요구할 경우 활용하는 유형에 익숙하지 않다. 충동적인 본능에 의지하는 것은 무례하거나 건방지다는 비난을 받을 수 있다. 따라서 학생들 중 약간은 성인들과 어떻게 대화를 나눠야 하는지에 대해 사회적 기능에 대한 명백한 공부를 필요로 한다.

이제 우리는 우리 학생들의 기대에 있어 조금 더 명확한 목표를 삼아야 한다. 이는 단지 행동이라는 관점이 아닌 성공이라는 모델을 제공하는데 있어서다. 학교에 등교하면 학생들은 우리가 가장 성공적인 학생들이 지녔던 특징들로 확인한 기능과 자질 같은 본질적인 요소에 대한 지도 한 장을 받게 된다. 각종 모임이나 개인, 건강 사회 교육,

개인교습 시간과 학교 안팎에 붙은 벽보 등에 도움을 받아, 이 '학생의 본질'에 관한 목록은 학생들에게 학교에서 어떻게 잘 해낼 수 있는지 구체적인 안내, 즉 성공의 전형을 제공하는 것이다.

여기에 중요하게 급진적인 것은 없다. 하지만 이러한 내용이 학생들에게 가져다주는 재확인과 명쾌함은 인정되어야 할 듯하다.

학습

훌륭한 학생은 어떻게 공부하는지, 자신이 어떤 부류의 학생인지, 그리고 다양한 방법으로 공부하는 걸 알고 있는 사람이다. 이게 가능하기 위해서는 다음과 같은 기능과 자질을 필요로 한다:

- 산출해낼 본인 연구의 질에 대해 높이 평가 한다;
- 자극을 받는다;
- 목표 환경을 본인 연구 질을 향상시킬 수 있게 이용 한다;
- 마감일을 맞출 수 있다;
- 독자적인 연구를 수행할 수 있다;
- 미래 자신의 학습을 향상시킬 수 있도록 장단점을 평가 한다;
- 집중;
- 특별한 관심분야를 개발할 수 있다.

개인적인 자질

함께 연구하고 학습하는 공동체를 만들기 위해서는 서스턴 커뮤니티 칼리지에서의 자신의 시간에서나 일터에서 다음과 같은 자질을 필요로 한다:

- 예의;
- 신뢰할 수 있음과 믿음;

- 책임;
- 수용성 – 변화에 대처할 수 있는 능력;
- 넓고 다양한 관심사를 갖는 것 – 즉 스포츠/사회생활/학문/문화적 관점 – 책, 음악, 영화, 예술 등;
- 정보에 근거한 결정을 내릴 수 있다;
- 자신의 작업량을 계획하고 구성할 수 있다;
- 자신과 주변 사람의 개별성을 평가할 수 있다.

지식

자신을 위해 중요한 인생의 결정을 내릴 수 있게 되기 위해서는 상당한 지식을 가져야 하는 특정 분야가 있다. 다음과 같다:

- 영양과 건강한 음식;
- 병과 예방약품;
- 운동의 중요성;
- 마약에 대한 사실;
- 피임과 성적으로 전염되는 질병들;
- 정신적인 건강;
- 개인적인 재무;
- 형사사법제도;
- 정치적인 의식;
- 기회와 직업에 대한 자각;
- 응급처치.

시민권

시민권이란 사회에서 특정한 일반 목표를 이루기 위해 함께 노력하는 방식이다. 이는 우리 세상이 효율적으로 운영되고 사람들이 상호 존중하며 살아가고 일할 수 있게 힘을 얻도록 돕는다. 다음의 사항을 실천함

으로 자신이 선한 시민이라는 것을 보여줄 수 있다:

- 학교생활에 참여: 기숙사 위원회, 스포츠 팀, 오케스트라, 토론 모임 등;
- 학교생활에 기여: 학과나 자선위원회, 학교위원회를 돕거나 모임 기여 등;
- 지역 사회에 참여: 노인과 보육원, 초등학교, 지역 자선 단체, 청년 모임 등을 돕기;
- 뉴스에 나오는 사안을 토론할 수 있다;
- 정치적 관점을 표현할 수 있다;
- 지역 정치에 대한 지식을 논증할 수 있다.

이 모든 것과 결부시켜, 우리는 언제나 핵심적인 가치들인 책임감과 예의와 학습 등을 보완하는 모임과 개별교습에 대한 활기 넘치는 프로그램에 대한 필요성을 보았다.

대학진학 준비과정 학생을 위한 개별교습 프로그램은 여섯 가지 주요한 기능에 의해 운영되는데 문제 해결과 다른 사람들과 공부하고, 자신의 스스로의 학습을 유지하는 소위 '유연한' 기술에 특별한 관심을 두었다. 이러한 내용들은 학생들에게 자신의 학습을 통제하고 개발해야 할 필요성이 있는 본질적인 기능들을 확인시켜주며 지도교사나 더 잦은 경우인 학습 멘토와 갖는 정보에 의거한 토론을 위한 기반을 제공하게 뼈대를 세울 수 있게 한다.

9월부터 이 주요 기능들은 개인, 건강 사회 교육 프로그램에서도 운영되어 학생들이 단편적인 학교 경험 간에 관계를 유지하도록 돕고 자신의 스스로 학습을 조절하는데 관심을 갖도록 주요한 기능이나 경험을 제공할 것이다.

이것은 학습의 원칙에 대해 학교를 재조명하기 시작했을 때부터 진행해온 절차였다. 동시에 더욱 도전적으로 우리는 학습이 운영되는 교직원 구조를 바꿔야 한다는 사실을 알았다. 두 번째 관심분야가 이렇게 유래한다.

두 번째 초점: 교사의 교수법

대부분의 학교들은 운영자 계층들로 이뤄진 계층구조로 남아있다. 1980년대와 1990년대 급증한 법률제정은 비대해진 고위 운영진과 함께 종종 학습의 개선이라는 주 업무와 분리된 새로운 시도를 실행했다고 해서 지급되는 다액 운영 수당을 주도했다. 서스턴 지역 대학은 이러한 점에서 다른 학교와 약간 달랐다. 교장, 세 명의 교감, 업무 관리자와 네 명에 이르는 선임교사 등 거대한 고위계층이 있었다. 이 계층의 크기는 1300명 학생이라는 규모라는 관점에서 보면 정당화될 수 있다. 하지만 우리가 답변해야하는 문제는 이것이 21세기를 향해 학교를 운영해낼 수 있는 가장 효율적인 방법인가 하는 점이었다.

흥미롭게도 서스턴 지역 대학은 198년대 지배적이었던 대부분의 교직원 변화라는 교원에 대한 경향을 지나쳤었다. 결과적으로 중간 운영계층은 죽 늘어선 학과장들로 구성되었는데 이들은 주로 전통적인 급여 장부에 의해서 급여를 받았다. 본 단계의 모임은 대개 30명이나 40여명의 교원들로 이루어져 실제 업무를 처리하거나 결정에 이른다거나 하는 엄두를 내지 못했다. 유사한 양식을 따르는 경향이 있었는데, 선임 그룹이 제안을 하면 제안은 36명의 중간 관리자에게 제출되고,

토론이 이어진다. 가끔 반대로 이어지기도 한다. 안건이 중간에서 보류되기도 하거나 자문 운영 방식은 눈속임이라는 중간 운영자들의 불평과 함께 실행되기도 한다.

1997년 이스턴 전기회사(Eastern Electricity)와 연계하여 수행되었던 교직원 설문에서는 교직원들은 명백히 자신들이 의견을 내본 적도 없으며 의사결정 과정의 일부가 아니라는 자각을 하고 있다고 진술했다. 그들은 일상 업무에 있어 그들에게 생기는 일들에 대해 통제력이 거의 없거나 아예 없다고 믿고 있어 이는 사기 저하와 동기 부여의 결여로 이어졌다.

중간단계에서 보는 관점은 약간 달랐다. 중간 운영자간 믿음이 부족했으며, 책임감과 의사결정 업무를 만일에 잘못됐을 때를 대비해서 마지못해 계층구조의 아래에 놓으려고 했다. 이는 차례로 중요하지 않고 심지어는 사소한 일을 선임 그룹 구성원에게 문의하던 담임교사와 중간계층 부분에 더 큰 의존성을 낳았다. 그 결과 전면적인 실패였고 상대적으로 작은 바퀴가 최대한의 저항력으로 훨씬 더 큰 바퀴를 돌리려 애쓰다 보니 힘든 전망으로 귀결됐다.

과제는 깊게 맞물린 문화에서 이를 떼어낼 수 있는 새로운 조직을 도입하는 것이라 하겠다. 목표들은 다음과 같았다:

- 능력 있는 교직원들 간 의심할 여지없이 존재하는 창조력을 발산하고 동기부여를 높이기 위하여 과업에 대한 교육과정에 통제권을 줄 것;
- 수년간 쌓아온 운영 계층을 해체하여 책임 경계를 분명하게 함;

- 우리가 팀장이라고 부르는 교육과정 담당을 교육의 질과 교직원 실적에 직접적으로 책임을 지도록 만들 것;
- 리더십 그룹을 4명으로 줄이고 전략적인 계획과 실행에만 우선적으로 관여하도록 보장해줄 것;
- 매일 아침 학교를 가동시키고 효율적으로 운영될 수 있는지 보장하는 것을 책임질 새로운 운영진을 만들 것;
- 중간단계 운영자들에게 다방면에 걸친 힘을 주고, 교육을 개선하는데 쓰도록 가능한 한 많은 자금을 팀장들에게 맡길 것.

우리는 또한 교사와 '비 교사–참 대단한 말이다'식의 분할이라는, 많은 학교에 끝없이 따라다니는 이런 별 도움이 안 되는 구별을 둔화시키고 싶었다. 일단 학습 과정을 단단하게 교육과정의 중심에 놓고 나면, 낡은 이분법은 사라진다. 우리의 네트워크 관리자는 새로운 과학 교사와 마찬가지로 교육과정에 관계하고 있다.

새로운 교직원 구조는 교사 그룹을 중심부에 놓은 강력한 비 계층 구조로 도형 5.1과 같다. 심각한 계층 구조적 모형으로부터의 변천을 나타낸다. 융통성과 목표 공유, 교사와 지원 교직원 간에 구별을 줄이는 것을 강조했다. 가르치고 배우는 것은 서스턴 지역 대학에서 일하는 모두의 주요한 목표로 핵심처럼 굳게 존재한다.

리더십 그룹:

운영위원들과 함께 업무를 보면서 학교 정책을 주도하는 핵심 진영이다. 교장과 2명의 교감, 업무 관리자로 구성된다. 연간 기획 과정과 관련되어, 다른 동료들은 특별한 안건을 이끌어 나아가는 걸 돕기 위해 리더십 그룹에 초빙되기도 한다.

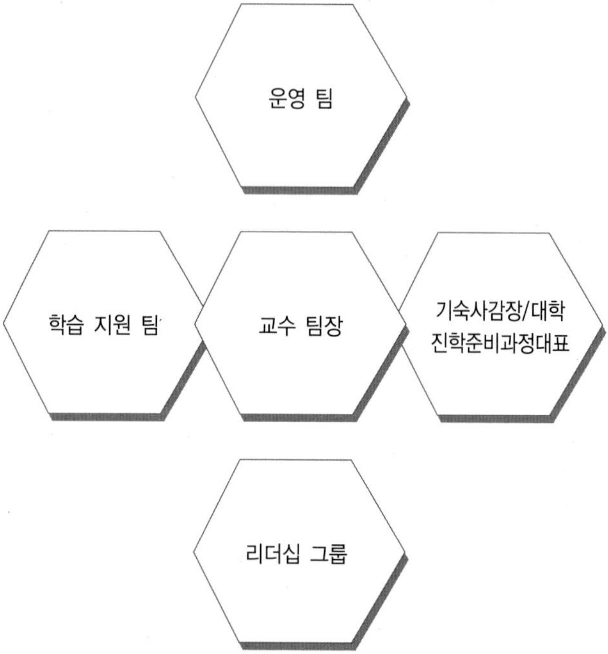

도형 5.1 2001년 9월 이후 서스턴 지역 대학의 새로운 인력구조

교수 팀장:

학교 전체의 교육과정 기획과 유지, 학교 기풍을 개발하고, 교수·학습의 질을 높이며, 교직원 기능을 개발하는 업무를 담당할 중요한 역할이다. 본 팀은 교육과정 및 평가 담당 관리자들과 함께 새로운 교육과정 위원회를 조직할 것이다.

기숙사감장:

과목들에 걸쳐 학생들의 수행을 모니터링(monitering)하며, 뛰어난 성공의 분위기를 보장하고 학업적인 것을 넘어 학생 기능의 개발을 담당하는 주요한 역할을 한다.

운영 팀:

이 팀은 학교의 일상적인 운영에 대한 책임을 갖고 있다. 행정 관리자, 업무 관리자 등이 있다.

학습 지원 팀:

지식과 수리적 능력, 정보 습득과 개별적 지원 같은 본질적인 기능을 포함하는 학습에 중점을 둔 그룹이다. 특별한 요구, 멘토링, 도서관 사서, 학습 지원 보조 등을 포함한다. 이 팀은 교수와 지원 교직원의 결합형태로 그러한 구별을 줄이기 위한 목표의 일환이다.

새로운 구조의 핵심에 팀장이 있다. 1980년대 많은 학교에서 도입하기 시작한 교원이 대표가 되는 지위는 교육과정을 주도했다. 대부분의 과학, 인문, 공연 예술대표들이 결합 과정을 도출해내기 위해 임명된다. 교육과정의 단편화를 임시로 해결하기 위한 시도였고, 학습의 실적이나 자질과는 거의 관련이 없었다.

서스턴 지역 대학의 새로운 교수 팀장의 직책은 이 업무를 위해 고안된 것은 아니었으나 교육과정을 뛰어넘어 더 뛰어난 협력과 일관성을 이끌어 낼 수 있으리라는 희망이 있었다. 이 모형에서 팀장의 역할은 매우 다르다. 팀 내에서 교육의 질에 대한 전면적인 책임을 지는 중간 운영자 그룹을 개발시키고자 했다. 일반적인 대화와 관찰, 조직적인 자료 분석 등을 통해 나온 그들 분야의 장단점에 대한 세세한 지식을 파악해야 했다.

우리는 팀장들이 그 팀이 다음 사항들에 대해 어떤 식으로 일을 수행하는지 파악하기를 기대 한다:

- 모든 학년에 걸쳐;
- 가장 뛰어난 성취자와 낮은 성취자들 사이에서;
- 다른 학생 그룹과 함께: 소년/소녀/무상급식/이전 성취물의 수준에 대한 다른 단계들;
- 평가의 다른 요소에 걸쳐: 수업활동/시험/다른 달성목표 등;
- 다른 교수 그룹 내에서;
- 예상 등급 대비 실제 성적.

우리는 그들이 다음 사항에 대해 어떤 식으로 비교할 수 있는지 기대 한다:

- 국내 평균치들과;
- 국내 기준(benchmark) 수치들과;
- 지방교육위원회(Local Education Authority) 평균치들과;
- 지역 비교측정 부서들과;
- 시간을 뛰어넘은 경향들과;
- 교내의 다른 과목들과.

마지막으로 우리는 팀장들이 학생들이 예정된 과정을 밟고 있는지 확실하게 알기 위해 개별적인 진도를 체크하기를 기대한다.

개선을 위한 주요한 분야가 일단 확정되면, 팀장들은 그들에게 주어진 예산에 맞춰 개선을 위해 그들만의 계획을 만들어낼 수 있게 된다. 예산은 인원별로 할당된 전통적인 '금액'은 물론 상담이나 자문, 훈련, 공급-팀의 교수와 관찰을 할 수 있도록 함- 등을 위해 쓰인다. 업무가 순조롭게 진행되면 예산은 인력과 가구와 건물 등에도 쓰일 수 있다.

성적에 대한 책임은 양적이고 질적인 결과물에 초점이 맞춰질 것이다. 운영 계통의 일곱 명의 팀장을 계통 관리하는 교감은 전 학교 차원의 개선 계획과 목표가 일치하는지, 정례적인 일대일 미팅을 통하여 계획에 따라 진행되는지를 보증할 것이다.

실제 어떻게 운영될 것인가?

지리학과를 예로 들어보자. 성적이 약간 뒤처지는 남학생들이 일반중등교육자격시험에서 기대에 못 미치는 성적을 기록하고 있었다. 인문학 팀에서는 이 점을 가장 주요한 우선 해결 과제라는 것에 동의를 한다. 학생들은 과제물이 형편없이 주어지고, 근처 마을에서 이루어지는 현지답사에 흥미를 느끼지 못한다고 말한다. 무엇보다도 집에서 해야 하는 수업활동을 위한 학과 방침 때문에 지원을 거의 받지 못했다. 빈약한 수업활동의 결과는 학생들에게 다른 과정과 함께 별다른 노력을 할 가치가 없다고 재빠르게 수긍시켰다.

팀장은 개선을 위한 과제를 이끌어갈 교직원 일원에게 수당을 주도록 결정했다. 자금이 시험 미팅 참석용으로 모아지고, 재고 예산의 일부가 관찰과 팀 교습을 위해 쓰일 것이다. 팀장은 일반중등교육자격시험에서 지리학에서 좋은 결과를 내고 있는 인근 학교의 교장을 초빙할 것이다. 그녀는 그 학교의 지리학과장을 학과 미팅에 초청해 약간의 현직 교육과 훈련(in-service education and training)을 실시하게 할 것이다. 그녀는 준비 재료비와 여행비, 제반경비를 기꺼이 부담할 것이다.

목표가 교감에 의해 승인되었다. 모든 남학생들의 98%가 마지막 시험까지 지리 일반중등교육자격시험 과정을 마칠 것이며, 뒤처진 남학생들의 평균 수업활동 점수는 적어도 50%에 이를 것이다. 그리고 모든 수업활동 과제물은 완료될 것이다. 남학생들의 목표 미달이라는 것은 학교 전체적인 쟁점이므로 지리학과 연구를 통한 조사결과는 다른 팀장들과 공유될 것이다.

동시에 팀은 인문학과 건물의 벽화와 전시물에 대해 비품 예산을 지출하기로 결정했다. 전시물들은 좋은 결과물의 본보기라고 특별히 주석을 달아놓은 학생의 작품들을 포함할 것이다. 비품 예산은 누구나 건물의 내부에 대해 더 책임감을 가져야 했으므로 특별히 풍족했다.

이러한 새로운 틀 내에서 팀장에게 기대하는 바는 많았다. 애초에 그들은 한 주의 3분의 2를 가르칠 것이다. 그들은 교수법에 전념할 수 있도록 가능하게 하는 행정적 지원을 받게 될 것이다. 재고품, 시험 등록, 구술이나 프랑스 교환의 조직, 가능하다면 부모나 고용주와의 만남 같은 이러한 지원 내용은 봐서 적당하게 배치될 것이다.

이후 다음 3년간 팀장에 대한 투자는 어마어마할 것이다. 자기평가와 행동 계획, 과제 운영, 예산 통제, 인력 관리와 교육에 대한 최근 연구 등에 집중적으로 훈련받을 것이다. 각자 팀장이 우리가 기대하는 높은 기대치에 이를 수 있도록 우리는 개인 교습에 투자할 굳은 결심을 했다.

학교를 위한 결과라면 나아진 대화, 빠른 의사결정, 진정한 권한부여와 학습에 대한 끊임없는 개선 문화 등이라 하겠다.

본 과정은 근본적으로 구조와 도표에 관한 것이 아니다. 기풍에 관한 것이다. 우리의 목표는 학생이 되는 것이 어떤 것이고, 교사가 되는 것이 어떤 것인지에 대한 기대치를 바꾸고 연구 방법에 대한 다수의 낡은 가설들에 도전하는 것이다. 그러나 새로운 모델 없이 실행에 옮기기란 어려운 일이어서, 이러한 이유로 학생들에게 어떻게 훌륭한 학습자가 되는지에 근거를 둔 돌봄(pastoral) 제도의 재활성화와 교수 팀에 대한 재 개념화로서 사고방식들을 바꾸고 동기부여를 개선시키고자 함이다. 구조를 변화시킨다는 것은 다른 말로 표현하자면 기풍을 바꾸기 위한 중요한 노정인 것이다.

우리는 항상 학습이란 우리가 무엇을 하든 핵심에 존재한다고 말해왔다. 이제 상징적으로 그리고 실제에 있어서 그래야 한다. 이에 의거해서 우리는 판단될 것이다.

참고문헌

가드너, H. (1983) ≪마음의 틀: 다중 지능 이론≫ 뉴욕: 베이직 북스.

스미스, A. (1998) ≪가속화 학습의 실제≫ 스태퍼드: 뉴욕 에듀케이션 프레스.

마멋, M. and 윌킨슨, R. (1999) ≪건강의 사회적 요인≫ 옥스퍼드: 옥스퍼드 유니버시티 프레스.

6

그린포드에 긍정적 차별화를 이룬 지도자들

케이트 그리핀(Kate Griffin) 지음

그린포드 고등학교 소개

그린포드 고등학교(Greenford High School)는 채 일 세기 되지 않는 역사를 지녔다. 그곳은 미들섹스 주 의회(Middlesex County Council)에 의해 450명의 학생이 재학 중인 초급 중학교(grammar school)로 1939년 문을 열었다. 그린포드는 런던 외곽의 인구 증가에 의한 필요에 부응하여 발전한 전형적인 소도시이고 지금은 런던 일링 자치구(London Borough of Ealing) 안에 위치한다. 사실을 말하면 그곳은 사우스홀(Southall)과 그린포드의 경계에 있었다. 하지만 히스로(Heathrow) 공항 회랑 안의 우리 위치에서는 좀 더 쉽게 알아볼 수 있다.

초기에 학교는 시대의 양식에 따라 건축된 행운을 가졌는데 즉 주 건물이 '후버 빌딩(Hoover Building)'의 축소판처럼 보이며, 비록 심하게 질척거리는 미들섹스 지방의 진흙이지만 광대한 운동장이 주어졌다. 하지만 몇 년 후 주변 지역이 성장하고 합병되어 현재는 특정 장소의 영역을 구분하는 것이 어렵고 그곳들은 정체성이 있을만한 특성들이 별로 없다. 1974년 학교는 종합중등학교(comprehensive school)로 12살에서 18살 학생들을 받아들였고 늘어나는 학생 수에 따라 부대 건물들도 증가했다.

사우스홀은 학교에 눈에 띄는 특성들을 제공한다. 그곳은 설립된 아시아 공동체(Asian Community)의 중심으로 1950년대에 사우스홀에서 공동체의 뿌리를 키웠다. 사우스홀 하이 스트리트(Southall High Street)는 이국적인 음식과 직물 가게들, 복합적인 문화들로 우리 지역사회의 정취에 핵심적 요소를 제공한다. 그곳에는 엄청나게 다양한 언어들이 있지만 간판들은 주로 영어와 펀잡어(Punjab)로 씌어져 있다. 우리 학생의 대다수는 아시아계이고 거의 모두 이 지역에서 모집되었다: 사실 그들 대부분은 우리 학교 교문 2킬로미터 근방에 살고 있다. 최근 몇 년간 성장하여 이제는 학교를 대표하는 그룹이 있는데 소말리아(Somali), 아라비아(Arabic), 아프리카계-카리브해(Afro-Caribbean) 출신이 그들이다. 당신을 학교로 안내하기 위해서 나는 2킬로미터 정도 떨어져 있고 A40 도로에 있는 타킷 라운드어바웃(Target Roundabout)에서부터 시작하고자 하는데 회전교차로의 이름이 되었던 선술집이 지금은 맥도날드(McDonald)가 되었다는 말을 해야겠다.

1990년, 지방교육위원회(Local Education Authority: LEA)은 학교의 조직적인 구조를 변화시켜야 한다고 제안했는데 상급학교로의 진학 연령을 12살에서 11살로 낮추고 지방교육위원회-공립학교에서의 대학진학 준비과정(Sixth form)제를 폐지하고 고등전문학교(tertiary college)로 대체하도록 했다. 두 개의 임의 지원 학교(voluntary-aided school)들이 자신들의 대학진학 준비과정을 유지했으며, 고등전문학교가 지방교육위원회의 다양한 역할을 수행하는 현존 건물로 자리 잡게 되었다. 운영위원들은 진학 연령을 11로 낮추는데 매우 찬성했고, 이러한 국면에 대한 그들의 지지는 대학진학 준비과정 폐지 반대를 숨겼다. 이때 보조금 운영 학교(grant-maintained school)의 출현은 대학진학 준비과정을 보류시키는 기회를 주었다. 여덟 학교는 투표를 실시했고, 여섯 학교는 보조금 운영 학교의 자격을 얻는데 찬성했다. 다섯 학교는 장관으로부터 승인을 받았다. 그린포드의 경험은 특히 흥미롭다. 학부모들은 투표를 청원했으나 운영위원들은 그 제안에 16대 2로 반대하여 투표했다. 첫 번째 투표는 찬성 쪽이었지만 규정된 투표수를 채우지 못했던 반면 두 번째 투표는 역시 찬성 쪽이었으며 투표수도 늘어났다. 그 투표들 사이에 나는 교장으로 임명되었다. 1993년 9월에 최초로 일링의 모든 중등학교들과 함께 우리는 7살 연령의 학생들의 입학을 허가했다.

초라한 출발

1991년 내가 합류했을 때 그린포드의 상황은 어땠는가? 이미 학교는 인도 출신의 다수의 현저하게 눈에 띄는 백인 신입생들로 변화되었다. 명부에 있는 학생 수는 800명이었으며 그 중 145명은 대학진학 준비과정이었다. 11살 연령의 학생 중 20퍼센트가 일반중등교육자격시험(General Certificate of Secondary Education: GCSE)에서 5과목이상 A-C 등급을 받았다. 대학입시 과목별 시험(A-level)의 결과는 아주 불충분하여 공개적으로 언급되지 않았다. 교사들은 그 결과에 분명하게 실망했지만 그들이 기대했던 모든 것이 이 정도 성취 수준이라는 걸 받아들이는 것처럼 보였다.

나의 임기 첫해에는 학교에서 근무하는 모든 사람들이 앞에 있는 자신들의 임무의 대중적 이해정도를 발전시키는 것을 책임지는 것이 중요했다. 분명하게 우리는 그 결과들을 개선시키길 원했고 첫 번째 단계에서 그러한 낮은 기준에 도달하는 게 비교적 쉬웠다. 차이를 보면 모든 자료의 공유와 11살 연령에 멘토링 프로그램 도입이 도움을 주었다. 난 또한 학부모들이 우리가 대학진학 준비과정을 유지하는 걸 결정했다는 것을 확신했고 이는 우리 모든 학생들에게 대학진학 준비과정을 대비하는 것에 지극히 중요했다. 그래서 1993년 최초로 11살 연령 학생들의 입학에 더해서 우리는 광범위한 일반국가직업교육자격증(General National Vocational Qualifications: GNVQs)과 그 접근 과정을 소개했다. 이는 우리 학생 수 증가와 더 많은 교사, 보조 교직원의 임명이 필요함의 시작을 예고했다. 1994년 우리의 첫 조사에 따르면 명부에 있는 학생 수가 1314명이었고, 그 중 대학진학 준비과정이 218명이었으며, 일반중등교육자격시험에서 5과목이상 좋은 등급을 받은 학생들의 퍼센트가 33%로 늘어났다. 조사팀은 이 개선이 덜 학업적인 학생들을 희생하여 성취된 것이 아님에 더욱 감명 받았고, 그 학생들의 결과 또한 매우 개선되었다. 그 조사팀은 우리 학교가 사회적 불이익과 결합된 많은 특성을 가지고 있다고 설명했다. 그 세 가지는 무상 급식, 과밀가정인원, 그리고 영어를 제2국어로 사용하는 79%의 학생들이라고 하였다.

최초의 고무적인 조사에 따르면－우리의 프로그램은 '유지한다', '계속된다', '좋은 경험을 보급시킬 것을 확신한다' 같은 언급을 통해 승인된－성취를 개선시키기 위해서는 장기적 전략을 발전시키는 것이 개선을 유지하는데 필수적이라는 사실이 분명했다. 조사관들은 우리가 인간에 대한 투자자(Investors in People: IIP) 상을 신청하는 것을 또한 제안했는데 그들은 많은 프로그램들이 만족할만한 기준을 우리가 적절하게 갖추었다는 것을 느꼈기 때문이다. 인간에 대한 투자자 기준에 대한 고려는 교직원의 개발과 21세기까지 우리의 향상을 유지하고 개선에 대한 기반을 준비하는 구조의 가능한 변화에 대한 나의 믿음을 강화시켰다.

미리 적절하게 배치된 구조는 거의 전적으로 교장과 세 명의 교감에게 의지했고, 상급 교사의 역할은 다양했으며 함께하는 협동이 있기에 우리는 교직원들의 빈틈을 알아차리지 못했다. 나의 임기 첫해 동안에 나는 세 명의 교감과 몇몇 상급 교사의 책임을 변경했었지만 우리의 일하는 방식을 근본적으로 바꾼 것은 아니었다. 1995년의 과정 동안에는 교감 중 한 명이 일찍 은퇴를 결심했고 상급 교사 중 두 명이 학교를 떠났다. 이것은 전에는 불가능했던 변화를 고려하는데 대한 기회를 제공했다. 우리는 학습을 도와주고 학생들의 성취를 일으킬 뿐만 아니라 좀 더 재미있고 지원이 되는 일의 방식을 제공할 것이라 믿는 새로운 구조에 관한 제안들을 자세히 토론할 기회를 얻었다. 나의 목표는 팀원들의 견해를 참작하는 분명한 의사소통의 수단으로 학교에 대한 안정된 구조를 마지막 결과가 제공하기를 확신하는 동안에 모델을 발전시키는 것이다. 아직 알려지지 않은 많은 요소들에도 불구하고 나는 학교에 미래가 있음을 믿는다. 나는 고위운영진(senior management team: SMT)의 구조가 교직원과 학생들 모두에게 좋은 역할 모델을 제공하는 것이 필요하며 우리가 변화에 현명하고 빠르게 대처해야 함을 느꼈다.

무엇보다도 중요한 것은 학교 전반에 걸친 학습을 지원하는 구조에 대한 필요였다.

과정

분명히 토론은 민감하게 진행될 듯싶었고, 우리가 관여한 모두에 의해 지지받는 모델을 세우지 못한다면 관련된 개인들에게나 이미 이룬 성공에도 상당히 큰 손실을 입힐 수 있다는 위험이 존재했다. 우리는 첫 번째 모임을 방과 후 학교를 벗어나서 갖자는 것에 동의했다. 인근 호텔을 쓰기로 하고 식사는 모임의 중요한 부분을 마치고 하기로 의견의 일치를 보았다.

이는 흥미로운 모임이었다. 그 중에서도 나는 일찍이 들어보지 못한 학교 역사의 일부를 들을 수 있었기 때문이기도 했다. 우리는 '기본으로 돌아갔다.' 그리고 우선 먼저 고위운영진의 모든 역할과 책임들을 열거하는 브레인스토밍(창조적 집단 사고) 과정을 거쳤다. 그런 다음 이 활동의 결과를 우리의 역할을 토의하는데 활용해서 우리 모두 고위운영진의 의도에 대해 동일한 관점을 공유했다. 나는 우리가 만든 어떤 조직이든 반드시 학교가 학습 조직으로서 성공적으로 운영될 수 있도록 해야 한다는 데, 우리의 토론 중 아주 초기단계에서 의견 일치를 이뤄내 안심이 되었다. 저녁 모임에 뒤이어 우리는 일주일을 계획했으며, 프로그램들과 안건들에 일치를 보았을 뿐만 아니라 자료 한 상자를 회람했는데 거기에는 현재 업무 현황과, 운영 체계도, 심지어는 교육 전문가들과 연구자들의 '가벼운 읽을거리' 한 묶음 등이 포함되었다.

그 기간 중 우리는 다음 주제들을 토의했다:

- 어떤 주요한 역할들이 고위운영진에 의해 다뤄져야 하는가;
- 업무가 미완인 채로 남겨지는 업무 간 불분명한 분야가 없도록 어떻게 우리가 보장 하는가;
- 최적의 규모;
- 고위운영진 업무에 대한 질적 통제 측면;
- 고위운영진 모임 시간의 활용;
- 고위운영진과 학교 개발 계획(School Development Plan: SDP)의 역할간의 결합. 이는 또한 계획의 요소를 담당하고 있는 위원회 같은 정부 조직상 위원회로의 연결 등을 토론하는 것을 의미 한다;
- 학교 내 업무의 감독;
- 만족스러운 실행을 공유하는 것.

우리의 모든 토론에 걸쳐 우리는 잘 진행되고 있는 것들을 놓치지 않으려고 노력했다. 또한 나는 언급된 모든 약점들에 대해 기록을 해서 최종 제도가 합의되면 약점들을 개선하기 위해 우리가 취했던 조치들을 대조할 수 있도록 했다. 우리는 고위운영진의 구성과 조직에 대해서만 생각해낸 것이 아니라 또한 우리의 업무가 학교 내에서 중간 관리자의 역할을 어떻게 지원하고 개발할 지에 대해서도 고안했다.

주말에 모임을 개최하여 귀중한 시간을 낭비하지 않았다. 우리를 궤도에 유지시켜주고 세자리길음하지 않도록 하기 위해 우리는 마이클 스미스(Michael Smith)를 고용했는데, 그는 중등교장협의회(Secondary Head Association)의 훈련과 상담 분과 나온 고문이었다. 그는 회의에 대해 다음과 같은 언급을 했다.

외부세계를 내부자 회의로 끌어들인다는 것은 매우 유용하다고 생각한다. 나는 목표를 벗어난 발언에 대해 제동을 걸 것이며, 팀의 일부 구성원들이 너무나 공격적으로 그들만의 안건을 밀어붙이는 것을 막을 것이다. 그리고 종종 이런 종류의 토론에서 자주 일어나는 일들로 사람들이 사실로 기술된 것들에 대해서도 가정인 것처럼 발언을 하기도 한다. 이러한 가정들에 대해 이의를 제기하는 내 능력은 진실로 실재하는 요소들이 면밀히 알아내도록 보증할 것이다.

그 주말은 우리의 경과에 전기를 마련했다. 약간 한정적으로 실제 결정들은 내려지긴 했지만 각자의 입장에 대한 이해의 정도가 매우 높아 다음 단계는 상대적으로 신속하고 쉽게 성취되었다. 외부 자문의 역할은 중요했는데 특히나 그의 시각은 우리 모두와 의견이 다를 때도 있었기 때문이었다. 나는 그가 한 말 모두에 우리가 의견의 일치를 보지 않았다는 것을 급히 덧붙이고자 한다. 본 회의의 끝 무렵에 그가 조언하기를 나는 제안된 모든 논점에 대해 고찰할 시간을 잠깐 가져야 하며, 그 다음 앞날을 위해 구체적인 안건을 제안해야 한다고 했다. 후속 모임에서 우리는 내가 제안한 유형들의 장단점을 토론했으며 다음 요점들을 고려한 최종 모형에 합의했다:

- 팀 내에 반드시 일곱 명의 구성원이 있어야 한다. 대표 외에 모형은 세 쌍이 긴밀히 협력하여 일하는 것이 가능하도록 해야 한다. 이러한 협력체계는 협조성을 증가시킬 뿐만 아니라 '잘못된(under the bus)' 상황을 다루기 쉽게 하는 방법을 제공할 수 있도록 고안되었다. 만약 한 쌍들이 생각을 공유하기 위해 긴밀히 유대 하여 일한다면, 거기서 나오는 부차적인 혜택이란 고위운영진에서 가끔씩 겪는 고립감을 감소시켜 줄 수 있으리라는 것이다;

- '교장보'이라는 용어가 상급 교사 대신 사용되어야 한다. 이 용어가 관련된 책임의 수준을 표시하는데 도움이 되기를 바랐다;
- 팀의 모든 구성원은 직접적으로 교장에게 책임이 있다. 현존하는 구조에서 파악된 약점 중 하나는 결론까지 이르는데 소요되는 시간이었다. 그래서 우리는 제안된 모형에서 중간 경영자들이 그들의 질문에 답할 전문적 지식을 갖고 직접 팀의 구성원에게 갈 수 있도록 했다. 예를 든다면, 구매에 관한 질의는 곧장 자원 및 재무 담당 교감에게 갈 수 있고, 교육과정의 변경에 대한 질문은 학생 담당 교감에게 갈 수 있도록 하는 것이다;
- 그 역할들은 명확하게 규정되어야 하며 학교 전체의 운영과 완전히 관련되어야 한다. 우리는 고위운영진의 구성원이면서 동시에 중간 운영층의 책임감-예로 기숙사감장-을 갖고 있기란 매우 어렵다고 느꼈다;
- 팀의 각 구성원은 학교 개발 계획의 일부에 책임을 져야 한다.

내가 제안한 모형은 고위운영진이 다양한 그룹 내에서 일할 수 있는 기회를 주기 위해 고안되었다. 그렇지만 난관의 발생가능성이 이전 협력 체계 토의에서 지적되었던 것이 당연했듯이 잠재적인 협력 체제는 전문적 기술과 사고들을 공유할 기회를 제공하고 전체 모임에서 시간을 줄이기 위해서 계획되었다. 또한 나는 제안을 내놓는 사람이 제안에 대해 방어적으로 느끼지 않기를 바랐다.

도형 6.1은 명확하게 업적 향상에 중점을 주었다. 우리는 연구 개발에 전념하는 업무를 버렸으나, 토론 내에서 이러한 관점들은 업적 향상 역할을 수행하면서 감안될 때 필요하다고 명확히 정리했다. 16세 이상 교육 담당의 교장보는 핵심층 그룹으로 채웠는데 그 이유는 그 교장보가 역할을 바꿀 수 있으리라 예상하지 않았기 때문이었다. 그렇지만 처음에 외곽 그룹의 교장보는 매 2년마다 이동할 수 있으며, 그러한 의도는 6년 말 즈음에는 각자 학교 운영의 모든 점에 대해 경험을 갖고 있을 수 있기 때문이다. 매년의 초기 각 쌍의 한 명은 당해 연도 책임을 정확히 배치하는 것을 결정한다. 첫 주기에서 업적 향상 역할은 주로 곧장 대학진학 준비과정에게 주어지는데 이는 단계별 교육과정(Key Stage) 4단계 시험에서 상당한 성취를 거뒀음에도 16세 이상에서의 결과는 그 개선사항을 충분하게 반영하지 못하고 있기 때문이었다.

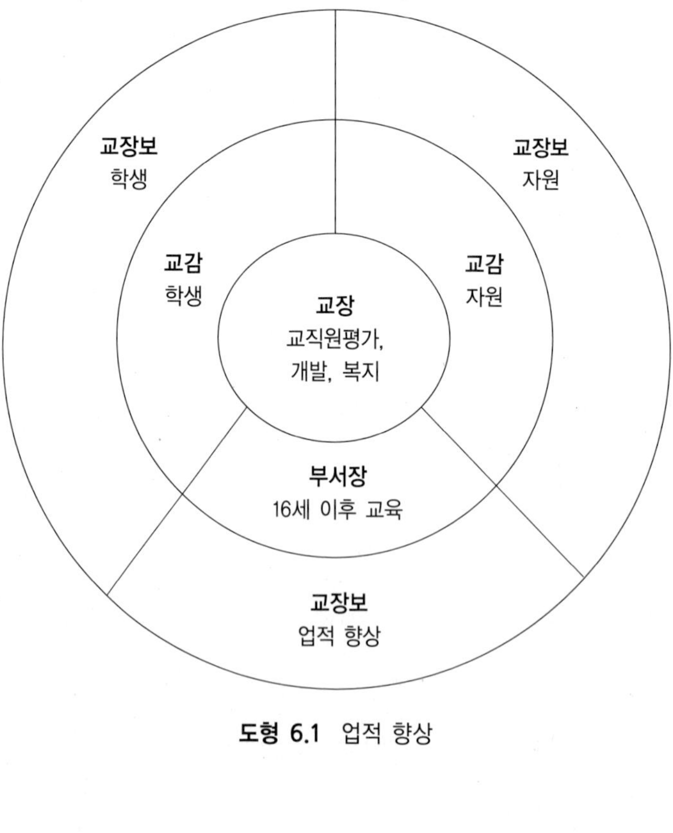

도형 6.1 업적 향상

즉각적인 결과들

봄 학기 말까지 우리는 운영위원들과 가져야 할 모임을 포함한 진행 과정을 마쳤다. 우리의 주말 모임은 1월 말쯤 시작했으며, 제안사항을 설명한 서류는 3월 10일 회람되었다. 이러한 제안들은 '새로운' 사고방식이 폭넓게 공유될 수 있게 유사한 과정과 관련된 교내 중간 운영자들을 위한 기회로 이어져야 한다는 것이 곧 명백해졌다. 이러한 회의는 유익한 것이었으며 운영자들 역시 주말 체류 회의에 참여할 준비가 되어 있었다. 그러자 모델은 그들을 포함할 수 있게끔 확대되었다. 그들은 더 큰 자율성이라는 생각에 매우 호응을 했으며, 우리는 계통 직속 상사(line manager) 접근 대신 필요할 때마다 비판적 후원자(critical friend) 모형을 채택했다.

고위운영진 모임은 점점 더 편해졌으며 상당히 더 재미있어졌다. 서로에 대해 더 잘 알아간다는 것은 우리가 더 큰 위험을 감수한다는 것이었다. 특히 각 쌍들이 다양한 제안들에 대해 책임을 지면서, 토론은 점점 덜 개인적이 되어 갔고 특정 업무에 대한 담당구역이 옅어져 갔다. 팀의 구성원들은 덜 고립되게 느낀다고 보고했다.

새로운 교장보가 재원을 담당하기 위해 선임되었다. 임명 이후 곧 우리는 관련된 업무와 인사에 대한 투명한 그림과 함께 이듬해 우리가 어떻게 계획된 전개에 맞출 수 있는지 등 전체 운영체에 대해 상당한 세부사항까지 윤곽을 잡을 수 있었다.

마지막으로 교직원간 상호간에 서슴없이 의사소통할 수 있도록 하는 계획을 도입했다. 급속하게 학교가 성장하면서 가장 큰 걱정거리가 의사소통 정도가 과거에 비해 예전만 못하다는 점이었다. 우리의 해결책이란? 수업전 교직원실에서 커피 타임, 그리고 쉬는 시간마다 교직원실에서 커피와 끈적이는 번(bun) 빵을 먹는 간식시간이다. 건강에 신경 쓰는 혹자는 과일도 제공됐으면 좋겠다고 했고, 그렇게 되었다.

2년간

오스트레일리아에서 모티머(Mortimer) 교수가 어떤 부모도 학습 자원이 풍부한 집에서 학습 자원이 빈약한 학교로 아이들을 보내고 싶어 할 리 없으므로 미래엔 어떤 '학교'도 존재하지 않으리라는 말을 듣고 이 관점이 틀렸다고 본다는 글을 읽고 나는 안심했다.

> 나만의 관점으로는 학교는 존재하겠지만 변할 것이라는 것이다. 젊은이들이 가기에 안전하고, 가정을 떠나 또래들을 만나는 젊은이들 자신을 위한 부모들로부터의 압력은 어떤 형태이든 학교교육이라는 것이 존재할 것이다.
>
> [1998년 하원, 교육과 고용 9차 보고서(House of Commons, Education and Employment Ninth Report,1998)]

나는 우리의 구조가 학교 구성원에게나 전체로서 학교 양쪽 다에 매우 보완적이었다는 것을 증명했다고 믿는다. 계획한 대로 역할을 바꾸었으나 전체적으로 쉽지는 않았다. 변경 사항들이 최종 승인되기 전에 우리는 외부 평가자에게 의뢰하여 팀의 업무에 대한 평가를 내려달라고 의뢰했다. 그는 보고서 작성 전 광범위하게 자문했었고, 우리가 책임을 변경했을 때 그의 조사결과를 잊지 않고 있었다. 소속된 사람들이 어떻게 자신의 역할을 갖는지 지켜보는 것은 흥미로운 일이다. 만약 직책까지 따라간다면 그들을 더욱 더 떼어내기란 힘들어진다.

그렇지만 조사 결과는 계속 나아지고 있었는데 특히 단계별 교육과정 4가 그랬으며, 대학진학 준비과정의 결과가 훨씬 나았지만 여전히 우리가 만족할 만큼 좋았던 건 아니었다. 주요한 교체는 중간 운영자와 우리의 관계와 관련이 있었다. 비판적 후원자 체계는 성공하지 못했다. 우리는 고위운영진 구성원에게 각 교육과정 영역과 한 기숙사를 묶어주었다. 소속된 구성원은 계통 직속 상사는 아니었지만 정기적인 모임이 개최되도록 해서 어떤 관심거리나 걱정거리 등에 대한 토론의 기회를 갖도록 했다.

우리는 이제 어디에 있는가?

그 팀에 대해 한 가지 변화는 생겼다. 하지만 모형은 여전히 운용되고 있어서 학교는 눈에 띄는 성공을 이루어냈다. 1999년 여름 11학년 집단의 62%가 일반중등교육자격시험에서 5개 이상의 A*-C 점수를 받아 우리 학교가 가장 향상된 학교들 중 25등에 올랐다. 우리 학교는 2000년 1월 보고서에서는 국왕 수석 장학관(Her Majesty's Chief Inspector)의 가장 개선된 학교 명단에 들었다. 1999년과 2000년도 양해에 11학년의 98%가 5개 이상의 A*-G 등급을 받았다. 2000년에는 5개 이상 A*-C 등급을 받은 퍼센트가 59%로 떨어지긴 했으나 우리는 예상하고 있었다. 그러나 마지막으로 16세 이상 결과에서 진정한 약진을 이뤄낼 수 있었다. 우리의 일반국가직업교육자격증 결과는 뛰어났으며 2개 이상의 대학입시 과목별 시험에서 96%가 합격하였다. 우리의 평균점수는 18.8이었다. 우리 재학생은 대학진학 준비과정의 450명을 포함하면 이제 1540명이다.

우리는 중간 운영자와 담임교사, 지원 교직원들의 뛰어난 조직을 갖고 있다. 일부는 매우 젊지만 그들의 열정과 헌신은 눈에 띈다. 1997년 인간에 대한 투자자 상을 수상하면서 우리는 이제 재인식 과정을 통해 성공했다.

나는 성공에는 고위운영진이 조직되고 업무가 수행되는 방식이 큰 기여를 했다고 확신한다. 내가 이 장을 쓰기 위해서라며 의견을 요청했을 때 1974년 이래 그린포드 고등학교에 재직했던 멤버 중 한 명이 이렇게 말했을 때 가장 기뻤다. '나는 진짜 내가 소속된 느낌이 듭니다. 예전엔 그렇지 않았습니다.'

후기

여전히 쉬는 시간마다 끈적이는 번 빵과 과일이 나오며, 이들은 여전히 중대한 영향을 주고 있다.

7

케임브리지 소재 힐스 로드 대학진학 준비과정 대학의 특성과 업적

콜린 그린할(Colin Greenhalgh) 지음

신흥 대학

2000년은 케임브리지에 있는 힐스 로드 대학진학 준비과정 대학(Hills Road Sixth From College)의 독창적인 토대의 공교육(state education)에서 몇 가지 두드러진 업적과 새로운 세기의 도전을 위한 준비성을 평가할 좋은 시기인 세기가 되었다.

1900년의 설립은 농촌 성향을 가진 남학생을 위한 중등학교가 토대가 되었다. 1903년에 현재의 부지로 옮긴 후에, 곧 학업적인 힘이 나타나기 시작해서, 몇 가지 탁월한 초급 중학교(grammar school)로 발전했다. 1974년 케임브리지셔(Cambridgeshire) 주에서 종합적으로 재조직이 일어났을 때, 초급 중학교는 힐스 로드 대학진학 준비과정 대학이 포함시킨 뿌리였는데, 남부 케임브리지셔 주에 유익한 포괄적인 교육의 남녀 공학의 제도 속에서 나름의 역할을 했다.

지금은 1500명 이상의 대학진학 준비과정 학생들이 있고, 그들 중에서 약 90%가 고등교육에 진학을 한다. 1990년 이래로, 1년에 옥스퍼드나 케임브리지에 진학하는 약 60명을 포함해서, 가장 경쟁력이 있는 대학들에 의해서 요구되어지는 높은 성적을 확보하는 후보 학생들의 상당한 비율 때문에, 대학입시 과목별 시험(A-level) 합격률이 평균 95%이상이 되었다. 그 동안, 1993년에 시작된, 대학의 성인 프로그램은 매년 2500명의 시간제 등록자들의 마음을 끌어들였다. 지역 공동체의 1500여 명의 회원들이 대학의 스포츠와 테니스 센터를 이용한다. 1974년 이래 이 대학은 초급 중학교의 전통을 간직하고 있다. 그러는 한편으로 다양한 기회를 창출하여 나이에 상관없이 수천 명의 사람들에게 혜택을 주고 있다.

세기가 변함에 따라

남학생들의 초급 중학교에서 남녀 공학의 대학진학 준비과정 대학까지, 많은 것이 변화한 것은 교직원의 지혜 덕택이다. 그들은 초급 중학교 전통의 어떤 형식에 얽매임을 버려야 하는지를 확인했다. 그들은 학업적인 엄격함, 지적인 도전 그리고 교실 밖에서의 많은 풍부한 활동을 유지하면서. 그 결과 새로운 대학은 즉시 성공했고, 곧 모집 금액 이상으로 많이 기부되어졌다. 그럼에도 불구하고, 1970년대와 1980년대에 걸쳐, 대학의 기관장들도 지방교육위원회(LEA)의 권위 있는 자들도 이와 같은 수요를 만족시키는데 기꺼이 심사숙고하지 않았다. 특히 대학의 임시의 많은 건물들이 450명의 대학진학 준비과정 학생들의 원래의 목적에 적합하지 않은 점을 보면 드러난다. 이와 같은 관점에서 1990년은 전환점으로 증명되는데, 시방교육위원회가 생물학, 지리학 그리고 역사를 위해 새로운 교실을 제공했을 때와 에딘버러 공작(Duke of Edinburgh)이 케임브리지 대학의 총장(Chancellor of the University of Cambridge)으로서 개회사를 하기 위해 그 대학을 방문했을 때를 보면 확인된다.

새로운 대학의 인기와 성공이 극적인 변화를 충분히 이용할 자신감을 얻었다. 20세기의 지난 10년 동안 생긴 국가적인 교육환경 속에서. 협소한 교육과정의 기본을 가져온 지방교육위원회에 의해 부여된 교육과정의 통제가 중앙 정부의 법령에 의해서 느슨해졌다. 대학은 많은 새로운 과목을 제공하기 시작했다, 미술사, 경영학 공부, 고전문명, 컴퓨터공학, 댄스, 전자공학, 지질학, 인간 생물학, 이탈리아어, 미디어 연구, 음악, 공연 예술, 철학, 사진술, 정치적인 연구, 심리학, 종교적인 연구, 사회학, 스페인어, 스포츠연구 그리고 체육교육을 포함해서 2000년까지, 학생들은 35개 과목 이상에서 선택할 수 있었다, 그런데 그들 중에서 몇 개 과목은 대안의 요목을 제공했다. 예술, 디자인, 경영학에서 고급 직업(Vocational Advanced Levels) 과목 또한 도입되었다. 교육과정 2000의 출현과 수의 적용에서 주요한 기능의 도입, 의사소통과 정보통신기술(ICT)은 심지어 학생들의 시간표를 훨씬 더 폭넓게 해주었다, 그런데 그것은 또한 대학의 장기간에 걸친 풍부한 활동의 프로그램에서 얻어졌다.

스포츠는 언제나 대학생활에서 우세한 위치를 누렸다. 농구, 크리켓, 승마 종목, 하키, 네트볼, 럭비, 조정, 축구, 수영, 테니스 팀이 있는데, 주나 전국적인 시합에서 뛰어난 성적을 내었다. 드라마는 번창했다, 부분적으로는 연극을 대학에서 보는 이전의 학생들의 관대함의 결과로, 그리고 모든 종류의 음악을 만드는 일은 수백 명의 학생들이 포함되었다. 최근 몇 년 동안 학생들은 국립극장(National Theatre)과 로얄 페스티벌 홀(Royal Festival Hall)에서 공연을 해왔다.

많은 대학 사회는 국제적으로 탁월한 연사를 끌어들였는데, 막스 퍼루츠 박사(Dr Max Perutz), 스티븐 호킹 교수(Professor Stephen Hawking), 앨랜 불록 경(Lord Alan Bullock), 존 메이저 수상(Mr John Major) 등이 해당된다. 여기에는 젊은 기획 단체도 있는데, 에딘버러 포상제도(Duke of Edinburgh Gold Award scheme), 지역사회 봉사활동, 생물학, 지리학 그리고 지질학 분야의 연구, 예술가와 역사가들을 위한 지역회의 등을 들 수 있다. 그리고 외국 교환과 방문과 몇 가지는 연구의 경험도 연관되는데, 프랑스, 독일, 그리스, 이탈리아, 러시아, 스페인, 미국이 대상이다. 이와 같은 풍부한 프로그램이 학생들을 잘 발달된 성인으로 성숙시켜, 리더십 기능, 주도력, 진취성, 협동정신을 개발시키는데 중요한 역할을 했다.

결국 지방교육위원회를 통제하는 1992년의 고등과 성인 교육법(Higher and Further Education Act)의 결과가 심각했다. 학생등록의 상한과 한정된 통학범위가 폐지되어졌다. 대학이 대학자신의 운명을 책임지게 되어졌다, 열정과 진취성을 가지고 개발하고 다양한 기회를 잡으려 했다. 새로운 건물은 여왕기념상(Queen's Anniversary Prize)을 수상했다. 그것은 공·사 동반자 관계의 풍부한 상상력의 결과였는데, 대학 전역에 네트워크화 된 정보통신기술을 포함한 일류의 최고의 시설과 장비를 갖추었다, 건물과 시설의 탁월함은 대학에 방송통신 대학(Open University)과 방송통신 예술 대학(Open College of the Arts)의 연구 센터를 설립하게 하는 결과를 가져왔다.

대학 리더십 개혁하기

대학의 역할과 활동의 확대와 다양화가 고위 경영 구조에서 급격한 변화를 필요로 했다. 그런데 그것은 지금은 학장과 부학장-후자는 교육과정을 계획하는 것과 교직원 개발에 책임- 세 명의 학장보와 자원 관리의 감독으로 이루어진다. 한 명의 학장보는 대학진학 준비과정의 입학, 유지, 안내를 책임진다, 그리고 다른 한 명은 성인 교육과 진취성 분야를 지도한다, 세 번째 학장보는 전략적인 계획과 특성 보증을 책임진다. 지원 교직원의 가장 고위 구성원인 자원 관리의 감독은 해외재산, 재정, 인사 문제를 책임진다. 두 명의 교육과정 감독은 전통적인 부서의 구조를 관리한다, 대학의 관점은 비교적 많은 과목 전문가들이 몇 명의 가르치지 않는 관리자가 있는 것보다 더 효과적으로 과목 교사들을 선도하고 학생들에게 감흥을 줄 것이다. 라고 믿는다. 중간 관리의 또 다른 중요한 관점은 최고학년 선임 지도교사이다. 그늘은 학생과 부모들이 참고할 첫 번째 점인 개별 지도교사의 팀을 이끈다, 그들은 개별 지도 학생들이 매일 등록하는 것, 정보를 보급하는 것, 개인적으로 도와주고 안내해 주기 위해서 살펴본다.

전략 계획과 특성 보증

대학생 전체의 수와 변화가 급격하게 되는 것, 중앙 정부의 여태까지보다 더 큰 효율성과 책임감에 대한 요구, 부모와 학생들의 점점 더 높아지는 기대감이 중요한 문제점들을 제기해왔다. 대학은 새로운 전략적인 계획과 특성보증 과정을 채택함으로써 반응을 해왔다, 그런 것

들을 통해서 대학은 비전과 진취성으로 대학의 본질에 대한 많은 중요한 문제점들을 제기했다:

- 급격한 변화와 대학 구성원의 상당한 팽창 속에서 앞으로 대학의 미래 발전을 경영하기 위해서 어떻게 독립성이 활용되어져야 하느냐?
- 잘 조각된 다이아몬드처럼, 대학이 모든 각도에서 특성을 반영하는 것을 보장하기 위해서 대학이 무엇을 해야 하나?
- 어떻게 대학이 학생들의 욕구에 부응하고 그리고 각 개인의 잠재력을 반영하는 학력을 이끌어줄 충분한 일련의 높은 품질의 학습 경험을 제공할 수 있느냐?
- 어떻게 대학이 독립적이고 투명하고 상대적인 기준에 대한 대학 연구의 특성을 평가할 수 있는가?

이와 같은 문제점들에 반응하여, 힐스 로드 대학의 교직원이 의미심장한 리더십 기능과 특성을 개발했다, 비전과 전력적인 판단, 영감, 설득력, 명확성, 지속성, 팀워크 그리고 다른 업적을 평가하는 것을 포함해서 말이다.

사람들과 과정

기관장, 교수, 직원, 학생, 부모, 지방의 다른 학교와 대학들, 그리고 지방 공동체의 다양한 이해관계 집단들을 포함해서. 성공적인 전략적인 계획과정이 포함되어져야 한다, 대학의 전략적인 계획을 알려주는 비전은 근본적인 교육기회의 균등의 개념, 높은 특성의 학생의 경험,

그리고 학생개개인의 삼새력의 달성에 근기를 두고 있다. 그와 같은 비전은 대학의 임무를 정하고 특별한 목표로 해주는 전략적인 목표를 통해서 추구되어진다. 어떤 목표들은 전 대학의 목표이고 대학 업무의 특별한 분야와 관련이 있는 목표들이다. 모든 간부들은 이와 같은 목표를 추구하는데 필요한 협동정신에서 중요한 역할을 한다. 그와 같은 목표의 달성이 잘 다듬어진 다이아몬드가 학생들과, 부모들 그리고 지방 공동체의 눈에 진짜로 정반대의 이미지인지를 결정해준다.

리더십에 대한 중요한 책임이 있는 학장과 다른 사람들은 그와 같은 전략적인 계획과 협동정신에 귀중한 동료들을 설득했다. 주된 논쟁은 높은 대중의 존경과 고용의 안전을 누리는 성공적인 팀의 일부분이 되는 매력이다. 전진하지 않는 대학은 아마 쇠퇴할 것이고, 현대사회에서 꾸준한 지휘를 가질 기회가 거의 없을 것이다. 대학 리더십의 또 하나의 주요한 도전은 학생조사 부모 견해, 인간에 대한 투자자(Investors in People) 등급의 표준, 장학 결과와 같은 수행의 자율적 요소가 적극적으로 견해에 작용한다.

특성에 대한 약속

어떤 요인이 대학이 자신 있게 자율적인 판단을 식변하세 해왔는가? 몇몇의 가장 중요한 교육적인 목표-탐구적 정신, 사회적 책임 인식, 자존심과 자신감의 성장-는 객관적으로 평가하기가 매우 어렵다. 그들의 중요성은 일생동안 단지 분명할지 모른다. 그럼에도 불구하고, 그와 같은 목적을 맡고 있는 대학이 아마 뚜렷한 정신과 분위기-배우는데 있어서 자극적인 흥분의 소리와 인간관계의 온기-를 갖게 될 것이라고 종종 말해진다. 많은 방문객들은 대학에 이와 같은 찬사를 보낼 만큼 친절했다.

더 분명한 목표에 관해서, 가장 결정적인 요인은 교직원과 학생들이 잘하고 있다. 라는 확신성이다. 상위의 교직원과 정보 시스템의 관리에 의한 분명한 정책의 특성 보증을 마련해 놓는 것이 자각의 가능성의 큰 변화를 가져왔다. 불행하게도, 가장 잘 알려진 관리 자료의 본보기는 중앙정부와 국내 신문에 발표된 성적일람표이다. 심지어 그와 같은 일정하게 성적 일람표를 선도한 학교와 대학들이 현재의 형태 속에서 그들이 성적의 왜곡된 단편을 제공했다는 것을 인정할 것이다. 편집에서 많은 방법적인 변칙과는 별도로, 그 성적일람표는 선택되고 충분한 자원이 있는 학생들과 대학들을 선호하는 경향이 있다. 하지만, 매년 비교가 계획의 경향 속에서 평가되어질 수 있고 그 표의 단순한 존재가 중요한 문제점들을 회피한다. 예를 들면, 무엇이 순위를 정하는가? 만약에 돈에 대한 가치가 더해진다면 또는 다른 고려할 사항이 계산의 근거를 제공한다면. 그와 같은 문제들이 학교나 대학을 언급하기 위한 자원의 분배의 수준을 위해서 어떤 함축된 의미를 갖는가?

점점 더 정확한 자료를 이용하는 능력

가공되지 않은 있는 그대로의 시험 결과의 성적 일람표 표제 수치 아래에, 어떻게 하면 그것을 다른 것들과 잘 비교할 것인가를 알려고 할 때 힐스 로드 대학을 도와준 다른 표준 자료가 있다. 실질적인 대학입시 과목별 시험 결과와 일반중등교육자격시험(GCSE) 결과의 일반적인 증명서가 의미하는 것을 비교하는, 가치가 첨가된 계산들이 많은 학교와 대학들에서 이미 이용되어지고 있다. 비슷한 입학인원의 가능성을 가지고 같은 환경 속에서 일하고 있는 학교와 대학의 가족을 만드는 가장 최근의 개념이 더 의미 있는 그대로의 성적 일람표를 만들어 줄 것이다. 좋은 대학에서, 기관장, 학장, 교직원들은 발전에 대한 성공과 확인 영역을 기념할 수 있는 그러한 자료를 인식하기를 원할 것이다. 힐스 로드 대학에서, 벤치마킹은 업적과 특성을 확인하고 활성화시키는 과정에서 도움을 주는 수행 지표의 범주에 적용되어야 한다. 기관장과 교직원들은 매년 대학을 졸업한 후 모집, 출석, 과정 수료, 성적, 부가 가치, 수업관찰, 학생의 만족도, 대학을 졸업한 이후의 목적과 관련이 있는 자료의 업적 보고서를 받는다. 그 보고서는 다음 연도의 도전적인 목표를 수립하는데 중요한 역할을 한다. 전체적인 대학의 기준이외에, 각 부서는 미리 결정된 자료의 틀에 의해서 1년간의 보고서를 작성한다. 그와 같은 보고서는 전체 대학의 모습에 귀중한 보완 자료이고, 각 부서들이 한 부서 내에서 강점, 약점, 경향, 보다 심도 있는 논점, 전문적인 발전 욕구, 학생 만족의 정도 등의 확인을 가능하게 해준다. 이 후자가 중요한 요소이다. 학생들과 부서 교직원과의 정기적인 모임에서 얻어져야 할 많은 것이 있다. 마찬가지로, 전체 대학의 환경 속에서, 민주적으로 선출된 학생회는 학생들에게 리더십과 교직원과 전체 학생간의 귀중한 의사소통 포럼 기회를 제공한다. 모든 수행 자료를 활용하는 것을 알려주는 것은 결정적인 자기평가의 중요성에 대한 믿음 때문이다.

양질 인사들의 임명

아마 학장과 그의 고위 동료들에 의해서 행해진 하나의 가장 중요한 활동은 합당한 교직원을 임명하는 것이다. 만약 그들이 이 분야에서 성공적이라면, 대학과 부서의 매년 보고서는 아마 만족스러운 읽기 자료가 될 것이다. 학생들의 관심 속에서, 임명과정은 진지한 생각과 계획을 할 만하다. 게다가, 신중하게 기록된 메모를 포함해서, 투명하고 엄격한 과정을 이용하지 않는 대학들은 성공하지 못한 후보자들로부터 소송 제기의 위험성이 더 많다. 힐스 로드 대학에서, 교직에 대한 선거과정은 성공한 후보자는 몇 년 동안을 책임지기 때문에 일련의 선택 작업으로서 후보자를 관찰하는 것을 포함한다. 이런 과정과 일련의 비공식적인 면담은 오전에 된다, 후보자들은 오후에는 공식적인 면담이 진행되지 않을지도 모른다고 들어왔다. 이와 같은 엄격함의 정도가 시간을 허비하지만, 그것은 힐스 로드 대학에게 도움이 되었다, 비록 현재 교사 모집의 문제가 있는 상황 속에서, 몇몇 학교와 대학들이 그와 같은 모형이 가정하는 직위의 경쟁을 즐길 만큼 충분히 운이 좋지 않을 수도 있다는 것이 인정되지만 말이다.

양질의 전문적 개발, 평가, 수행 관리

훌륭한 고용주로 대학이 책임감을 갖고 있는 새로운 교직원의 임명은, 취임의 종합적인 프로그램을 함께 시작하면서, 성공한 후보자와 그들의 전문적인 개발은 함께 한다. 힐스 로드 대학에서, 취임은 고위 교직원과 중간 관리자들에 의해서 행해진 수여식을 포함한다, 그리고 명확성과 토론이 이어진다. 취임은 또한 전문적인 것에 대한 기대에는 모호성이 없다. 라는 것을 보장할 기회를 준다. 기대들이 모든 학교와 대학들이 같은 것이라는 것은 가정되어질 수 없다. 예산이 조여 있을 때, 그것은 교직원 개발에 대한 것을 줄이는 시도를 하는 경향이 있다. 하지만 이것은 반드시 실수이다. 그들이 일부분인 대학처럼, 교직원은 여전히 참지 못할 것이다: 그들은 발전하거나 또는 경직되든 둘 중의 하나이다.

공식적인 평가제도는 대부분의 대학에 잘 갖추어져 있지만 좋은 업적과 전문적인 개발을 보장하는 전문적인 대화만큼 더 적절한 수단인 것은 없다. 수업의 관찰, 균형을 이룬 통계적인 업적 자료와 대학 공동체의 전반적인 삶에 공헌한 평가들이 또한 잘 이루어진 모습을 추구하는데 고려사항이 될 가치가 있다. 만약에 교직원이 평가와 관련된 문제의 범위와 방법론에 동의했고 그리고 대학 전체와 부서와 개인의 자기평가 과정을 맡고 있다면 이런 과정이 가장 결실을 맺는다. 평가와 업적제도의 목적이 전문적인 발전을 위해서 분야를 확인하는 것뿐만 아니라 훌륭한 연습을 하는 것을 확립하는 것은 또한 처음부터 중요하다. 부서의 책임감을 가지고 있는 교직원은 이와 같은 과정에서 중요한 역할을 맡을 것을 기대해야한다 그리고 교직원 발전 문제는 부서의 1년간의 보고서에서 탁월하게 특정 지어져야 한다.

몇몇 대학에서 고위 교직원의 경우에는 업적과 경영의 보수에 대한 하나의 경향이 있다. 그와 같은 보수가 능률적이고 성공적인 리더십을 격려하고 보상하는 방법으로 보여 지면서, 대학 조직의 가치를 매우 중요시하고 모든 수준에서 리더십이 필수적인 직업 속에서, 업적 평가 보수는 불화가 생길 수 있고 그리고 훌륭한 대학의 특성인 고위 교직원과 다른 교직원 사이의 동료의식에 손상을 끼칠 수 있다. 만약 업적 평가 보수가 어떤 교직원의 경우에 기관장에 의해서 이용되어진다면, 그것은 다른 교직원을 위해 이용할 수 있는 자원을 줄여서는 안 되고, 또한 그것은 검토 중에 있는 기간의 시초에 동의하는 명확한 기준에 따라 보상되어져야 한다. 업적 경영 보수 제도를 이용할 때, 기관장들은 업적, 일의 중량감 그리고 매년 생계비의 검토에 대한 보수사이에서 명확한 구별을 유지할 필요가 있다.

임명, 전문적인 개발, 유능하고 잘 갖추어진 교직원의 동기부여가 자극과 활기에 넘치는 학습 환경을 만들어내는 힐스 로드 대학에의 응답에 중요한 역할을 해왔다. 비록 교사와 가르치는 것이 그와 같은 환경 속에서 설계자가 되어야 하지만, 학습에 주어진 강조는 또한 결정적으로 중요하다. 학습 문화는 교사와 학생– 개가식 도서관과 부서 자원의 이용 가능성, 교직원과 학생들을 위한 연구 분야– 대학 전반에 걸쳐 고품질 정보통신기술의 쉬운 접근 사이에서 진정한 동료의식을 필요로 한다. 카페트, 커텐, 그림, 조각, 식물, 꽃, 풀들이 자연스럽게 자리 잡고 있는 매력적이고 우호적이며 잘 보호된 환경은 대학의 교직원과 학생들에게 연구 장소로 기분 좋게 해 준다.

교직원과 학생들: 기대, 관계, 지원

또 하나의 중요한 구성요소는 교직원과 학생의 행동이다. 법에 규정된 기본적인 틀 내에서, 만약 기대가 명확하게 이해되고 불확실성이 없어지려면 그것들의 내용을 관찰할 것으로 기대되는 사람들과 협의로 작성된 교직원과 학생 편람은 필수적이다. 문제가 생길 때, 더 우수한 행동에 목표를 둔 토론을 시작할 사람이 누구인지가 명확해져야 한다. 교직원과 학생들은 어떤 어려운 점들을 극복하는데 있어서 문서와 지원이 동일하다는 과정을 기대할 자격을 부여받았다. 가능한 한 앞으로 참고하기 위해서 사건의 정확한 기록을 작성하는 것은 중요하다.

질병 때문에 피할 수 없는 교직원 부재이외에, 합법적이고 중요한 활동을 위해서 교직원이 없는 동안 여러 날 쌓인 일을 감시하고 통제하는 것이 필수적이다. 가령 학생들을 위해서 전문적인 개발과 교외의 활동과 같은. 전체 학생들이 배우는데 강력한 격려를 받아왔기 때문에, 교직원이 자리를 자주 비우는 대학은, 아무리 그 이유가 합당하다 할지라도, 학습과 연구의 유형이 자주 방해를 받는 학생들 사이에서 각성을 하게 될 것이다.

심지어 가장 성공적이고 만족한 대학에서조차, 때때로 교직원은 떠날 것이다. 그렇지만, 그들은 한 가지 마지막 봉사를 할 수 있다, 즉 퇴진 인터뷰를 하는 것에 동의하는. 그들은 더 이상 속셈(axe to grind)이 없기 때문에, 그들은 대학의 장점과 단점에 대한 전형적인 한 교직원에 의해서 깨달아진 회고록의 중요한 자원이다. 힐스 로드 대학에서, 퇴진 인터뷰는 교직원의 발전을 위해서 책임이 있는 고위 교직원에 의해서 행해졌다. 평가와 경우에 따라서는 소금 같은 아픔을 경험한 행동의 결정은 필요할 지도 모르지만, 결과는 분명히 상당히 가치가 있다.

모든 연령의 학생들을 위한 고품질의 지원과 안내가 학생의 권리의 중요한 부분이지만, 11학년에서 12학년으로의 변화의 연구에 열중한 교사들은 대답해야하는 특별한 문제를 가지고 있다. 아마 처음으로, 학생들은 그들의 삶에서 매우 중요하게 될 결정을 하게 될 것이다. 하나의 그와 같은 결정은 고용과 교육이나 훈련을 계속할 것인가의 사이에서 이다. 후자를 선택하는 사람들의 경우에, 주제와 과목 그리고 학회의 선택이 어려울 수 있다. 학생들은 부분적인 안내를 받고 이용할 수 있는 모든 기회에 쉽게 접근하는 것을 제공받을 자격이 있다. 힐스 로드 대학에서, 매년 등록을 하는 800명의 대학진학 준비과정 학생들의 99퍼센트 이상이, 분명히 학생들의 만족, 기억, 성적의 수준에 효과적으로 영향을 미칠 하나의 요소인, 그들이 선택한 과목의 정확한 조합을 공부할 수 있다.

대학진학 준비과정 학생들이 적절한 기관에 합당한 과정을 등록한다고 가정하면, 그들을 어떻게 지원하고 안내 할 것인가, 그들이 기대하는 더 많은 선택과 자유의 환경을 어떻게 배치할 것인가? 이럴 때 대학과 학부 수준의 종합적인 유도 프로그램이 필수적이다. 학생들이 가치와 기대를 고려하는 것도 당연하다. 핵심적인 것을 선택할 때, 하지만 이런 것들은 등록에 대해서 부연되어질 필요가 있다. 마찬 가지로, 연구의 교수·학습 전략과 모형은 11학년부터 아마 다를 것이고 이것은 설명과 토론이 필요하다. 몇몇의 학생들은 12학년의 첫 기간이 예기치 못하게 스트레스를 주고 방향감각을 잃게 한다고 생각할 수도 있다, 정답이 없기 때문에, 특히 그의 연구가 상당히 편견이 없는 것이 필요한 사람들에게. 모든 이와 같은 것은 학생들이 우수하고, 그들을 지원해줄 것이라는 것을 알고 있는 개인 지도교사를 위한 욕구를 강화시켜준다. 만약 그들이 역할을 효과적으로 맡으려면 그와 같은 교사의 전문적인 개발은 중요하다. 그들은 이런 일을 가르치는 것보다 더 소중하지 않은 것으로 보아서는 안 되고, 시간이 허용되어질 때는 적당해져야 한다. 중요한 학생의 구성원을 위해서, 그들이 개인 지도교사로부터, 그리고 다른 교직원으로부터 받는 지원과 안내의 질은 동질감, 자기 존중, 과정과 궁극적인 성공을 만족시켜주는 자발성 속에서 중요한 역할을 한다. 개인 지도교사는 규칙적인 복습 진행 체계 또한 중요한데, 개개 학생들이 과목 교사가 그들의 복습에 기여를 했다는 일관된 생각을 갖게 하는데 도움을 준다. 개인 지도교사는 다른 교직원과의 힘든 관계의 시간 동안에 또한 주창자나 지원자로서 행동을 해야 한다, 환경이 요구하는 대로 그들 학생을 지원할 뿐만 아니라 도전할 권리도 반면에 갖는다.

많은 대학진학 준비과정 학생들을 위한 중요한 지원의 근원은 학습 기능 센터(Study Skills Centre)인데, 그런데 그곳에서는 개개인을 근거로 해서 일련의 학습 어려움들이 제기되어질 수 있다. 난독증(dyslexia), 시간을 관리하는 문제점들이 학습 기능의 전문가들의 도움으로 가장 많이 제기되어 해결하여 할 몇 가지 논쟁점이다. 학습 기능 센터가 매력적인 곳이고 유명한 곳으로 되는 것은 중요하다. 더 많은 학생들이 그들의 학습 환경의 한 부분으로 그 센터를 이용하면 할수록, 그곳의 업무는 교직원과 학생들에 의해서 아마 더 높게 평가될 것이다. 힐스 로드 대학에서, 전체 학생들의 약 25퍼센트가 그 센터를 이용한다.

대학진학 준비과정 학생들에게 도움이 될 또 다른 전문가의 업무는 전문적인 자격을 갖춘 상담원이다. 그들의 일생동안 한번은 가정과의 관계가 소중하고 매우 민감한 문제들이 제기되어질 필요가 있을 때,

매우 자신감을 가지고 전문적인 기능이 있는 어른과 대화할 기회는 매우 가치가 있을 수 있다. 어떻게 해서 그와 같은 업무가 이용되어질 수 있도록 토론되어져야 하느냐, 대학에서 이용되어질 수 있도록 자기소개 배치를 할 여유가 있는 학교나 대학이 거의 없기 때문에. 그리고 자기소개가 대학진학 준비과정 나이의 집단에게 적합하지 않을 지도 모른다. 소개의 제도가 무엇이든 간에, 상담원과 학생사이의 비밀이 유지되어지는 것은 필수적이다. 그의 업무가 전제조건으로 맡겨져야 할, 대학의 패널(panel)을 위해서 상담원의 선택은 대학이 교수와 직원의 선택만큼 정확해야 하는 것은 또한 중요하다.

11학년 때보다 더 넓은 캔버스(canvas)였지만, 12학년과 13학년이 지나가자 학생들은 선택을 고려해야 할 것이다. 그들은 이용 가능한 범세계적인 다수의 선택을 공정한 안내로부터 받고 크게 혜택을 입는다. 그들에게 직업안내 기관들은 보통 고용주와 고등 교육 기관들에게 구직에 대한 기회를 활성화시킬 설명회를 갖는다. 설명회와 견문이 넓은 토론을 위한 기회를 준비하는 것은 이 단계에서 안내의 중요한 관점이다. 힐스 로드 대학에서, 직업 부서(Careers Department)는 이와 같은 관점에서 중요한 역할을 한다, 목표와 이전 학생들의 경험에 관한 정보를 제공하는 것을 포함해서. 예전의 학생들은 영국 학교의 사회 답사(British School's Exploration Society), 롤리 활동(Operation Raleigh), 해외 신탁과 자원 봉사 프로젝트(Project Trust and Voluntary Service) 등에 의해서 활성화된 고용, 갭이어(gap-year) 계획에서 자신들의 경험에 대해서 이야기하도록 초청되어졌다. 힐스 로드 대학에서, 학생들의 30%이상이 1년간 쉬고, 종종 다른 대륙에서 일을 하거나 여행할 시간을 갖는다. 부모들 역시 그들이 고등 교육의 학자금 결과에 대해서 알도록 하는 유익한 저녁 시간을 갖는다. 이런 보기의 기치들은 결코 과소평가되어져서는 안 된다. 12~13학년들의 많은 학생들은 그들이 고등 교육을 열망하는지 아닌지 의아하게 생각할 지도 모른다. 그들은 최근에 같은 위치에 있었던 몇몇의 사람들이 성공적으로 대학을 계속했고, 그 경험을 즐기고 있다는 것에 대해서 고취될 것이다.

성공 축하

성공적인 학습 환경의 일부분은 개인과 집단에 의한 성공을 축하해주는 것이다. 거대한 대학에서는, 공동체의 모든 구성원들이 다른 학생의 성공에 대해서 알도록 확실하게 해주는 것은 상당히 도전해 볼 만한 문제이지만 대단한 이익이 된다. 마찬가지로, 지역 매체와의 건설저인 연결을 확립하는 것도 중요하다. 이런 방법으로, 선의지는 지역사회에서 격려를 받을 수 있다, 그러나 그것은 나쁜 소식이 퍼지는데도 도움을 준다. －때때로 가장 좋은 대학에서는 어쩔 수 없이 일어나는－민감한 관점에서. 개인, 집단과 팀의 성공들은 공적인 축하의 원인이다, 가령 증명서를 주는 저녁과 상을 주는 것과 같은. 만약에 단지 그 조직 구성의 특성이 그 경우나 행사의 중요성을 반영한다면, 이것들은 많은 교식원들이 조직할 시간이 필요함 것이고 그렇게 하는 것이 가치가 있다. 그럼에도 불구하고, 잘 선택된 영광스런 손님의 고무적인 말과 지역사회에 울려 퍼지는 선의지는 매우 소중하다. 힐스로드 대학에서, 상을 수여하는 영광의 손님들은 줄리아 노이베르거 율법학자(Rabbi Julia Neuberger)와 디어링 경(Lord Dearing)인데, 이 두 사람은 학생들의 업적이 훌륭하게 높이 평가되어지도록 지혜롭고 인간적으로 말을 한다.

모든 학교와 대학들은 그들의 학생들이 지역 사회의 일원이 되기를 자랑으로 여기고, 가장 조숙하고 냉소적인 청소년은 그와 같은 축하의 의미를 부인할 것이다. 다른 장려할 만한 자료들이 아무리 좋을지라도, 틀림없이 그들의 성공을 자랑스럽게 여기고, 그들이 성장하고 소중하게 여겨진 공동체의 구성원이 되는 것을 기쁘게 생각하는, 학교나 대학의 학생들은 칭찬받을 자리에 있다. 학교생활의 수행을 잘한 학생들의 학교와 대학들은 가능한 한 자주 현재와 미래 세대의 학생들의 본보기로서 학생들을 전면에 세우는 것을 망설여서는 안 된다.

8

왜 학교에서 창작 예술에 신경 써야 하는가?

데임 탬신 이미선(Dame Tamsyn Imison) 지음

나는 그 칙칙한 날을 잊지 못할 것이다. 그 날 나는 버밍엄(Birmingham)의 거칠은 내륙지역을 따라 차를 몰고 지저분한 변두리, 공동 주택 건물, 불탄 차량들을 지나 한 낮은 그을은 창문의 조립식 건물인 초등학교에 이르렀다. 나는 곧 따스한 분위기를 접하게 되었는데, 학생들의 그림, 모형, 인공물로 가득 차 있었고, 이곳의 친구들이 컴퓨터 주위의 새장처럼 생긴 쇠우리를 아즈텍풍(Aztec)의 성으로 위장해 놓고 있었다. 쇠우리가 필요한 것은 최근의 수습전시회가 불도저로 콘크리트 블록 담을 뚫고 나온 형태로 진행되었기 때문이었다. 이 안식처는 모우트 팜 중학교(Moat Farm Junior School)로 이 학교의 운 좋은 학생들은 창의적이고 학습열이 높아서 전국 평균을 상회하는 실력을 갖추고 있었다.

내가 16년 전에 교장으로 부임한 런던 북부의 햄스테드 학교(Hampstead School)는 외관이 모우트 팜 학교와 흡사해서, 지저분하고 낙서로 덮여 있고 현관 로비에는 학생들의 작품이라곤 달랑 자화상

몇 점뿐이었는데, 그나마 아주 오래된 것들이어서 그 얼굴 위에 게시물을 꽂아 놓을 지경이었다. 나는 하룻밤에 두 시간씩의 시간을 들여서 낙서를 지우고 그림을 그리고 우수 학생 작품을 복사해서 벽에 걸어 놓았다. 이 일은 그리 감동적이지 않았다. 내가 각 부서에 보낸 첫 '선물'은 액자 몇 개로 학생들의 작품을 넣어서 공개된 장소에 게시하도록 한 일이었다. 나를 본떠서 한 훌륭한 교장은 힘든 런던의 학교에서 대단한 효과를 얻었다고 한다.

우리들 중 몇이나 환경에 대한 미적 감각을 개발하고 있으며 환경이 우리에게 주는 메시지를 받아들이고 있는가? 학생과 그들의 작품의 가치를 인정하고, 수준 높은 작품이 어떤 것인지, 미와 영성에 대한 메시지 등말이다. 예능 부서가 멋진 곳이기도 하지만, 학생들의 작품을 통해 모든 학생을 평가하고 미와 조화로움을 창조해낼 기회가 학교에 부족한 것이 사실이다. 나는 10년을 넘게 기다린 후에야 탁월한 예능 부서 대표를 만날 수 있었다. 그는 모든 공간을 확보하여 훌륭한 학생들의 작품을 전시하도록 하였는데, 그들의 수준이 점점 향상되어 갔다. 또한 지역 화랑을 인수하여 고급반(Advanced) 수준의 작품을 전시하였는데, 2년의 운영 기간 중에 모두 A등급의 수준을 인정받았다. 외부의 인정이 이 학생들에게 무슨 영향을 주는가? 등위를 획득한 학생들이 상위권 예술 학교에 입학하거나 다른 전공의 대학에 들어가기 위해 포트폴리오(작품집)에 그들의 기능을 추가할 수 있었다.

이 예능 부서 대표는 실물 데생 반을 핵심 교육과정에 통합시켰다. 교육표준청(Office for Standards in Education) 담당 장학관은 학생들의 전문적이고 성숙한 태도에 깊은 인상을 받았다고 한다. 주위에 살고 있는 화가들이나 그들의 작업실을 방문하는 것도 교육과정에 포함되어 있어서 학생들로 하여금 이 분야에서 일하면서 어떻게 생계를 꾸려나가는지 알 수 있게 해주고 있다. 아울러 훌륭한 본보기와 훈련 및 엄격함이 성취를 위해 필요함을 일깨워 주기도 한다. 예능 부서에서는 학생들을 바르셀로나, 파리, 베네치아, 피렌체와 같은 외국으로 데리고 나간다. 그러면 학생들은 자신의 시각에서 그린 멋진 소묘, 그림, 공부내용, 아이디어로 가득 찬 스케치북을 가지고 돌아온다. 이런 여행은 미술 분야에서의 열린 전시라고 할 수 있으며 어린 학생들에게 훌륭한 모델을 제공해 준다. 이 방문 일정이 너무 즐겁기 때문에 다른 교사들도 참여하려고 하였으며, 그 결과로 모든 참여자들이 시를 쓰고, 음악을 작곡하고, 학습에 전체적인 접근을 하게 되었다. 그림과 시가 어우러진 예시는 우리 학교의 홈페이지인 www.hampstead.org.uk에서 볼 수 있다.

예술은 모두를 위한 것이다

레이먼드 윌리암스(Raymond Williams)는 영향력 있는 저서 ≪오랜 혁명(The Long Revolution, 1961)≫에서 예술을 공동체의 발달과 연계시키고 있다. 그는 말하기를:

> 예술을 경험의 조직화이다.

그리고

> 인간 사회는 공통의 의미와 의사소통을 위한 공통의 수단을 발견함으로써 성장해간다. 활동 영역에 있어서, 두뇌가 창출하는 양식과 공동체

가 내재화하는 양식을 지속적으로 상호작용한다. 개인의 창의적인 표현이 관습과 제도를 만들어 내는 총체적인 과정의 일부가 되며, 이들을 통해 공동체에 의해 평가되는 의미들이 공유되고 활성화된다.

음악학교 전문가로서, 핌리코(Pimlico)에서 대표로 일하는 동안, 나는 엘리트주의의 위험성을 목도하게 되었는데, 음악 전문과정에 들지 못한 학생들이 낙심하고 있었다. 그 결과 음악을 거부하고 음악을 하는 학생들마저 꺼려하였다. 이러한 양극화 현상은 대단히 위험한 일이었다. 음악부 학생들을 클래식과 아울러 록과 재즈를 연주하는데 참여시키자, 완연히 달리 받아들여지기 시작했고, 이 회합이 너무 인기가 좋은 나머지 다른 학년의 학생들도 참여하고자 애쓰게 되었다.

예전에 내가 근무하던 학교에서, 나는 유능한 학생들을 당시 음악대표가 관리할 수 있는 전교생 단체인 여학생 합창단에 들어가게 설득하느라 힘들었다. 훌륭한 합창단이어서 전국 규모의 상을 받았음에도, 모두에게 생겨난 불안심리로 인해 많은 학생들이 음악을 포기하게 되었다. 우리가 연주한 콘서트가 몇 개 되지 않았지만, 나는 그 첫 콘서트에서 학생 밴드부가 막간에 연주하기로 되어 있는데도 날 제외하고 모든 학생들이 음료를 마시기 위해 밖으로 나가버린 사건을 잊지 못할 것이다.

이와 대조적으로, 현 음악부 단원들은 확고한 결심을 하고 있어서 모든 학생들이 즐기면서 작곡하고 연주하면서 다양한 음악을 감상해야 하며 새로운 기술을 사용할 수 있어야 한다. 그들은 또한 미술부처럼 학생들이 음악부를 벗어나서 시간과 장소를 확보해 줌으로서 학생들이 그들 자신과 다른 이들의 음악을 연주하고 감상하며 즐기도록 배려해 준다. 트리니티 음악대학(Trinity College of Music)과의 결연으로 악기를 다루는 학생들은 탁월한 역할 모델을 보면서 전문가들과 함께 연주할 기회를 갖게 되었다. 또한 재능 있는 학생들에게는 마스터 클래스(master classes)를 제공해 주기도 한다. 디스크자키(DJ) 반과 흑인 그룹에서는 다양한 배경을 지닌 전문가들을 데려왔는데, 그들은 예전에는 동기가 부족했던 학생들에게 뛰어난 능력을 배양하고 개발해 주었다.

예능에 드는 비용

학교에서 음악 공부를 할 때의 문제는 비용이다. 많은 부모들이 자녀가 악기를 연주하는 방법을 배우도록 하기 위해 비용을 부담하고, 때로는 악기를 구입해야 한다. 학생들은 음악 예행연습과 연습시간을 이미 꽉 찬 시간표에 포함해야만 한다. 모든 부서는 자원과 설비를 필요로 한다. 그러나 효율적인 이용이 필수적이다. 가끔 순회 교직원들이 과소평가 되어 부서의 일원으로 끼지 못하는 수가 있다. 우리 학교의 음악 부서 대표는 전교적인 계획을 세워 순회 교직원을 참여시킴으로써 그들이 7학년 학생들이 자신에게 맞는 악기를 체험하도록 하고 지방교육위원회(Local Education Authority)와 함께 학생들이 자신의 악기를 구입할 수 있을 때까지 빌려서 사용할 수 있도록 조치를 취하고 있다.

우리가 부서의 발전을 위해 해야 할 일은 학교 시설을 대여함으로 생기는 돈을 사용해서 중앙 집중형 부서를 만들어서 사무실, 녹음실,

음악실 두 개, 연주장 진입로, 연습실과 소그룹실, 컴퓨터와 키보드, 충분한 안전장치를 갖추는 일이었다. 우리는 다행히도 유능한 용역 관리 및 개발 담당자가 있어서 통로, 화장실, 벽장을 개조해 주었다.

우리 학교의 정규 활동에는 콘서트, 실내악단, 다수의 교육과정 내외의 활동이 있으며, 물론 스트라스부르, 베네치아, 뉴욕 등에서 연주하는 연례 해외 순회 연주회가 포함되어 있다. 나는 학생들에게 억지로 연습하라고 강요하지 않는다. 오히려 모든 행사에 참여해서 즐기고 있는 편이다. 학생들뿐만 아니라 모든 교직원과 부모 심지어 지역 시민들까지 참여할 수 있게 되어 있다. 지난 해 시디(CD)에 담은 〈크리스마스(Christmas)〉 콘서트는 내가 좋아하는 작품인데, 특히 멋진 메시아(The Messiah) 연주에는 학생, 단원, 부모가 함께 참여하였다. 훌륭한 두 솔로가 참여하였는데 이들은 졸업생으로 현재 옥스퍼드 막달렌 대학(Magdalen College, Oxford)의 음악 학자와 과학 교직원의 일원으로서 독보적인 카운터테너(countertenor)이다. 이 행사는 진정 영적으로 고양시켜 주었고 그 참석자들의 자부심은 정말로 감동적이었다.

몇 년 동안 우리는 학교 드라마가 없어서 연극이나 희곡 작품이 보이지 않았다. 하지만 희곡을 사랑하는 대표가 임명되면서 변화가 나타났는데, 그의 활동은 상상력과 영감을 불러 일으켰다. 시험 성적이 치솟아 올랐다. 그의 첫 작품은 전통 신비극으로 홀 전체에 걸쳐서 진행되었고 극적인 효과를 위해 비계 성채를 도입하였다. 요셉(Joseph) 역의 중국계 학생과 마리아(Mary) 역의 아시아계 여학생은 평온한 위엄을 불러 일으켰으며, 한편으로 순회 연기자들의 강인한 유머감각과 탁월한 아프리카계-카리브해(Afro-Caribbean) 출신 학생의 '하느님' 목소리는 훌륭한 대조를 이루었다. 웅장한 캐스트와 관객의 참여가 있었는데, 관객들은 끝날 때까지 참을 수 없게 될 정도였다. 마술적인 행사였고, 드라마에 대한 학교 내의 모든 이들의 기대를 바꾸었다.

이 드라마 담당자는 극작가 데이비드 에드가(David Edgar)와 최고 작가가 학교를 위해 새 작품을 써야 할 필요성을 논의하는 가운데, 그의 제안을 받아들여서 전국 학교 극작가 위원회 그룹(National Schools Playwright Commissioning Group)을 창안하기로 했다. 이 그룹은 전국에 걸쳐 20개 학교를 연결시킴으로써 30,000 파운드를 모금하여 극작가 한 명과 음악가 한 명에게 비용을 주고 학생들과 함께 음악이 있는 연극을 만들어 내게 하였다. 이는 학생들에게 적합한 일로서 그들이 희곡을 쓰고 작곡하는 일에 참여하게 해준다. 데이비드 에드가는 우리 학교에 와서 대학진학 준비과정(sixth-form) 학생 프로그램인 ≪서양사상사(The History of Western Thought)≫에 참여하였는데, 이 작품은 전 세계적으로 70개어 이상의 언어로 번역되었다.

지금까지 확고한 기반을 갖춘 이 전국 규모의 단체는 2번의 행사를 계약하였다. 앤드루 디킨슨(Andrew Dickinson)의 음악과 함께 애드리안 미첼(Adrian Mitchell)이 ≪포위(The Siege)≫를 썼고, 또한 플라잉 피켓(Flying Picket's)의 명성을 갖고 있는 릭 로드(Rick Lloyd)의 음악과 함께 존 맥그래스(John McGrath)가 ≪맨달레이로 가는 길에서(On the Road to Mandalay)≫를 썼다. 이 사업은 믿을 수 없을 정도로 흥미진진한 일이며, 또한 '가난한 학교'에서 구내거주 극작가를 유치하여 상업적인 작품을 쓰게 하는 방식이다. 오베론 출판사(Oberon Press)에서 애드리안의 극을 출판했고, 존의 극도 출판되어 2000년과 2001년의 세계 초연 이후 다른 학교에서도 구할 수 있을 것이다.

이 사업에 대한 학생들의 인식은 긍정적이긴 했으나, 특히 예술의 지위를 높여 주었고, 학생들에게 창의적인 활동에 능동적이고 의미 있게 참여하도록 했을 뿐 아니라 학생 수준에 맞는 작품을 다루게 해 주었다. 두 작품 중 어느 것도 학생들에 대해 연기해 보여 주기가 쉽지는 않았다. 오히려 학생들이 그들의 수준을 높여서 최고 전문가의 높은 기대에 부응했다. 중앙 신문의 호평이 자긍심과 지위를 높여 주었다. 이 경험이야말로 무엇보다 값진 것이었다.

높은 관심과 삶의 기능

드라마는 학생들과 단원들에게 직업상의 성공과 실패를 가르는 필수적인 삶의 기능들을 습득할 기회를 제공해 준다. 많은 사람들이 실패하는 이유는 타인에게 관계를 맺지도 않고, 협력하는 법을 배우지도 않고, 집단에 참여하고 지도하는 법을 알지 못하기 때문이다. 의사소통이란 말로 할뿐만 아니라 시각적으로 눈에 보이기도 한다. 또한 우리가 걸어가거나 자리를 '차지하는' 방식 등을 포함하여 우리가 내보내는 '숨은' 신호들이 더 중요한 수가 있다. 바로 이것들이 학생들의 존경과 관심을 얻는데 필수적이다. 전문성 개발 회의 중 하나는 바로 그 점에 관한 것으로서, 드라마 부서의 책임자가 단원 전원에게 단원 모임을 최대한 활용하는 법을 전해 주는 것이었다. 이것은 한동안 단원실의 회의였는데, 연습 과정을 상당히 변화시켜 놓았다. 효과가 있음이 직원들에게 입증되었기 때문이다. 그 부서장은 더비셔(Derbyshire)에서 초빙해 온 분으로서 전국 학교(National Schools) 네트워크를 통해 우리 학교에 대해 잘 알고 있는 분이다.

무용도 이와 유사하게 학교 전체에 중대한 영향을 주었다. 우리는 여러 명의 무용 부서장들을 모셨는데, 그들은 많은 학생들, 그러니까 대단히 뛰어난 학생들에서부터 성별이나 생김새 또는 능력 수준에 상관없이 시도하기를 두려워하지 않는 학생들에 이르기까지 격려해 주었다. 이 분야에는 스스로 적극적인 학생들이 많았는데, 이들은 회합이나 전교 행사를 통해 자신들의 능력과 열정을 보여줄 기회를 가졌다. 손발 동작이 절묘한 아시아계(Asian) 무용수, 아일랜드계(Irish) 무용수, 크로아티아계(Croatian), 랩과 락 댄서들이 있는데, 이들은 단원과 학생들의 인식을 바꿔 놓았고 참여도를 완전히 높여 놓았다.

가끔씩은 놀라운 재능을 갖춘 교사들이 '스스로 걷는 고양이(cats that walk on their own)'와 같을 때가 있다. 협동에 초점을 맞춘 전교 행사를 통해, 음악, 무용, 미술, 디자인 부서들은 교육과정 전반에 관련된 지원과 참여의 가치를 깨닫는다. 다른 모든 팀들은 성공에 필요한 여러 가지 일들은 열심이어서, 홍보, 안내 담당, 음료 등을 제공하고, 무엇보다 중요한 것은 적극적으로 인정하여 참여와 관계자들에 대해 격려해 주기도 하였다.

합당한 위험 감수

한 젊고 유능한 디자인 기술 교사는, 음악가이자 연극-교직에 입문하기 전 직장에서-에 열정적인 관심을 가지고 있었는데, 한 번은 나에게 전교 규모의 1일 창작 예술 행사를 시행해도 되는지 물어 왔다. 항상 젊은 재주꾼을 격려하는 나는 당연히 찬성했다. 엄청난 작업이긴 했지만 지원금을 상당히 확보했다. 그러나 하루 동안 교육과정을 무시하고 1300명의 학생과 120명의 단원들에게 자유롭게, 심지어 일부는 지역 외부에서, 선택하도록 하는 것은 상당히 두려웠고, 한 때 이 행사를 취소해야 하지 않은가 심각하게 고민하기도 했었다. 결국 선임들의 협조로 행사일자가 잡혔고 참으로 멋지게 따사롭고 해가 맑은 날이 되었다.

그 행사는 나에게 좋은 추억으로 남아 있다. 자율성이 주어지면 교직원과 학생 모두 멋진 모습을 보였기 때문이다. 단원들은 폭 넓은 활동을 제공했으며, 그들 스스로 즐기며 또한 학생들과 함께 참여했다. 상주 화가들은 추가 영역을 더했는데, 특히 교사와 학생의 상상력과 창의성이 인상적이었다. 대학진학 준비과정 공용실에는 16세 이상 책임자가 노팅 힐 카니발(Notting Hill Carnival) 사람들과 유대 관계를 맺고 있었는데, 디자인과 제작 스튜디오로 바뀌어서 밝고 화려하고 독특한 의상을 만들어냈다. 이 의상은, 비가 내렸음에도 불구하고, 지방 어릿광대 축제(Jester festival)에서 인정을 받았다. 다른 방은 평화로운 안식처로 바뀌었다. 우선 책상과 의자를 치우고, 천장과 벽과 창 등 모든 곳을 벽지로 덮고 나서 창문을 잘라내서 향기로운 꽃을 심은 화분이 보이게 했으며, 자연 대상물에 물방울이 흐르게 하고, 나선형 벽지가 천장에 매달려 있게 배치했다. 이곳에서 다른 단원이 몽골 노래(Mongolian chanting)를 학생들과 불렀다.

밖에서는 아시아계 여학생 몇이서 멋진 헤나(henna) 염료로 문양을 그려주자 줄을 길게 서서 기다리기도 했다. 풀밭에서는 지리학과에서 학생들에게 판자 집을 짓도록 했는데, 망치, 못, 사다리, 나무가 있었지만, 아무도 다치지 않았고, 모두의 찬사를 받았다. 도로에서는 낙서로 뒤덮인 가게와 벽을 10학년생 남학생이 지역민들이 선택한 문양으로 외부 개조를 해주었다. 이 작품은 몇 악동들에 의한 화재를 견뎌내서 지금도 멋진 모습을 하고 있다.

홀 안에서는 학생들이 거대한 밝은 채색의 파이프로 관악기를 만들었다. 이 작품은 멋진 상주 화가-음악가와의 합작이었다. 음악 기술 연수회가 학년실에서 대학진학 준비과정 생들에 의해 진행되었다. 여기에서 기능을 습득하고 하루 종일 음악을 만들어 냈다. 옆방에서는 학생과 단원들이 밝은 색의 종이로 멋진 물건을 만들어서 그날 늦게까지 전시회를 열었다. 일부 학생들은 빅토리아식 멜로드라마(Victorian melodrama)를 써서 학교 주위에서 공연했다. 과학실에서는 학생들과 열정적인 단원들이 음침한 전쟁 직전의 실험실을 화려한 열대 우림의 모습으로 바꾸어 놓았다. 진짜 유익한 점은 지속적인 부지런함과 즐김, 분열되지 않는 모습, 모두가 만족할 정도의 업무 완성, 피해나 부상이 없음, 성취감과 다른 사람이 인정 등이었다. 유일한 불참 집단은 부모였는데, 그들도 흥미롭다는 걸 알고 참여하고자 했다.

과중한 교육과정을 핑계 삼아 이런 행사를 개최하지 않기는 쉬운 일이다. 우리 모두는 더 가난했을 수도 있다. 은퇴한 한 원로 교사는 말하길, 이제는 문해 시간을 가르치기 때문에 멋진 무지개를 감상할 기회를 더 이상 가질 수 없을 거라고 한다. 교사와 학생 모두에게 동기를 주고 자극하는 기회는 무지개처럼 뜻하지 않은 일, 우리의 창작 미술 기념 행사와 같은 붙박이 행사로서, 모든 노력과 독창성뿐만 아니라 감수할만한 위험 감수의 가치가 있는 것이다. 때로 우리는 한계와 장벽을 설정해 놓고 외부 요건을 핑계 거리로 삼는다.

우리는 창의적 예능이 많은 학생들에게 동기 부여제, 자극제, 그리고 성취 수단으로서 가치가 있음을 인정해야 한다. 이들은 적극적인 참여를 통해 배우는 방식을 선호하고 있다.

전임지인 런던 남동부 애비 우드(Abbey Wood) 학교에서 나는 드라마를 통한 기적적인 변화를 목도했다. 몰리에르(Moliere)의 작품을 연기하던 학생들이 갑자기 문학의 맛을 느끼고 나서 대학에 들어가는 첫 세대가 되었는데, 이는 학교의 대다수의 학생들의 열망이 상당히 낮은 곳에서는 이례적인 일이었다. 바로 이 학교에서 나는 지역 전체의 행사를 세 차례 열었는데, 근 2,000명의 아이들이 동원되었고, 200명 이상의 학생들이 나와 함께 조직위원으로 활약했다. 단원들이 교실 밖에서의 일을 하지 않는다는 점에 비추어, 이것은 대단히 바람직한 일이었다. 첫 번째 행사는 서적행사이었는데, 우리는 이를 '책 폭발(Book Bang)'이라 불렀다. 두 번째는 과학 전람회로 '천재 폭발(Whiz Bang)'이라 불렀고, 세 번째는 창작 예술 심포지엄이었다. 이 행사들은 학년 전반에 걸쳐 교차 진행되었는데, 중등학교-종합중등, 현대중등-와 초등학교-13살 진입 초등- 수준에 걸치는 것이었다. 즐겁게 해준 성과에는 예전에 입학률이 떨어지는 학교였는데, 1개학년 반 정도가 늘어난 점이다.

이 행사들은 교육과정 전반에 걸치며 하루 종일 교육과정이 중단되긴 하지만 모든 참여자에게 많은 준비 작업을 요하는 일들이다. 각 그룹은 두 명씩의 직업 종사자들을 만나고 일부 실용적 및 창작 행사에 참여하였다. 뿐만 아니라 모든 학생들이 투입된 대규모 공개 전시회를 둘러보기도 하고, 교내에 있는 두 개 서점을 방문하기도 하였다. 유명 기부자에는 레옹 가필드(Leon Garfield), 로알드 달(Roald Dahl),

마조리 다커(Marjorie Darke), 퀜틴 블레이크(Quentin Blake), 패트릭 무어(Patrick Moore) 등이 있다. 각 행사마다 40명 이상의 저명 인사가 있었는데, 이는 학생들이 개인적으로 작가, 과학자, 화가 등을 접촉했기 때문이다. 어린아이에게 '안 돼(no)'라고 말하기는 어려운 법이다. 모두가 긍정적인 반응을 보인 평가를 살펴보면, 가장 많이 배운 집단은 나와 함께 조직운영을 도운 학생들이었다. 많은 학생들이 전문가들과 유대 관계를 맺어서, 일부는 지금까지 지속되고 있다.

다른 결과 중 하나는 중등부 전시회의 극적인 개선이었는데, 초등부가 먼저 작품을 내놓도록 신중하게 제안했다. 초등부 작품에서는 모든 교육과정의 구분을 넘어서 반응을 보이는 것이 자연스럽다. 이것이 전문과정 졸업생들에게는 다소 쉽지 않았는데, 그들은 이 상황에 슬기롭게 대처했다. 시험 결과도 참여자들에게서 수년 동안 향상되고 있다. 이 전시회의 즐거운 부분은 벽에 진열해 놓은 초상화들인데, 이들은 그들이 작가, 화가, 과학자들을 어떻게 인식하는지를 보여주고 있다. 이 모습은 방문객들에게도 매력적인데, 다들 호의적으로 받아들였다.

우리 행사의 마지막인 창작 미술 심포지엄하면 어린 학생의 집을 방문했던 일이 생각난다. 그 집 앞쪽 방에는 지저분한 침상 하나와 텔레비전, 닫아 놓은 커튼, 모락모락 동그랗게 솟아오르는 담배 연기가 있었다. 나는 그 여자아이에게 자기가 돌보아 주는 화가들이 보낸 선물을 가져갔다. 두 화가는 70대의 나이로 우아한 상감기법의 그림들을 그렸다. 이들은 그들이 받는 보살핌에 감동되어서 그 여자 애에게 아름다운 그림을 하나 그려 주었다. 내가 그걸 가지고 들어갔을 때 그 여자 애는 아파 누워 있으면서도 기뻐하면서 자신이 그 화가들에게 무엇을 주어야 할 지 물어 보았다. 나는 그 아이에게 이미 자신이 그들에게 어디로 갈 지 알려주고, 차를 가져다주고, 식사하도록 안내해 주고, 하루 종일 돌보아 주면서 보살핌과 사려 깊음이라는 선물을 해 주었다는 걸 알려 주었다. 자신의 평가에서 많은 다른 이들처럼, 그 아이는 타인을 책임진다는 것이 그 행사에서 가장 소중하게 여기는 부분이라고 말했다. 그런 인간관계의 기능이 본질적으로 중요한 것이다.

이 모든 것들은 모두 나의 경험에서 비롯된 것으로, 모든 학교의 밑바탕이 되고 있는 강력하고 활동적이며 참여적인 창작 미술에 대한 나의 헌신은 이 경험에 토대를 두고 있다. 나는 창작 미술에 대해 폭넓은 시각을 갖고 있다고 자부한다. 나는 영어를 포함해서 위에서 언급한 모든 영역을 살펴보고 있으면서도, 이를 진행하는 과정에서 다른 영역들도 미술에 기여하도록 한다. 미술이 그 영역들을 뒷받침하고 끌어 올려 주듯이. 간단히 말해서, 필수적인 것은 폭넓고 균형 잡힌 교육과정으로서 전문가들의 상호 협력적인 팀에 의해 진행되어야 한다. 이렇게만 된다면, 단원과 학생들의 동기가 상당히 높아지는데, 이는 그들이 창조적인 학습 환경에 들어가게 되어, 그들의 사기가 어느 정도냐 하면 창의적 접근법을 받아들이며 가끔 실패를 하더라도 더 앞으로 나아가도록 뒷받침하게 된다.

교육과정 내의 미술

만약 필자가 시사했듯이 미술이 학교 전체의 기풍, 학습 환경, 교실 수업 진행 등에 구체적이고 집단적으로 깊은 긍정적인 영향을 준다면, 당신은 어떻게 유능한 미술 교사를 임명하고, 유지하며 개발하겠는가?

나는 확고하게 모델링(modelling)과 거울 효과(mirror effect)를 믿는다. 교사와 학생은 흥분과 재미가 있는 곳, 충분한 지원을 받는 곳, 그러면서도 특히 배움과 실제 경험이 있는 곳으로 몰리기 마련이다. 창의성은 양질의 효과적인 학습의 한 측면이다. 그리고 창작 미술은 다양한 무의식적인 필요성을 충족시켜 주는데, 여기에는 아름다운 학습 환경, 다른 사람과 즐겁게 보내며 집단적으로 특정 목적을 위해 작업하는 기회 등이 포함된다. 우리가 알아낸 바로는 훌륭한 단원을 선정하여 유지하는 일이 이러한 것들에 달려 있다. 우리는 또한 학생들을 활용해서 선발 후보들을 평가하기도 했는데, 모든 지원자가 학생들을 상대로 가르쳐야만 하기 때문이다. 학생들을 참여시키는 것이 상당히 긍정적인 것으로 드러났는데, 이는 이렇게 함으로써 올바른 면접 답변을 준비했으나 팀 안에서 일하고 단원과 함께 일하는 법을 모르는 사람을 걸러낼 수 있었다. 우리는 항상 앞으로 나아가는 사람들을 찾고 있다. 이는 장기간 악화시키는 사람보다는 단기간 기여하는 훌륭한 사람을 원하기 때문이다.

혹시라도 여러분은 영어로 드라마를 진행하고, 체육 교사를 통해 무용을 지도함으로써 개별 전문가에게 드는 비용과 교육과정상의 시간을 아낀다고 주장할 수도 있을 것이다. 우리가 바로 무용을 그렇게 다루었었다. 하지만 이것은 무용 담당 교사에게 엄청난 스트레스를 안겨 주었고, 개별 전문가만큼 만족스럽지 못했나. 현 상황이 교육과정의 각 영역에 중요한 것으로 알려져 있는데, 이는 단계별 교육과정(Key Stage) 4단계나 5단계의 중요 과목 설정에 현 상황이 중요한 영향을 주기 때문이다.

교육과정상의 시간은 어떤가? 우리는 시간을 얻고 또한 단계별 교육과정 3단계의 창작 미술 수업을 망쳐 버리는 혼란스러운 이동을 피하기 위해 10일 주기로 바꿨다. 이 기간이 대부분의 학생들이 흥미를 잃어버리는 시간이다. 그리고 활력 있고 흥미진진한 교육과정에 필수적인 것으로 최악의 청소년기와 또래의 압박감을 통과해 나가도록 도와준다. 바로 이때 강력한 창작 미술 프로그램이 학생들의 동기 부여에 도움을 주고 또한 그들로 하여금 도전적인 학습을 시도하도록 자극을 준다.

나는 2000년에 발간된 전국교육연구재단(National Foudation for Educational Research: NFER)의 〈중등학교에서의 예술교육: 효과와 효율성(Arts Education in Secondary Schools: Effects and Effectiveness)〉이라는 보고서를 읽어보시기를 권고한다. 이 글에서 보여 드린 나의 경험이 이 중요한 보고서의 요점을 모두 보여 줄 수 있기를 희망한다. 이 보고서는 또한 이러한 논의가 다시 부각되고 있음을 보여 준다. 왜냐하면 중요하면서도 잊혀 진 캘로스터 굴벤키안 재단(Calouste Gulbenkian Foundation, 1989)의 보고서와 상당한 유사성을 갖고 있기 때문이다. 전국교육연구재단의 보고서는 효율적인 미술 교수·학습에 도움에 되는 가장 영향력 있는 9가지 요인을 다음과 같이 밝히고 있다:

- 미술의 지위;
- 단계별 교육과정 3, 4단계에서의 적절한 미술 준비:
- 미술의 즐거움과 인지 관계;
- 미술에 대한 내외적 지원;
- 전문 교사;
- 실제적인 과업기반 활동;

- 제작된 작품에 대한 수행, 전시, 평가와 상징적 기념;
- 칭찬의 문화;
- 학생 자신의 기여, 배경, 부모의 지원.

이 연구에서 관찰된 학생들의 학습 결과는 다음과 같다:

- 고조된 즐거움, 흥분, 성취감과 긴장감의 치유적 이완;
- 특정 미술 형태에 대한 지식과 기능의 증가;
- 사회와 문화적 논의에 대한 고양된 지식;
- 창의성과 사고력의 개발;
- 의사소통 및 표현 기술의 배양;
- 인성과 사회성 개발의 진전;
- 다른 과목의 학습, 직업 세계, 학교 밖이나 그 너머의 문화 활동 등 다른 맥락으로 전이되는 효과.

학교에 도움이 되는 결과에는 다음과 같은 것들이 있다.

- 학교 문화에 대한 제도적인 효과;
- 부모나 기관장 등을 포함하는 지역 공동체에 대한 효과;
- 미술 그 자체;

각주

햄스테드 학교라는 이름 때문에 혼동하지 않았으면 좋겠다. 우리는 크릭클우드 고등학교(Cricklewood High)라고 불린다. 그 학교는 캠던

(Camden)의 먼 북쪽 귀퉁이의 크릭클우드 브로드웨이(Cricklewood Broadway)와 핀칠리 로드(Finchley Road)사이에 있는 간선철도 주변에 있다. 만약 당신이 학교 밖으로 나와서 북쪽으로 걸으면 바로 바넷(Barnet)이다. 선로 반대편은 브렌트(Brent)이다. 우리학교의 53퍼센트 정도는 캠던 바깥지역으로부터 왔고 대다수는 바넷 출신이다. 주거지는 다양한데 비 엔 비(bed and breakfast) 숙박업소를 포함하여 빅토리아 여왕(Victorian) 후기와 에드워드 왕(Edwardian) 시대의 부지인 세 개의 큰 공영주택부지, 일부는 공동주택들이 있고 또 다른 지역은 고급 주택들이 들어서 있다. 현재 1.5킬로미터 이내인 통학구역의 경계 부분은 햄스테드 전원주택지(Hampstead Garden Surub) 이다. 조립식 건물로 대체되고 있는 학교 맞은편은 새로운 곳으로 1993년 불우한 가족을 수용하기위해 사용된 부지이다.

학교의 다민족성은 지역 자치구의 망명자에 대한 지지 정책에 따라 상대적으로 망명지를 최근에 찾은 더 다양한 구성의 사람들뿐만 아니라 잘 형성된 더 전통적인 '마을' 사람그룹, 관습과 풍습을 유지하는 소수민족공동체의 조그만 지역으로 구성된 복잡한 인구구성에서 비롯된다. 우리는 이런 범주에 속하는 학생이 100명 이상 있고, 단지 1/3만 동반가족이 없는 어린이이다. 학교명부의 70퍼센트－1985년에는 20퍼센트－는 소수민족으로 구성되어있다. 이들 중 18퍼센트는 특수교육요구(Special Educational Needs: SEN)에 대한 평가에서 1단계와 2단계에 있다. 학교의 학생들은 70개국 이상의 서로 다른 언어로 말한다.

여자아이와 남자아이 구성 퍼센트는 46대 54로, 여자아이들은 1/3밖에 안 되고 남자아이들이 2/3를 차지하는 다른 다민족 학교처럼 심각하지는 않다. 캠던 내 남자아이들 보다 여자아이들 입학형식이 23개나 더 많은 것으로부터 알 수 있듯이 우리는 유망한 여자아이의 부모를 목표로 하고 이는 항상 중요한 문제가 될 수 있다. 우리는 전통적으로 50개 이상의 이바지 초등학교(feeder primary school)로부터 학생들을 받았는데, 학교가 더 유명해지고 통학범위가 줄어들면서 현재 40개 학교로 줄어들었다. 수용인원 중 33퍼센트는 무상급식을 받을 자격이 있고 36퍼센트는 한 부모 가정이다. 60명 정도가 특수교육이 필요하다고 등록된 학생들－10명은 대학진학 준비과정(sixth form)－이고, 472명의 다른 동료학생들은 특수교육요구에 2에서 4단계로 등록되어 있다.

참고문헌

캘로스터 굴벤키안 재단 (1989) ≪학교에서의 예술: 켄 로빈슨 교수 주저≫.

전국교육연구재단 (2000) 〈학교에서의 예술교육: 효과와 효율성〉 요약과 해설.

로저스, R. (1998) ≪사라지는 예술은?: 초임 교사 훈련과 전문성 개발≫런던: 왕립예술협회.

윌리암스, R. (1961) ≪오랜 혁명≫ 런던: 펭귄 북스.

9

학교에서의 예술

맬컴 노블(Malcolm Noble) 지음

> 모든 예술의 우수성은 미와 진리와 밀접한 관계에 있는 그들의 존재로부터 모든 불쾌한 것을 증발시켜버릴 수 있는 그것의 강렬함이다.
>
> 존 키츠(John Keats, 1817)

예술은 전국교육과정(National Curriculum)에서 과소평가되고 있지만, 그러나 그것들은 우리 경제에서나 국가적 유산에서는 그렇지 않다. 1999년의 〈모든 우리의 미래: 창조성, 문화, 교육(All Our Futures)〉라는 보고서는 예술교육을 창조성과 문화의 맥락 안에 놓는다. 그 보고서의 정의는 좋은 출발점이다. 창조성은 '근원적이고 가치가 있는 결과를 창출하기 위한 유형화된, 상상력이 풍부한 활동'으로 간주한다. 반면에 문화는 '각기 다른 사회 집단과 문화를 특징짓는 공유된 가치와 행동의 유형'으로 정의한다. 〈모든 우리의 미래〉는 창조적이고 문화적인 교육을 교육과정 전반에 광범위하게 펼쳐진 것으로 고찰한다. 그렇다 하더라도 예술이 중심이 되어야 한다.

예술은 전국교육과정의 중심으로부터 멀리 떨어져 있다. 단지 미술과 음악이 기초과목일 뿐이다. 예술과목은 현재 단지 수준별 등급으로 분류된 한 가지 성취목표만을 가지고 있다. 미술과 음악은 그들 자신의 학습 프로그램을 가지고 있다. 기능의 강조는 감상하는데 문화로의 접근을 제공하는 창의력이 있어 중요하다. 그러나 어떠한 미술도 단계별 교육과정(Key Stage) 3단계를 따를 필요는 없다. 중등교장협의회(Secondary Heads Association)는 1998년에 창조성을 위한 드라마의 중요성을 보여주었다. '적합성, 협동정신, 공감과 협력'은 모든 단계별 교육과정에서 훌륭한 드라마 수업에 의해 향상되는 것으로 보여 졌다.

전국교육과정은 엄격하게 과목 특수성에 기초를 두고 있다. 이것은 능력 [베일리스(Bayliss), 1998a]에 기초를 둔 학습 구조를 주창한 왕립예술협회(Royle Society of Arts: RSA)에 의해 이의가 제기되어져 왔던 접근이다. 전국교육과정은 '새로운 능력에 맞추어 만들어져야 할 것이고, 그것은 학교에서 과목적용 범위를 넓은 범위로 유지시킬 것이다.' 하지만, 과목의 특수성은 여전히 남아 있을 것이다. 그럼에도 불구하고, 왕립예술협회는 '경영혁신'의 결과로서 '체계의 어떤 다른 부분보다도' 학교에서 많은 변화를 보여준다고 하고 있다.

그것은 21세기를 위한 학교에서 많은 토론을 추진하는 새로운 과학기술에 의해 만들어진 기회이다. 왕립예술협회는 학교가 '디지털시대에 굉장한 잠재력이 있는 방송'을 개척하지 못하고 있다고 주장한다. 정부는 또한 그것을 이런 방법으로 보고 있다. 1997년에, 그것은 2002년 무렵 인터넷과 관련된 현대적인 수업과 자원물자를 제공하는 전국기준학습망(National Grid for Learning: NGfL)과 연관된 학교를 희망했다. 〈미래 교실을 향하여(Towards the Classroom of the Future, 2000)〉에서 교육고용부(Department for Education and Employment: DfEE)는 '모든 학생들에게 그들 자신들의 홈페이지를 제공해서 학교와 지역사회, 그리고 넓게는 세계로 연결할 수 있는' 새로운 기술을 예상하고 있다. 런던기준학습망(London Grid for Learning: NGfL 2000)은 학교와 모든 런던 자치구를 연결할 수 있는 네트워크를 제공하고 있다. 이것은 2001년 가을부터 구동되는 초고속 컴퓨터 네트워크이다. 그것은 학교에 방송국, 박물관, 화랑, 33회원의 지역 당국 기관을 포함하는 제공자로부터 정보를 받을 수 있도록 해 줄 것이다.

창조성과 문화

창조성과 문화 두 가지 요소는 이 장의 틀을 제공한다. 그 새로운 기술 체계들은 문화적인 교육과 연관을 갖고 있다. 예를 들면, 전국기준학습망은 '화랑, 기업, 지역공동체와의 연결을 촉진'할 것이다. 하지만, 창조성에 대한 교육은 교수자와 학습자간의 상호 작용 여하에 달려 있다. ≪모든 우리의 미래≫는 '창조적인 과정이 교수자와 학습자에게 실험과 기능사용의 자유, 지식과 이해를 요구한다고 제안'하고 있다. 그것들의 사용을 촉진시킨 것은 1988년의 교육개혁법(Education Reform Act)에 의해 교사들에게 주어진 의무이다. 창조성에 대한 교육은 약간은 수월하지 않은 제안이 될 수 있다. 젊은 사람들에 대해 창의적인 생각을 강요하는 어떤 사람은 자율적인 사고나 주도성을 장려하지지 못하는 경향이 있다. 이것은 훈련된 교사들이 학습프로그램을 통해 시험에 합격하는 약속된 영역을 향해 학생들을 이끌어 가는 것을 힘들게 한다.

교육의 세계화에 대한 아서 앤더슨 경영 컨설팅(Arthur Andersen

Business Consulting: Walker, 1998)을 위해 쓴 보고 논문은 이 문제를 씨름하고 있다. 그 저자는 정보통신기술(ICT)이 '소비자 중심의 일괄 교육'의 방향으로 우리들을 훨씬 더 빠져들게 하는 위험을 인정하고 있다. 이것과 싸우기 위해 그 보고 논문은 '효과적인 교육자는 변함없는 전문가보다 는 오히려 조력자 역할을 할 수 있는 시간과 유연성을 가져야 한다.'고 제안하고 있다. 교사들은 '실제적인 환경에서 자기 자신의 직접적인 학습의 활성화를 이룰 수 있는 효과적인 방법을 개발해야 한다.'

예술과목 교사들은 창조성을 개발할 수 있는 위치에 있다. 많은 사람들은 예술이 학교에서 미래에는 보호되지 않을 것이라고 걱정하고 있다. 그러나 중등교장협의회는 1995년 단계별 교육과정 3단계의 규정이 강화되는 것처럼 보이는 것을 알았다. 하지만 관심사는 단계별 교육과정 4단계에 그대로 남아 있었다. 2000년에 비전 2020 회의(Vision 2020 Conference)에서 내놓은 논문에서 교사의 상승된 전문적인 지위를 기대했다. 그 저자들은 믿고 있다.

> 가장 훌륭한 교사들은 직접적으로 혹은 디지털식으로 지구상에 있는 많은 학습 공동체에게 그들의 서비스를 팔 수 있을 것이다. 고액의 임금을 받으며 존경받는 전문교사 집단, 세계적인 관심을 받을 진행자 집단이 될 것이다.

그들은 시간표의 30퍼센트를 차지하는 창조적인 교육과정을 원하고 '생각, 분석, 문제 해결, 공동작업 등의 과정 기술'에 초점을 맞추기를 원한다.

1997년에 교육고용부 장관(Secretary of State for Education and Employment)인 데이비드 블렁킷(David Blunkett)은 기술 대학 신뢰(Technology Colleges Trust)를 말했다.

> 읽을 수 없는 아이들은 배울 수 없고, 배울 수 없는 아이들은 새로운 세기의 창조적인 세계에서 왕성한 활동을 할 수 없다.

이것은 노동당 정부(Labour government)에서 기초적인 기술 향상을 이끌어 내도록 보고되었다. 그것은 또한 창조성의 중요성을 인정하였다. 오늘날 정보통신기술은 기초적인 기술로 간주된다. 정보통신기술은 창조성의 개발에 매우 중대한 역할을 할 수 있다. 하드웨어, 소프트웨어, 그리고 교사들의 훈련에 대한 투자의 결핍은 잠시 동안 진전을 후퇴시킬 것이다.

정보통신이 길을 인도한다

예술이 학교의 창조성에 기여할 수 있도록 하는 데, 정보기술은 거대한 잠재력을 가지고 있다. 컴퓨터 보조 디자인, 미술과 음악을 위한 컴퓨터 보조 제작용 전문가들의 상품, 드라마를 위한 조명 모두가 개개의 예술과목을 지원하고 있다. 학교 제작물을 계획하는 것은 워드프로세서의 일반적인 소프트웨어의 사용과 응용 프로그램인 스프레드시트의 사용에서 이익을 얻을 것이다. 멀티미디어를 통해 정보에 접근하는 것은 학생들로 하여금 어떤 계획을 위한 선택의 범위와 프레젠테이션을 위한 가장 좋은 포멧을 고려할 수 있도록 할 것이다. 이것은 학습자를 위한 도구로서 정보기술적인 관점이다. 그것은 학습자에게 단순히 면대면 교수 형태를 실현 가능하지 않도록 함으로서, 학생들을 더욱 더 유능하게 일을 할 수 있도록 하고, 더 많은 개인 창조성을 위한 기회를 드러낼 수 있도록 해야 한다.

하지만 새로운 세기의 첫 해와 지난 세기의 마지막 해 사이의 차이점에 대해 지금 정의할 수 있도록 기회를 제공하는 것은 바로 통신기술이다. 새로운 통신 체계는 개인 학습자의 손에서 통제할 수 있도록 놓여 있다. 이 메일과 이 메일l 발송은 통신수단으로서 매우 효과적이고 각각 개인의 통제에 있다. 학생들은 계획을 세우는 방법과 메시지를 제시하는 방법을 배울 필요가 있다. 그러나 일단 그들이 기본적인 사항을 통달하고 정보를 교환할 준비가 되어 있을 때, 교실이나 학교, 그리고 국가까지도 제한을 받지 않는다.

인터넷은 문화에 대한 분명한 접근을 제공한다. 교사는 정보를 얻는 경로를 용이하게 할 수 있고, 내용의 질을 평가하는데 도움을 줄 수 있다. 학생들이 그들의 관심에 따라 박물관과 화랑 웹 사이트를 방문하도록 허용한다. 많은 학교 웹 사이트는 장려하려고 생각한다. 그러나 좀처럼 아이들은 방문하지 않았다. 웹 사이트는 교육 계획에 관한 파일, 학생들의 성취에 관한 축하, 날짜와 마감기한에 관한 주의, 부모님들은 위한 상담에 사용할 수 있다. 이런 방법으로 사용하기 때문에 웹 페이지들은 과제를 더 창조적인 노력으로 만들 수 있다.

왕립예술협회(베일리스, 1998b)는 그것들이 사람들을 전방으로 이끌려고 한다면 '옛날보다는 오히려 명백하게 새로운 세계의 부분이 되어야 한다.'고 교사들에게 충고한다. 예를 들어 쌍방향의 화이트보드를 사용하는 것은 새로운 기술에 대한 약속의 강력한 진술이다. 그것은 또한 아이들로 하여금 다양한 미디어로 동시에 정보를 처리하는데 익숙해지도록 한다.

하지만, 젊은 사람들에게 있어 문화적인 접근을 확대시켜 줄 수 있는 가장 좋은 약속은 화상회의 사용이다. 그러나 그것은 다른 사용자를 찾기가 쉽지 않다. 특히 해외로 링크를 설치하는 것은 어렵고 시간이 소요되기 때문에 과제로 남아 있다. 교사들은 빛나는 권리를 얻는 것,, 전문적인 배우에게 신용을 얻는 시기를 맞추는 감각을 개발하는 사고에 관해 걱정해야 한다.

디지털 방송과 가정용 비디오는 시간과 장소에 구속받지 않는 학습을 가능케 한다. 화상회의는 다른 지역에 있는 아이들 집단과 서로 볼 수 있고 서로 이야기할 수 있도록 하고, 함께 일할 수 있도록 해준다. 여러 나라의 학교들 사이의 프로젝트를 설치함으로서 둘 다 서로 다른 문화에 대한 그들의 지식과 이해를 강화시킬 수 있다. 예술은 이런 매체를 사용하는데 있어 인도자 역할을 해야 한다. 시각 예술과 공연 예술은 모든 문화의 중심부에 있고, 대부분의 사람들은 그것을 다른 사람들과 공유하는 데 있어 행복하다. 화상회의를 이용하는 방법을 찾는 것은, 관련된 모든 것에서 독창력을 요구하고 적극적으로 창조성을 요구하게 되었다.

가상현실 교육과정에 대한 강조는 정부로 하여금 어떠한 돈도 절약하지 못하도록 할 것이다. 예술에서 교수 학습은 현대화되어야 하고 올바른 시설을 제공하는 데 많은 것들이 소비되어야 한다. 높은 질의 시설물들이 높은 수준의 작업을 촉진시킬 것이다. 그런데 이것은 지역

사회 연결을 통해 성취되어야 할지도 모르겠다. 개별적인 예술 주제를 위한 전문가들의 공간은 오로지 개별적인 주제의 필요성만 충족시키려는 경향이 있다. 예술 중심 접근은 공연 및 전시회 공간을 정보통신기술 네트워크를 포함하는 공유된 지역과 연결시킬 수 있다. 이것들은 지역 공동체를 위한 원천이 될 수 있다. 그것들은 학교와 지역사회에서 예술 측면을 끌어올릴 수 있다.

전국교육과정에 의해 부과된 제한은, 학생들로 하여금 단계별 교육과정 4단계에서 예술에 대한 접근하는 것을 막지는 않는다. 현재 이용하는 데 유연성이 주어져 있기 때문에 학생들이 예술 과목 둘을 선택하는 데 어려움이 더 이상 없을 것이다. 과외 활동은 아이들에게 공연과 전시회 공간을 이용하도록 허락한다. 하지만 이것도 여전히 아이들이 전적으로 예술 교육과정에서 손을 뗄 수 있다 것을 의미할 것이다.

예술에 대한 찬양

문화에 대한 접근과 창조성 개발의 관점에서, 예술 축제는 모든 사람들이 예술이 공헌하는 데서 이익을 얻을 수 있도록 하는 보증 수단이다. 시인인 로저 맥고프(Roger McGough, OBE)는 첫 번째 벡슬리히스 학교 예술 축제(Bexleyheath School Arts Festival)를 1996년에 시작했다. 7월 두 주간 런던의 외곽지역에 있는 혼합된 11-19 학교에서 예술에 기초를 둔 활동에 몰두하였다.

여기에는 세 가지 요소가 있다. 첫째는 그들의 과목 특수성 안에서 예술과 관련된 활동에 공헌한 부분으로 내부적인 것이다. 이것은 축제의 절정인 제작물을 포함하고 있고, 2000년의 〈카르미나 부라나(Carmina Burana)〉가 있다. 여기에는 많은 교육과정 전반에 관련된 기획안들이 있다. 공통 언어들과 미술 기획안은 남부 프랑스에서 발생했고, 화가 세잔느(Cezanne)의 작품에 초점을 맞추고 있다. 음식 테크놀로지와 언어 분과는 2주에 걸쳐 프랑스 카페를 운영한다. 과학 분과는 학교 사이트의 새로운 정원에서 착수했다.

둘째 요소는 학교에서, 극장에서, 박물관에서, 그리고 화랑에서 전문적인 직업에 대한 접근을 필요로 한다. 음악은 일본인 타이코(Taiko)라고 하는 드럼 연주자와 런던 모험가 코럴(Chorale)에 의해 대표되어 왔다. 이리에 아프리카계-카리브해인(IRIE African-Caribbean) 그룹과 콜몬델리(Cholmondeleys)-모두 남성, 피더스톤호그(Featherstone-haughs)-모두 여성을 포함한 많은 댄스 동호인들이 있다. 각각의 작가들, 시인들, 그리고 배우들은 에릭 리차드(Eric Richard: 〈경찰관〉 크라이어 경사), 제니퍼 스타우트(Jennifer Stoute: 〈검투사〉의 반역자), 롤리 베인 목사(The Reverend Roly Bain; 교회의 어릿광대), 페이션스 아그다비(Patience Agdab: 시인), 그리고 장 우레(Jean Ure), 제임스 살레(James Sale), 피터 베레(Peter Beere), 로이 앱스(Roy Apps)-모든 작가들을 포함하고 있다. 글러브 플레이어(Globe Players)와 브리티시 텔레컴이 후원한(BT-sponsored) 국립극장 공연 〈빛나는 상어(Sparkleshark)〉는 축제의 최고였다.

셋째 요소는 지역사회 측면이다. 그 축제는 업무 후원과 부모 협회의 협력에서 지원을 받았다. 경찰, 도심지 사업, 그리고 지역 기관으로부터의 참여가 있다. 그러나 더욱 더 많은 범위에서 참여하였다. 날마다 사건은 주로 부모님에게 도움이 되도록 학교 웹 사이트에 게시를 하였다. 지역 의회의 후원을 받은 고급스런 안내 책자는 부모님을 참여시키는 데 목적이 있고, 일반적으로 행사 개요를 널리 알리는 데 목적이 있다. 그것은 또한 후원자들을 감동시킬 의도였다.

예술 축제 본질은 모든 사람들이 공동으로 노력하는 시간에 집중적으로 일을 한다는 데에 있다. 거기에는 해야 할 어려운 일들이 있다. 학교에서는 정해진 순서에 따라 운행되고 시간표에 의해 움직인다. 예술 축제는 돈이 많이 들 수 있고, 학교 경영에 타격을 줄 수 있다. 그러나 예술 축제는 개별 학교의 특별한 상황에 맞추어 이루어지고, 21세기 교육의 모델을 제공할 수 있다.

예술 축제는 문화 교육에 접근을 제공할 수 있고 창조성을 개발할 수 있다. 모델은 4가지 요소를 가지고 있다:

- 예술 축제;
- 교수·학습;
- 문화;
- 창조성;

첫째 것은 축제동안 발생하는 내용과 활동으로 구성되어 있다. 그것은 각국의 문화에 접근하는 것과 연결된다. 이것은 전문적인 공연과 전시회에 접근을 포함하고 있다. 가상현실 접근은 디지털 방송 미디어, 멀티미디어, 그리고 인터넷을 통해서 촉진될 수 있다. 교수·학습은 전문적이거나 교육과정 전반에 관련된 방법을 통해 부서에서 만드는 기여를 의미한다. 이것들은 기능에 기초를 둔 것이어야 하고, 가끔은 연수회나 창조적인 진행과정을 통해 전달된다.

예술 축제가 어느 학교에서나 조직화되는 방법에는 무한한 가능성이 있다. 만약에 예술 축제가 그 해 말에 모든 사람들을 바쁘게 만들기 위해 창안된 주간 활동이라면, 그것은 문화적이고 창조적인 교육에 많은 기여를 하지 못할 것이다. 만약 그것이 의미심장하고 오랫동안 지속적인 영향을 가지게 하려면, 다음 어느 상황에도 해당되어야 할 것이다.

계획

예술 축제는 학교와 개별부서를 위한 개발안의 한 부분을 형성해야 한다. 이것들은 축제의 목표와 연결되어야 한다. 또한 각 부서와 학교 내의 집단의 기여를 위해 명백한 목표가 있어야 한다. 중심적인 계획은 예산, 지역사회와의 연관성, 전문적인 참여자의 예약, 외부의 방문, 초등학교를 포함한 연수회, 그리고 일반적인 조정 작업이 필요하다. 한 가지 접근은 모든 정상적인 학습활동을 깨뜨리는 것, 그리고 아마도 기초적인 조직 단위로서 개별지도교사 집단과 계속하기 위한 시간표를 준비하는 것이다.

관심 있는 부원들은 계획을 운영하는 기능을 사용해야 한다. 목표들이 사전 이정표에 모니터 된 과제로 나누어져 있어야 한다. 만약 계획 세우기와 일정 짜기를 쉽게 처리하려면 컴퓨터로 작업을 수행해야 한다. 만약 예술 축제를 위한 작업이 2주 이내에 시작하고 끝난다면 오랜 기간 혜택이 있을 것 같지 않다. 작업 계획은 아이들이 예술 축제를 위해 준비해야 하는 것과 그 후에 수반되는 작업을 인도하는 것이어야 한다.

학습

'하나의 크기가 모든 것에 맞다'고 하는 접근은 학교에서 예술 축제를 통해 성취하려고 노력하는 모든 것을 무효로 할 것이다. 창조성은 개인적인 관심에 따라 기회를 줄 때만 오로지 촉진될 것이다. 모든 사람들이 같은 방법으로 똑같이 문화적인 기회를 감상하지는 못할 것이다. 학생들에게 이용 가능한 것에서 자유 선택권을 주는 것은 처리하기 쉽지 않을지도 모른다. 심지어 그것은 바람직하지 않을지도 모른다. 학생들은 그들이 알고 있는 것과 그들이 할 수 있는 것에 대해 고정시키려는 경향이 있다. 창조성은 도전과 실험 의지를 포함해야 한다.

원을 사각형 모양으로 만드는 방법을 경험해보는 것은 모든 집단이 따라야만 한다. 이것을 개개의 예술과 연관시키는 대신에 그들은 여러 형태의 행동으로 표현하게 될 지도 모른다. 이들은 *감상*, *공연*, *연수회*, *지역공동체*가 될 수 있다. 전시회나 연극에 참가하는 것은 *감상*일 것이다. *공연*은 악기를 연주하고, 노래를 하고, 스포츠 활동에 참여하는 것에서부터 학교에서의 제작한 작품의 주요한 것까지를 망라할 수 있다. 이것은 나이를 더 먹은 어린아이에게 가장 어려운 영역임을 증명할 수 있다. *연수회*는 어떤 종류의 명확한 결과를 내는 실질적인 토대를 지니고 있다. *지역공동체*는 또한 실질적인 어려움을 드러낼 수 있다. 연중 떠맡은 작업 경험이나 지역공동체 활동은 이러한 목적을 충족시키는 것으로 간주될 것이다.

포트폴리오

표준 모형은 개개 아이들과 집단을 위한 문화와 창의성에 초점을 맞추어야 한다. 몇몇 선생님들이 이러한 체계에서 미리 하는 아주 충분한 검사 방법이 있다고 생각했을 지라도, 모든 것의 마지막에 시험을 부여할 수도 있다. 대신에 모든 아이들에게 그들과 관계있는 활동을 평가하는데 필요한 요건을 포함하는 개별적인 계획을 설정하도록 했다면, 그 결과는 성취 기록에 중요한 기여를 할 수 있다.

그 계획은 예술 축제 중에 모든 아이들이 정보통신기술을 이용할 수 있게 해준다. 인터넷이나 전자메일을 이용하거나 웹 사이트를 검색함으로서 학생들은 혼자 힘으로 정보를 수집할 수 있다. 그들은 개인적이면서 컴퓨터를 토대로 한 포트폴리오에서 성취한 것을 보여주기 위해 다양한 종류의 소프트웨어 상품을 이용할 것이다.

평가

예술 축제가 어떤 방법으로든지 시험제도와 연관되거나 증서를 받지 않으면 학생들과 부모들은 그것을 진지하게 받아들이지 않을 것이라는 논란이 일어날 수 있다. 금세기에 전통적인 시험을 대체하는 능력 테스트 방법을 찾지 못하면, 이는 문제가 될 수 있다. 그러므로 학교는 학생들의 포트폴리오에 근거한 상과 증서의 이용을 고려해야 할 것이다. 대안은 외부 상담원이 보장하는 모든 작업의 질을 갖추고, 밖으로는 학생 포트폴리오를 위해 두드러지거나 보통 정도의 체계를 갖추는 것이다. 이는 등급이 매겨진 증서가 되도록 하는 기준을 허용하는 것이다. 그러나 이것은 훨씬 더 많은 비용이 든다.

이 표준 모형에서 빠뜨린 것은 국제적인 차원과의 분명한 관계이다. 여기서 화상회의를 이용하여 이것을 과거의 관행으로부터 분리시킬 수 있다. 문화와 대륙을 가로지르는 예술 관련 활동을 포함하는 연수회는 국제적인 예술 축제의 중심이 되어야 한다. 정상적인 방문과 교환은 매우 적은 수가 관련된다. 모든 사람은 화상회의에 참여할 수 있다. 이것은 축제 기간 중에는 불가능하다. 그러나 몇몇 화상회의는 계획단계에서 가능하다.

출발점

위에서 개괄한 표준 모형은 출발점으로서 강한 예술적 실재를 요구한다. 예술이 공유하는 공연과 전시 공간, 그리고 정보통신기술 능력을 갖춘 현대의 중심에 위치하고 있다면 한결 낫다. 그 표준 모형은 예술을 수단으로 여기고 있으며, 그 수단에 의해 젊은 사람들은 문화에 접근하고 창의성을 개발한다. 문화적이고 창의적 교육은 어떤 의미에서 예술에만 국한된 것은 아니다.

그 이념은 예술 축제의 목적을 실현하기 위해 모든 부서가 예술 전문가와 함께 연구할 수 있다는 것이다. 그들은 연구 안을 검토하고 이 목적에 무엇이 가장 적절한 것인가를 결정해야 한다. 학교는 정신적, 도덕적, 사회적 요소의 교육과정에 기여할 수 있는가를 고려해야 하며, 또한 시민정신에 기여할 수 있는가를 고려해야 한다.

이것이 예술에서 시험 과정에 대한 대안은 아니다. 예술 축제는 모든 사람이 가까이할 수 있다. 그리고 개개인과 집단에게 그들의 관심을 추구할 수 있는 여지를 허용한다. 당연히 문화는 모든 사람이 이용할 수 있어야 하며, 창의적 능력은 대부분의 직업에서 본질적이다. 그러나 바라건대 공연 양상은 음악, 드라마, 미술, 그리고 나머지 보다 높은 수준의 과정에 따라 고등 교육을 받기를 바라는 사람들에게 용기를 줄 것이다. 사실, 예술은 언어, 수학, 과학, 기술, 그리고 인문학과 마찬가지로 연구의 필요 영역으로서 자기 위치를 차지하고 있다.

새로운 기술의 적용은 계획과 공연에 필수 불가결한 요소다. 지역사회의 시설은 가능한 범위를 극적으로 확장시킨다. 학생들이 예술을 통하여 얻는 지식, 기술, 그리고 이해력은 점차 새로운 기술의 적용과 동등한 가치를 갖는 것으로 간주되고 있다. 14세가 지난 아이들을 위한 예술교육을 지탱하는 것에 교육과정에서의 넓이와 균형을 유지하는 것이 도움이 된다. 예술 축제 모형은 모든 능력과 다양한 영역의 흥미를 위해 채택될 수 있다.

화상회의를 포함하는 정보통신기술에 의해 지탱이 된 국제적인 예술 축제는 모든 학교를 위해 많은 것을 이룩할 수 있다. 전문가 단체는 보다 크고 좋은 축제를 연다. 학교가 현대 예술 센터를 가지고 있으면 축제는 훨씬 나을 것이다. 그러나 예술 기반 기획 경영에 필요한 전문가적 식견과 적절한 수준의 후원회를 구축하는 데는 오랜 시간이 걸릴 수 있다. 예술 협회나 정부에 의해 지원을 받는 추진 계획은 적절한 출발점을 제공할 것이다.

예술 축제를 위한 견본 경영 안은 길잡이 학교에서 고안되어 시행될 수 있다. 물론 제목을 정하는데 문제가 있다. 여기에는 다양한 예술 축제가 있다. 일주일간의 재미있는 활동과 음악 창작은 제목으로서 우아해야 한다. 교육과정에 뿌리를 두고 학생들의 성취에 초점을 맞춘 예술 축제는 전혀 다른 종류의 일이다. 다른 일과는 달리 그것은 정적이 아니다. 정기적인 혁신이 없으면, 문화와 창의성 개발에 접근하는 방법이 많을 것 같지는 않다. 이것은 외부적인 도움이 영향을 줄 수 있다는 한 가지 예이다. 이처럼 복잡한 모형이 시험을 치르게 되고 돈의 가치를 느낄 수 있을 만큼 개선이 된다면, 이러한 본질적으로 혁신적인 접근 방법을 추구하는 학교를 돕는 것이 꼭 필요하다.

영국에서는 예술 뒤에 반드시 숨길(wind)이 있다. 복권 당첨금과 새 천년이 예술적인 자극을 주었다. 새로운 세기에, 작품에 창의적인 기능이 필요하다는 견해는 많은 지지를 받고 있다. 학교는 자금을 확보할 기회를 포착해야 하며, 무엇보다도 모든 선생님들이 정보통신기술을 증진시키는 훈련에 가까이 가야한다. 학교는 우호적인 풍토 속에서 혜택을 받고자 한다면, 다른 분야에서와 마찬가지로 예술에서 새로운 방법을 도입해야 한다.

영국에서 기업체의 후원은 예술에서 중요하다. 여름철의 예술 축제는 정기적인 후원금, 다시 말해서, 다양한 수준의 '후원자' 집단에 의존한다. 예술교육 후원의 정당성은, 기업체 후원이 젊은 사람들이 사회생활을 할 수 있도록 하는 데 주는 혜택에 있다. 학교에서 예술교육에 지역사회와 특히 기업체를 포함시키려는 결정적인 노력은 예술 자문 위원회(Arts Council), 지방 예술 자문 위원회 그리고 문화·미디어·스포츠부(Department of Culture, Media and Sport)에 의해 추진될 수 있다. 후원, 제작, 공간 임대를 통해, 학교 건물 부지나 건물을 개량하고 사용할 수 있게 도움을 준다면 매우 가치 있는 기여가 될 것이다.

그럼에도 불구하고 예술에서 학문적 엄격함을 지나치게 강조하는 데는 위험이 있다. 젊은 사람들에게 역시 키이츠의 '아름다움과 진실'의 입장으로 인식하도록 설득할 수 있을 것이다.

참고문헌

베일리스, v. (1998a) 〈창작 재정립-교육과정에서 능력에 관한 네 가지〉 왕립예술협회.

베일리스, v. (1998b) 〈학교 교육 재규정-폐쇄 사회에 대한 도전. 화이트보드 사용과 관련된 상호작용 여섯 가지〉 왕립예술협회.

벡슬리히스 학교 (1999, 2000) ≪예술 축제 안내≫.

블렁킷, D. (1997) 〈21세기 교육 표준 향상과 과업 기능 개선〉 기술 대학 신탁에 대한 연설.

교육고용부 (1997) 〈학교에서의 수월성- 전국기준학습망에서의 다섯 가지〉 화이트 페이퍼.

교육고용부 (2000) 〈미래 교실-새 기술 사용에 대한 여섯 가지〉.

국왕 인쇄국 (1988) ≪교육 리포트≫ 법 섹션 1.

국왕 인쇄국 (1997) ≪학습 사회 연결≫ 전국기준학습망 자문 과제-전국기준망을 위한 여덟 가지.

창조와 문화교육을 위한 전국자문위원회 (1999) ≪모든 우리의 미래≫ 교육고용부.

≪전국교육과정≫ (1997) 교육고용부.

전국기준학습망 (2000) ≪런던기준학습망≫ 런던 컴퓨터 네트워크를 위한 일곱 가지. 웹 사이트 www.lgfl.net

중등교장협의회 (1995) ≪예술은 어디로 향하는가?≫

중등교장협의회 (1998) ≪드라마는 당신을 자유롭게 한다≫

V2020 전문가 그룹 (2000) 〈하나의 세계 하나의 학교〉 비전 2020 회의, 21세기를 위한 교육과정.

워커, G. (1998) 〈교육의 세계화〉 아서 앤더슨 경영 컨설팅.

10

문학과 감성 지능

케이스 콕스(Keith Cox) 지음

이스트 콜더데일(East Calderdale)에 있는 히퍼홈(Hipperholme)과 라이트클리프(Lightcliffe) 고등학교는 11세부터 18세까지의 남녀 공학으로 1,000명의 학생을 가진 종합 예비 학교(comprehensive foundation school)이다. 콜더데일은 세 지구로 분리되어 있다. 동·서 콜더데일에는 종합 중등학교(comprehensive secondary school)가 있다. 반면에 핼리팩스(Halifax)라고 하는 소도시에 기반을 둔 중앙 콜더데일에는 두 개의 예비 초급 중학교(foundation grammar school)를 가지고 있어 선택적인 제도를 보유하고 있다.

히퍼홈과 라이트클리프 고등학교는 인기가 있고, 모집인원을 초과해서 지원하는 학교이다. 그것의 모집 지역이 최근에 변화되었다. 모집은 콜더데일의 전 지역에 걸쳐 있다기보다는 그 학교가 지정한 학교로부터 점차 많이 들어오게 되었다. 비록 그 학교가 잠재적 교육 이점의 가장 높은 척도를 가진 콜더데일에 위치하고 있다고 하더라도 그 실제적인 모집 지역은 잠재적 교육의 불리한 점을 포함하고 있다. 그러므로 학업적 능력 범위의 절정에서 보면, 모집에 영향을 끼치는 두 개의 선택적인 학교를 가지고 있음에도 불구하고 순수하게 종합학교가 되었다고 생각했다.

> 그것은 학교의 공식적인 의견을 구성하는 것으로 흥미있는 점이다.
>
> 라일리(Riley, 1998)

분명히 그것은 교장보의 의견보다 훨씬 더 좋다. 내가 기술하기를 원하는 '변화'가 나에게 있어 많은 것들이 히퍼홈과 라이트클리프 고등학교에서 얻었던 통찰력 덕택이라고 할지라도, 그것은 또한 많은 다른 기관들, 학교, 교사들 그리고 개인들과 함께 연구한 결과물이기도 하다.

오늘날 전국교육과정(National Curriculum)은 특히 단계별 교육과정(Key Stage) 3단계에서 근본적인 교육과정 혁신을 어렵게 만든다. 문해와 수리 전략은 그것들이 과목 문제뿐만 아니라 교수방법에 걸쳐 있기 때문에 훨씬 더 엄격한 제한이 부여되어 있는 것처럼 보인다.

> 학교에 주어진 진정한 메시지는 그들의 교육과정에 대해 대답해야 할 심각한 문제를 제기하지 말고, 부여되어 있는 제도 관리에 집중해야한다는 것이다.
>
> 웅고드-토마스(Ungoed-Thomas,1997)

확실하게 교사들은 그들의 연구를 이끌 교육에 대한 비전을 가지고 있는가?

교육적인 여정

훈련에 의한 고전주의자로서 언어와 문학에 대한 나의 관심은 오래 되었다. 하지만, 그것은 내가 많은 동료들과 함께 자격 교육과정(Entitlement Curriculum)에 관한 국왕 장학관(HMI)에 의해서 이루어진 연구를 이끌어가면서, 맨 처음 원칙에서부터 인간주의 교육과정을 창조하기 위해 연구할 기회를 갖도록 한 것은 나의 교장이 나에게 준 전문적인 자유를 통해서였다. 리차드 프링(Richard Pring) 또한 우리 연구에 영향을 미쳤다. 개인적이고 사회적인 교육이 '인생 기능'이라고 하는 좁은 개념과 동등하게 하는 것에서 위험에 처했을 때, 그는 모든 가르침의 핵심은 개인적이고 사회적인 발달을 학교에 스며든 가치 안에서 보았다(프링, 1984: 168-169).

전국교육과정은 나에게 교육이 과목들의 집합 이상이라는 것을 확신시켜 주었다. 그리고 그 과정 속에서 나는 문해력과 수리력, 교육과정 전반에 걸친 주제, 그리고 개인, 건강 사회교육(PHSE)을 맡고 있는 내 자신을 발견했다. 그리고서 운명이 나에게 기술과 직업교육계획(Technical and Vocational Education Initiatve: TVEI)을 위한 책임감을 갖게 하였다. 그리고 나에게 교수·학습 방식, 현대의 중대한 사회 문제와의 관련, 그리고 직업 교육과정에 관해서 많은 것을 가르쳐 주었다. 내가 학습을 돕기 위한 정보통신기술(ICT)의 사용에 있어 나의 관심을 따르게 했던 것은 바로 기술과 직업교육 계획을 통해서였다. 최근에 교직원 개발, 그리고 어떻게 사람들에게 투자할 것인가가 두드러진 관심 사항이 되었다. 전체의 질적인 운영(Total Quality Management), 경영혁신, 그리고 산업의 구조와 리더십 유형은, 학교에서의 리더십과 우리의 학생들을 위해 제공해야 하는 교육 둘 다와 관련된 나의 아이디어를 형성하게 했다.

내 자신의 가르침에 있어서, 나는 언어와 문학에 다시 돌아왔고 심지어는 그의 가치를 훨씬 더 확신하게 되었다. 나의 생각과 경험에 이론적인 기초를 주었던 것은 다중 지능에 관한 하워드 가드너(Howard Gardner)의 연구, 샐러베이(Salovey), 메이어(Mayer), 골맨(Goleman), 그리고 감성에 관한 다른 사람들의 연구이다.

배경과 이론

사람들이 글을 써 오던 동안에 문학의 힘은 무의식적으로 인정을 받아 왔다. 플라톤(Plato)은 문학이 어떠한 목적도 제공하지 않기 때문이 아니라, 문학의 영향이 그의 목표에 적합하지 않은 것에 관심을 가지고 있었기 때문에, 그의 국가에서 시를 제외하는 것을 선택했다. 아리스토텔레스(Aristole)는 인간의 조건을 탐구하는 데 있어 문학의 역할을 인정했다.

> 시는 역사보다는 더 철학적이고, 진지한 관심을 갖게 하는 가치가 있는 무엇이다. 왜냐하면, 역사가 특별한 사실에 관해 다룬다면, 반면에 시는 우주의 진실에 관심을 두고 있다.
>
> 아리스토텔레스, 시학(Poetics: Ch. 9)

지난 15년간에 걸쳐 우리는 뇌가 어떻게 작용하는가를 배우기 시작하였다. 우리는 왜 문학이 우리의 뇌의 발달과 우리의 학습에 있어 중요한 역할을 하는지 이해하기 시작했다. 만약에 우리들에게 뇌가 실제적으로 어떻게 기능을 하는지를 상기시킨다면, 우리의 감성 반응을 조절하는 것이 바로 중간 영역과 대뇌 번연계(limbic system)라는 것이다. 하지만, 우리의 감성적 반응은 정서 목록보다 훨씬 더 많다. 대뇌 번연계는 우리의 기억, 우리의 자아상, 그리고 가치를 통제하고, 결정을 하는 과정에 크게 영향을 미친다:

- 극도의 스트레스를 받고 있는 시기에 우리는 자제력을 잃는다. 르두(LeDoux)는 이성적인 사고를 지나쳐 버리고, 즉각적인 감정의 폭발을 불러일으키게 하는 대뇌 번연계에 회로가 있다는 것을 보여주었다.(골맨, 1995) – '회피(flight)나 항쟁(fight)'하는 우리 원시 선조들이 했던 반응처럼 감정의 순간적인 반응을 한다. 골맨은 이것을 신경계의 강탈행위(neural hijackings)라고 부른다.
- 기억하는 일은 전액골 앞에 있는 외피에 저장된다. 대뇌 번연계에서부터 전액골엽에서 나오는 강한 감정표시, 즉 걱정, 분노, 정의롭지 못한 것에 대한 판단력, 직위 상실 등은 우리의 사고에 장애를 일으킬 정도이고, 이런 점에 대한 기억에 혼란을 야기 시킬 수가 있다. 그 결과로 우리는 단순히 집중할 수가 없다. 높은 수위의 억압이 뇌에 기록되는 것에 대해서 교육 분야에서 염려와 관심을 갖는 것은 당연하다. (타임지 교육 증보편, 2000. 12.)
- 그것을 가장 효과적으로 만드는 결정은 대뇌 번연계와 신외피–이성적이고 창조적인 사고를 다루는 뇌의 부분–사이의 협력이다. 우리는 대뇌 번연계에 우리의 감정 경험을 저장한다. 그리고 뇌는 이 부분을, 때때로 잠재의식적으로, 결정을 내리는 과정에서 사용한다.
- 번연계 내에 포함된 우리의 자아상은 우리의 수행능력과 성공에 영향을 미치는 가장 강력한 요인들 중의 하나이다.

감성 지능 이론을 처음으로 공식화했던 두 명의 미국 심리학자는 샐러베이와 메이어였다. 1997년에 샐러베이[샐러베이와 슬뤼터(Sluyter), 1997]는 이런 생각을 바꾸어서 감성을 포괄적인 네 가지 구성요소로 정의했다:

1. **사고에서 정서적인 촉진** – 우리의 감정이 생각하고 결정을 내리는 데 갖는 역할에 대한 인식.
2. **정서적이고 지적인 성장을 촉진시키기 위한 감정의 반사적인 조절** – 우리가 우리 자신들과 다른 사람들 속에서 감정을 다루는 방법.
3. **감정에 대한 이해와 분석, 즉 정서적 지식을 사용** – 감정을 기술하고 분류하는 것.
4. **감정의 인식, 평가, 그리고 표현** – 우리 자신들과 다른 사람들 속에서 진짜이든 가짜이든 둘 다 감정을 확인하고 인정하는 능력.

다니엘 골맨은 그 생각을 발전시켰고, 그것들을 연구 분야에 적용시켰다.(1998). 그는 그 생각을 다르게 표현하고 있지만 비슷한 견해가 포함되어 있다:

1. **자기 인식** – 사람의 감정을 이해하는 것, 그리고 그것들의 영향, 강점과 약점, 자신의 가치에 대한 판단.
2. **자기 관리** – 자기 통제, 신뢰할 수 있는 것, 양심, 적응성, 성취 지향, 진취성.
3. **사회적 인식** – 감정이입, 조직에 대한 인식, 욕구를 인정하고 충족시키는 능력.
4. **사회적 기능** – 비현실적인 리더십, 영향, 다른 것들을 발전시키는 것, 의사소통, 변화 촉매, 갈등 관리, 건물 담보, 협동, 합작.

정서적 지식이 실제 세계에서 어떠한 장소에도 없는 부드러운 선택이 아니라는 것을 깨닫는 것은 중요하다. 상담고문 헤이 맥베르(Hay McBer)에 의한 리더십에 관한 최근 연구에서, 세계적으로 20,000명의 기초자료로부터 무작위로 선택한 3871명의 표본에서 리더십에 관한 6개 유형을 확인시켰다. 처음 두 가지 스타일은 부정적인 영향을 갖고 있는 것으로 알려졌다:

- 강제적인 유형 – 두려움, 스트레스 그리고 원한을 유발시키고 비밀을 조장함;
- 속도 조절 유형 – 불합리한 요구를 하고, 동기유발을 억제시키고 스트레스를 생산해 냄;
- 권위적인 유형 – 분명한 목적과 방향을 가지고 있고, 사람들은 가치가 있다는 것을 느낌;
- 협조적인 유형– 사람, 충성심, 그리고 관계에 초점을 맞춤;
- 민주적인 유형 – 공헌에 가치를 두고 가장 좋은 생각을 찾고, 그러나 단체는 리더십이 없다는 느낌을 남길 수 있음;
- 코칭(coaching) 유형 – 오랜 기간의 접근이 필요하고, 인간에 대한 투자자(Investor in People) 접근을 가지며, 많은 공통점을 가지고 있는 사람들의 힘에 의지함;

골맨(2000)은 이런 방식에 역점을 둔 정서적 능력을 살펴보았다. 그는 교육적 접근에서 기준을 만드는 데 정부와 교육표준청(Office for Standards in Education: Ofsted)이 비생산적인 학습접근법인 강제적이고 속도 조절 유형에 두고 있다고 믿고서 매우 분개한 것은 당연하다. 정서적으로 적합하지 않은 입장에서, 국가 전반에 걸쳐있는 지역 교육

당국으로부터의 '지원'보다는 오히려 '도전'에 관해 매우 강조하는 것이 학교 발전을 가져오는 데 위험하다는 것을 알면 재미있는 일이다. 긍정적인 입장에서, 감정 이입은 세 가지 가장 효과적인 유형, 즉 권위적인 유형, 협조적인 유형, 코칭 유형에서 주요 자산이기 때문에 지도자로서, 팀의 구성원으로서 우리의 수행능력에 중요한 역할을 하는 것처럼 보인다.

만약에 감성 지능이 우리의 수행능력에 매우 중요하다면, 우리의 교육과정이 우리 학생들의 감성 지능을 어떻게 발달시킬 것인가 보장할 것인가?

실제에 관한 이론

히퍼홈과 라이트클리프 고등학교에서 고전적인 현재 주제는 리더십과 다중 지능이다. 즉 성공을 하고, 다른 사람들과의 협력을 하는데 장애물로서의 분노, 자존, 복수를 위한 탐색, 사랑의 힘, 의무, 공공생활에 있어 이기주의와 부정부패이다.

고전문학 가르침을 통해서 학생들로 하여금 그들의 정서적인 이해를 발전시키고 다른 사람들의 감정과 상황에 감정이입을 할 수 있도록 도움을 줄 수 있었다는 것이 논의되었다. 이런 경험이 우리 자신의 감정의 흐름을 조절하는데 도움을 주고 우리 사고와 문제 해결에 대한 질을 향상시켜주는 데 도움을 줄 것이라는 가능성이 있다. 복합적인 생각과 성격의 발달에 대한 연구는 두뇌가 명확한 대답이 없는, 혹은 전혀 대답이 없는 어려운 질문을 처리할 수 있을 때, 클랙스턴

(Claxton,1997)이 말한 느린 사고(slow thinking)라 부르는 것을 위한 기회를 준다. 그것은 우리들로 하여금 이전 경험과 학습을 연결할 수 있도록 허락해주고, 우리는 두뇌가 실제적으로 연결 구성을 통해서 배울 수 있다는 것을 연구로부터 알게 되었다.

문학 연구는 우리들이 미래에 우리의 생각과 우리가 결정을 내릴 수 있도록 도움을 주는 더 풍부한 기억을 저장하고 참고 요점을 쌓을 수 있도록 도움을 준다. 우리가 학습을 위한 정서적 경험에 접근하고자 한다면 우리 기억은 향상될 것이다. 만약에 교실 분위기가 바람직하다면 우리는 학습에 가장 이바지하는 편안한 집중 상태를 성취할 수 있다.

우리는 어떻게 우리의 성공을 검증할 수 있을까? 2000년 8월에 일반중등교육자격시험(General Certificate of Secondary Education: GCSE)에서 고전(Classics)의 결과는 학교 평균 A-C 등급 위인 17점 이었다. 하지만, 그것은 성적표에 지정된 의미 없는 하나의 통계이다. 나는 정서의 발달에 있어서 성공의 측정은 더 복잡하다고 생각한다. 칙센트미하이(Csikszentmihalyi, 1997)는 성공의 측정으로서 '흐름'을 얘기했고, 그의 말에 따르면, 시간이 매우 빠르게 지나는 과정 속에서, 정신적인 상태에서 중요한 어떤 일이 이루어졌고, 그 경험이 즐겁게 이루어 졌다는 것이다.

현재 풍토에서의 교육자로서 우리가 직면하고 있는 문제점은, 빠른 사고력으로 검사할 수 없는 것과, 수행 계획표에서 측정할 수 없는 것들은 측정할 수 있는 것들을 위해서 제쳐 놓아야 한다는 것이다. 빠른 사고력을 포함하는 검사는 억압－보통 시간적 압박－아래에서 발생한다. 그것들은 보통 학생들에게 혼자 공부할 수 있도록 요구한다. 그것들은 자주 학생들의 경험밖에 있는 문제들을 다룬다. 문제들의 유형들은 분명한 올바른 답을 가지는 것들이다.

나는 나의 학생들이 그들의 시험 증서를 받을 때 자랑스럽게 여긴다. 그러나 나는 정말로 학생이 다른 집단의 학생들과의 복합적인 생각의 교환을 즐길 때, 그리고 2년차 대학입시 과목별 시험(A-level) 과정이 끝난 뒤에 '당신은 나에게 성숙한 통찰력-열정으로 표현할 수 있다-을 주었다. 그리고 나는 나의 인생을 통해서 계속해서 성장할 것이라고 확신한다.'라고 말할 때 자랑스럽다. 학습은 그것이 우리의 정서적인 마음으로부터 표현되어질 때 이상하게 들리고, 친숙하지 않게 들린다. 이런 종류의 화제에서 성적표를 만드는 것은 쉽지 않다.

함축과 논쟁

불행하게도 문학의 연구가 위기를 맞고 있다. 라는 사실이 단계별 교육과정 3단계(KS3)에 증거가 있다.

간단한 쟁점부터 시작해 보자. 단계별 교육과정 3단계 이수를 못하다. 대답은? 단계별 교육과정 3단계로의 문해 전략의 연속은? '교육과정을 수행하는' 방법으로서 현직 연수를 조직화하고, 지역 피라미드식 조직에서의 6학년 수업을 따르기 위해 영어과를 대신하고, 몇몇 대형의 교과서를 사고, 중단기 계획에 작문을 위한 날짜를 넣어라.

리더십에 관한 연구에서 지도자들이 몇 가지 불편한 질문을 하는 데에 자기 과신을 갖고 있다.(가드너, 1995) 단계별 교육과정 3단계 미이수가 무엇인가? 그것의 기준은? 사춘기와 청소년기에서 모든 것에 적절한 곳은 어디인가? 하위층 학생들이 더 낮은 학점을 얻는 반면에 왜 중간층 학생들이 여름 동안에 고득점을 얻는가? [세인즈버리 등(Sainsbury et al., 1998)] 왜 대부분의 나라들이 이 나이에 '미이수'를 경험하게 하는가? 교육고용부(Department for Education and Employment: DfEE)를 정당화하기 위해서 연구가 의뢰되어 왔고, 학습의 본질과 학교의 문화에 대한 문제들을 포함해서 몇몇 탐구 문제들이 제기되었다.(교육고용부, 2000a)

우리는 단계별 교육과정 3단계에서 '영어'를 대신하는 것을 준비할 만큼 문해 전략의 포괄적인 성공을 확신하고 있는가? 문해와 수리 전략을 더 효과적으로 하기 위해서 6학년 수업에 부가적인 지원을 하는 정부의 프로그램인 촉진수업을 요구하라. 교육고용부에 의하면, 그 프로그램은 교사들의 생각에 반응해서 더 유동적으로 만들어졌다. 킹스턴 어폰 헐(Kingston Upon Hull), 그리핀 초등학교(Griffin Primary School)의 앤-마리 빈스(Anne-Marie Binns)는 그녀의 학교 외 촉진수업에 관해 이야기하면서 말했다.

> 우리는 아이들이 더 잘 알 수 있게 하고, 그들과 더 좋은 관계를 가질 수 있다. 유머에 대한 감각은 그들이 휴식을 취하고 있을 때, 그리고 내가 더 많은 휴식을 가질 때 그들과 함께 나온다. 아이들은 여러 가지 종류의 아이디어를 말하려는 경향이 있다.
>
> 교사(Teachers, 2000, 4월)

그 글은 계속 이어진다.

> 교사들은 회의에서 아이들의 자신감 수준이 증가함을 보았고 부모들은 집에서의 아이들 행동이 향상됨을 알렸다.

루스 그린(Ruth Green)의 견해(위의 책)는 안전한 환경의 중요성을 지적하고 있다.

> 그들은 듣지도 않고, 뒤에 조용히 앉아 있지도 않는다. 그들은 그들이 잘 할 수 있는 것, 그리고 향상시킬 수 있는 것을 하기를 원한다. 우리는 그들의 자존심을 높여주고, 그들이 그것을 할 수 있도록 동기유발을 시켜주는 것이 중요하다.

만약에 이런 쟁점들이 그들 스스로 문해 시간에 거론되지 않는다면, 이런 주장들은 초등학교 교육과정과 양육 문화[프로서(Prosser, 1999)]에 관한 몇 가지 심각한 질문을 야기 시키지 않겠는가? 휴 부서(Hugh Busher)가 존 프로서(Jon Prosser)의 책에 대한 그의 서문에서 지적한 것처럼,

> 학생들은 그들의 문화를 형성하는 데는 도움을 주는 학교 안의 배우들 속에서 이다. 그들은 단순히 전국교육과정 상품에서 조출하게 포장된 빵으로 가득 찬 수동적 인 바구니가 아니다.

우리가 위에서 보았듯이, 문학은 정서 발달을 지원하는 가장 효과적인 방법 중의 하나로서 아리스토텔레스부터 현재까지 인정되어 왔다. 〈7-9세 영어 수업을 위한 구성 체제〉는 문학을 일련의 언어학적인 목적을 이행하는 매체로 간주한다.

> 전국교육과정에 의해 요구되어지는 교과서의 범위를 이행하는 계획에서 교사들은 목적을 이행할 수 있는 교과서를 선택할 수 있고 사용할 수 있다. 이런 방법으로 예를 들면 ≪보물섬≫과 ≪동물 농장≫을 학습하는 한 학교의 학생들이 이런 저런 방법으로 전혀 다른 교과서를 공부한 또 다른 학교의 학생들과 같은 단계별 교육과정이 끝나면 같은 목표를 이르렀다고 할 것이다.
>
> 교육고용부(2000b)

정서 발달은 읽기 교과서 수준의 목표라는 숫자 13 혹은 촉진수업의 단순한 부산물이 아니라, 모든 학습을 떠받치고 있는 지능의 주요 단면중의 하나가 될 수 있는가?

학습의 지도자는 다른 사람들의 생각과 경험을 끌어당기고 적응시킬 수 있는 자신감을 가져야 한다. 영국의 많은 개인, 건강 사회교육(PHSE)의 계획을 포함해서 교육에서 아주 중대한 중등 연도에 감성지능의 중요성을 인정하기 시작하고, 관찰하고, 연구를 위한 과제들이 있었다. 우리 학생들이 중등교육으로 옮겨가면서, 많은 요인들이 그들의 발달에 영향을 끼치고 있다.

사춘기 / 청소년기

> 교육이 거의 영향을 미치지 않는 과정을 시작하는 우리 안에 생물학적인 시계가 있다.
>
> 솔로도(Solodow, 1999)

사춘기와 청소년기를 통해서 발생하는 변화는 통찰력에 문해 전략을 맡긴다. 새로운 호르몬, 감정, 육체적인 변화, 추상적인 추론 쪽으로 사고의 질을 변화시키는 뇌의 신경세포 – 다시 말해서, 새로운 사고의 방법, 느낌 그리고 행동은 중요한 영향을 미친다.

특히 관계의 변화 인식이 중요하다. 또래들이 가치와 충성 면에서 훨씬 큰 중요성을 갖는다. 몇몇 젊은이들은 거부의 강한 감정을 경험하고 매우 부정적인 자아상을 발전시킨다. 외모도 감정적인 폭발을 불러일으키는데 매우 중요하다. '왜 나의 블라우스가 다리미질 되지 않았는가? 당신은 나의 바지를 세탁하지 않았죠, 그렇죠 ? 등' 주요 특징들은 자기 편견과 자아 존중이다.

> 실수를 저지르는 것과 어리석게 보이는 것에 대한 두려움은 높은 자아 존중과 동기 유발을 개발시키는 데 가장 강력한 장애물 중의 하나이다. 적극적인 자아를 가진 학생들은 실수를 배울 수 있는 경험으로 보지만, 반면에 낮은 자아를 가진 학생들은 실수를 쉽게 고칠 수 없는 실패로 인식한다. 후자의 학생들은 더 큰 실패와 좌절로 이끌 것이라고 그들 스스로 믿기에 학업으로부터 후퇴하는 경향이 있다. 나는 실수의 두려움을 최소화시키는 것이 교육자가 직면한 가장 중요한 도전 중의 하나라고 믿는다.
>
> 브룩스(Brooks, 1999)

젊은이들은 그들이 모셨던 이른들, 부모들 그리고 교사들을 의심하기 시작한다. 그들의 취미에 있어서도, 그들은 그들 자신의 정체성을 음악과 패션을 통해서 확립하면서 어른들에게 반항한다. 학습 면에서도, 그들은 올바른 해답에 관심을 덜 갖게 되고, 학습 과정에 더 많은 초점을 둘 수 있다. 이것은 정서적이고 도덕적인 발달에서 사실이고,

여기에는 행위, 감정이입이라는 개념의 시작을 설명하는 다양한 원인과 환경이 있을 수 있다. 반성을 위한 양질의 시간이 이 중대한 발달의 단계에서 제공될 필요가 있다.

> 반성이 없다면, 사회적이고 정서적인 학습은 기껏해야 단편적이고 일시적인 상태로 남아 있을 것이다.
>
> 차니 등(Charney et al., 1999)

역설로서, 부상한 어른들은 그들의 높게 두드러진 역할, 가치, 이미지를 확인하고 유효하게 할 필요가 있다. 여기에 우리가 설립한 학교들과 그런 교실들은 중요한 역할을 할 수 있다.

> 많은 중학교 학생들은 그들 자신들에 관해서 반추할 때, 그들의 부정적인 자기 인식은 자주 그들에게 그들이 말쑥하지도 않고 좋아해지지도 않고 매력적이지도 않다는 것을 확신시켜준다. 반응하는 교실 교육과정이 이 젊은 사람들에게 그들의 관심을 표현할 수 있고 탐구할 수 있도록 기회를 제공해 준다. 교실에서의 일상 생활은 청소년들의 논쟁이 또래들 사이에 공유될 수 있고, 학생들은 돌보는 어른에 의해 안내될 수 있는 완벽한 공동체가 된다.
>
> 패티와 랜티에리(Patti and Lantieri, 1999)

우리는 사춘기를 멈출 수 없지만, 청소년기를 통해서 나타나는 가치에 영향을 줄 수 있고, 남은 삶을 위한 그들의 정서적인 발달에 영향을 끼칠 수 있다.

> 교육자들은 그들이 단지 특정한 날에 일어나는 것에 관여할 뿐만 아니라, 학생들의 나머지 삶을 위해 학생들에게 중요한 영향을 끼치고 있

다는 것을 깨달아야 한다. 우리는 학업적인 교수기능과 내용이 학생들의 정서적이고 사회적인 복리의 성장을 약속하는 것으로부터 분리된 단순화된 견해로부터 멀어져야 한다. 전체 아이들에게 초점을 맞추는 것은 학업적인 교수 자료가 감소되는 것이 아니다. 오히려 두 개의 분야가 같은 구조의 부분들이고 풀 수 없을 정도로 뒤섞여 있다. 만약에 구조의 어느 부분이 약해진다면 전체의 구조는 풀릴지도 모른다. 모든 조직들이 강해진다면 전체의 구조는 곧 원기를 회복하게 될 것이다.

브룩스(1999)

사람들이 학교로부터 기억하는 것은 도대체 무엇인가? 알맞은 위치에 놓여 진 세미콜론만 기억난다. 혹은 어떤 대가를 치르더라도 자신의 속도를 유지하는, 그리고 잘 의도되었지만 정서적으로 무식한 교사에 의해 자존심을 상한 느낌이 있다.

학업 성적과 학업 성취도 평가(SAT) 점수는 인생을 통해서 이례적으로 예언하지 못할 만족과 생산성을 가지고 있다. 반면에 정서적인 복리는 학업달성의 성취뿐만 아니라 일과 결혼의 부문에서도 만족스럽고 생산적인 경험을 극적이고 긍정적으로 예측할 수 있게 한다.– 사실, 그것은 심지어 더 나은 육체 건강에 관해서도 예측할 수 있게 한다.

코헨(Cohen, 1999)

학교 지도자들은 교육과정을 개발할 필요가 있고, 인지와 정서적인 발달이 조화 속에서 이루어질 수 있도록 보장하는 문화를 개발할 필요가 있다. 테리 앱터(Terri Apter)는 그녀가 작은 표제를 붙인 '그들 자신들을 믿는 아이들 기르기'의 부모님을 위한 책에서 설명한 것처럼;

> 심리학자들은 현재 감성 지능이 얼마나 중요한지 깨닫고 있다. 정서적인 교육은 지적인 교육과 같이 인생 기술에 있어서 전적으로 중요하다. 우리는 왜 때때로 우리가 하는 대로 느끼는지, 그리고 오히려 하고자 하지 않는 데도 왜 행동하게 되는 지를 설명할 때, 우리는 어른의 세계에 대한 우리 아이들의 시각을 제공한다. 우리는 그들 아이의 세계에서 그들 자신들의 현재의 상태에 관한 지식과 그들이 성숙해 지고자 하는 세계에 대한 그들의 인식 사이의 연결을 만들어 냈다.
>
> (앱터, 1998)

변화하는 학교

중등학교로 이동하는 시점에서 학생들의 참고 사항과 양육이 갑자기 제거되고, 그럼에도 불구하고 이 참고 사항은 배우는 그들의 능력에 매우 중대하다.

> 만약에 학생들 공동체의 부분이라고 느끼지 못한다면, 그리고 만약에 그들이 공부하고, 싸우고, 터득하는데 동기 유발하는 느낌을 갖지 못한다면, 그들은 결코 공식적인 교육에서 얻는 혜택을 받을 수 없을 것이다.
>
> (하워드 가드너, 코헨에 대한 서문에서, 1999)

청소년들은 어른들, 그리고 그들의 역할을 재시험을 할 때, 그들은 잘 확립되고 편안한 한 교사와의 유대관계에서 접촉을 잃는다. 그리고 다양한 새로운 교사들과 새로운 또래에 직면하게 된다.

> 우리는 학생들이 그들이 안전하다고 느끼면서, 그리고 조롱받거나 혹은 자존심 상하는 것에 대해 두려움을 갖지 않은 분위기에서, 그리고 그

들이 도전 받거나 현실적인 목표를 충족시키는데 도움이 되는 분위기 속에서, 그리고 그들이 교사들이 순수한 마음으로 그들을 돌보고 그들 개인을 존중한다고 느끼는 분위기 속에서, 학습이 지루한 것보다는 오히려 흥미진진한 모험으로 보여 지는 분위기 속에서 가장 효과적으로 배울 것이라는 것을 인정해야 한다.

(브룩스, 1999)

브룩스는 양육 환경의 특징으로서 소속감, 연관되어 있다는 느낌, 자율적이라는 느낌, 그리고 자아 판단에 대한 감각을 갖는 것, 그리고 유능하다는 느낌을 계속해서 언급하고 있다.

학습에 대한 요구는 추상적인 추론을 사용하는 학생들의 능력이 발달할 때 변화한다. 교육과정은 이러한 변화를 인정하고 이용할 필요가 있을 것이다.

처음으로 그 학생은 자료에 대해 많은 해석이 가능하다는 것을 알고, 그리고 사건의 특별한 과정은 단지 많은 가능한 대안 중의 하나라는 것을 안다.

(솔로도, 1999)

만약에 우리의 정치적인 지도자가 이런 발달 단계에 도달할 수만 있다면 중등학교에서의 학습은 달라질 필요가 있다.

청소년들은 자주 개인적인 공간, 가구, 학생 작품의 전시, 시간제한 그리고 교실 환경에서의 육체적인 활동을 위한 요구와 관련해서 관심을 가지고 있다.

(차니 등, 1999)

다시, 전이는 양육 상실 면에서 손해를 끼친다. 스트레스에 대한 뇌의 자연스런 반응이 '회피나 항쟁'인 것을 기억하라.

또한, 어른들을 위해서

감성 지능은 크리스 우드헤드(Chris Woodhead)가 '사이비 학문적인 혼란의 정신착란'으로 표현했던 것과 같은 예가 아니다[타임지 교육 증보편(Times Education Supplement), 2000,1]. 교사의 주도성 부족 때문에 받은 교육표준청(Ofsted)의 비판으로 인해서 생긴, 교사 이미지 실추는 헌신적이고 경험 많은 교사의 생활을 파괴시킬 수도 있었고 파괴시켜 왔다. 감성과 특히 감정이입을 통해서, 교사들은 학생들, 동료들 그리고 부모님들과 함께 효과적으로 더 일을 잘할 수 있다.

사업계에서, 미래의 지도자에게 효과 있는 정보를 위한 드러커 재단(Drucker Foundation)이 한 연구는 가장 일을 잘 수행한 단체의 지도자들이 그들의 힘을 다음과 같은 것이라고 밝히고 있다.

> ... 그들의 존경스러운 조직체에서 모든 수준과 그들 주위에 있는 것들을 돌보는 존엄성 ... 그들의 힘은 관계를 촉진시키는 그들의 능력에 둔다.
>
> 헤스켓과 슐레진저(Heskett and Schlesinger, 1996)

스티븐 코비(Stephen Covy, 1996)는 지도자의 역할을 길 찾기, 정렬, 권한부여로서 정의하고 있다. 그는 리더십에 대한 기본 가치에서 성인이 되는 변화 과정을 본다.

> 미래의 지도자는 인생의 모든 분야에서 특히, 가정생활에서 지도자가 될 것이다. 사회의 거대한 요구와 기회들은 서비스 쪽에서 커다란 책임을 요구하고 있다. 이 서비스 정신이 집에서와 같이 경작되는 장소는 어떠한 곳에도 없다. 집, 또한 학교의 정신은, 즉 그것은 젊은 사람들을 앞으로 나아가도록, 그리고 봉사하도록 준비를 시키는 것이다. 사람들은 봉사하는 것을 상상해 왔다. 인생은 경력이 아니라 임무이다. 이런 철학의 전체적인 정신이 우리 사회에 고루 미쳐져야 한다. 나는 또한 그것이 행복의 원천이라고 생각한다. 왜냐하면 당신이 직접적으로 행복을 얻지 못하기 때문이다. 그것은 단지 서비스의 부산물로서 나온다. 당신은 직접적으로 즐거움을 얻을 수 있지만 그것은 순식간에 지나간다.

커제스와 포즈너(Kouzes and Pozner, 1995)에 따르면:

> 전통적인 경영은 지도자들은 신선해야 하고, 멀어져야 하고 분석적이어야 한다고 가르친다. 즉 그들은 감정을 일로부터 분리해야 한다고 가르친다. 하지만 현실의 지도자들은 그들 자신들의 경력에 있어서 그들이 가장 자랑스럽게 여기는 것을 토론할 때, 그들은 영감, 열정, 의기양양, 강렬함, 도전, 배려, 그리고 친절 – 그리고 심지어는 사랑에 대한 느낌을 말한다.

우리는 차분히 생각해보고, 델포이(Delpi)의 아폴로(Apllo) 신전을 장식할 때 있었던 것처럼 효과적인 표현으로 '우리 자신'을 깨닫는 시간이 요구된다.

> 감정에 대한 이런 인식은 정서적인, 즉 다른 것들이 만든 감성적 자기 통제와 같은 기본적 정서적인 능력이다.
>
> (골맨, 1995)

우리가 이런 과제를 해결하는 데 도움을 주는 것이 문학인데, 그보다 더 낫은 매체가 무엇이 있겠는가?

참고문헌

앱터, T. (1998) ≪자신감 있는 어린이≫ 뉴욕: 반탐 북스.

아리스토텔레스, 호라티우스, 롱기누스 (1965) ≪고전문학비평≫ 런던: 펭귄 북스.

브룩스, R. (1999) ≪교육 정신과 마음의 긍정적 학교 풍토의 창조≫ 콜롬비아 대학: 티처스 칼리지 프레스.

차니, R., 크로퍼드, L., 우드, C. (1999) ≪교육 정신과 마음의 초기 청소년 책임감 개발≫ 콜롬비아 대학: 티처스 칼리지 프레스.

클랙스턴, G. (1997) ≪토끼 뇌, 거북 정신≫ 런던: 포스 이스테이트.

코헨, J. (1999) ≪교육 정신과 마음의 과거와 현재 사회적 정서적 학습≫ 콜롬비아: 티처스 칼리지 프레스.

코비, S. (1996) ≪미래 지도자의 새로운 패러다임 세 가지≫ 샌프란시스코: 조시-배스.

칙센트미하이, M. (1997) ≪흐름 발견하기≫ 뉴욕: 베이직 북스.

교육고용부 (2000a) 〈교사에 대한 특별 격려〉 봄버 8, 4월.

교육고용부 (2000b) 〈7-9세 대상 영어 교수법 체계〉 초안.

가드너, H. (1983) ≪마음의 틀≫ 뉴욕: 베이직 북스.

가드너, H. (1995) ≪마음 주도하기≫ 뉴욕: 베이직 북스.

가드너, H. (1999) ≪지능 재구성≫ 뉴욕: 베이직 북스.

골맨, D. (1995) ≪감성 지능≫ 뉴욕: 반탐 북스.

골맨, D. (1998) ≪감성 지능 작업≫ 뉴욕: 반탐 북스.

골맨, D. (2000), 〈리더십 결과, 하버드 비즈니스 리뷰〉 3-4월.
헤스켓, T., 슐레진저, L. (1996) ≪미래의 지도자≫ 샌프란시스코: 조시-배스.
커제스, J., 포즈너, B. (1995) ≪리더십 도전≫ 샌프란시스코: 조시-배스.
패티, J., 랜티에리, L. (1999) ≪교육 정신과 마음의 학교 임금 평화≫ 콜롬비아 유니버스티: 티처스 칼리지 프레스.
프링, R. ≪교육과정의 인간과 사회교육≫ 런던: 호더 엔드 스타우톤.
프로서, J. (1999) ≪학교 문화≫ 런던: 폴 채프먼 퍼블리싱.
릴리, K. (1998) ≪아무튼 누구의 학교인가≫ 런던: 라우틀리지파머.
세인지버리, M., 웨톤, C., 메이슨, K., 샤겐, I. (1998) 〈11세 생 전이에 대한 성취 대비〉 전국교육연구재단(NFER) 40권 (1).
솔로도, W. (1999) ≪교육 정신과 마음의 중학교에서의 개발의 의미≫ 콜롬비아 유니버스티: 티처스 칼리지 프레스.
샐러베이, P., 슬뤼터, D. (1997) ≪감성 개발과 지능≫ 뉴욕: 베이직 북스.
웅고드-토마스, J. (1997) ≪학교의 비전≫ 런던: 카셀.

11

도심 종합 중등학교에서의 사회적 도입

도입 의제에 대한 공평한 모델과 준비는 되어 있는가?

모 레이콕(Mo Laycock) 지음

> 도심에 있어 우리는 공간과 속도 면에서 더욱 멀리, 더욱 빨리 이동할 필요가 있다. 우리는 도시 지역에서 실패와 낮은 열망의 문제들에 더욱 적극적으로 도전할 필요가 있으며, 야심에 찬 높은 학업 성취를 추구하는 학생들의 욕구를 채우기 위해서는, 도시 학교의 역량에 대해 학부모의 신뢰에 보다 예리한 초기단계의 개선을 필요로 한다.
>
> 교육고용부(DfEE, 1999)

교육에 관련된 사람은 이런 논지에 모두 동의할 것이다. 정부가 주도하여 도심 학교들에 대해 창조적이며 개혁적인 방식으로 지원하고자 하는 비전, 추진력과 끈기는 가히 박수갈채를 받을 만한 일이다. 1997년 이래로 많은 도심 지역 학교들이 제반 도전들에 대해 보다 더 좋은 방향으로 이해하려고 하는 노력과 지난 18년 보다 더 많은 지원과 압박에 대한 더 향상된 균형을 보여 준 것은 괄목할 만한 일이다. 도심 학교들은 성적표의 수치로 볼 때, 악조건의 학교들로 여겨졌고,

원인들로는 실직, 희망의 결여, 부정적인 부모의 교육에 대한 태도-가끔 자기 자신의 교육에 실패로 인해 그렇지만, 해당 지역주의의 자세, 가정의 분열과 초라한 공영주택으로 초래된 도시 지역 사회의 복잡한 문제들에 대한 이해를 하지 못하는 것 등이다. 도시지역 우수지원(Exellence in Cities) 프로그램, 증액된 표준 기금(Standards Fund)의 자원과 학교의 체질 개선, 자율적 평가에 대한 중점 향상은 모든 주도적인 운동으로 발전하여 교육 체계에 모든 측면에서 도심 학교들에 더욱 많은 지원을 끌어냈다.

도입(inclusion)에 대한 포괄적 접근은 정부가 확연히 초점을 맞춰야 할 영역이기도 하다. 다시 찬사를 아끼지 않는다. 논박하기는 도입의 구체적 표출은 여러 학교와 지역사회의 특징에 맞게 별도의 일들을 계획하는 것을 뜻하며, 비록 최근의 추가적으로 환영할 만한 자원이 유입됨에도 불구하고, 가장 적절한 모델로 남게 됐고, 만일 모든 학업 적령의 청소년들에 대한, 보다 더 적절한 교육 방책으로 이동하려면, 계속적으로 삶 자체를 도심 학교에 관해, 더욱 도전적으로 이끌어 주며, 이런 방식의 도입은 철저히 검증되어, 정부의 의도와 정책에 비춰 비교 분석 되어야 할 필요가 있다.

> 도시지역의 우수성은 주요 도시들의 특이한 문제들을 씨름하기 위한 단계적 변화를 점진시키는데 그 근본 취지가 있다.
>
> 교육고용부(DfEE, 1999)

셰필드 퍼스 파크 지역 대학

퍼스 파크 지역 대학(Firth Park Community College)은 1,300의 학생이 등록된 도심학교이다. 셰필드(Sheffield)의 북동쪽, 브라이트사이드(Brightside)에 위치한 11-16학년과정의 종합 중등학교(comprehensive school)이다. 1,300명의 학생들을 살펴보면, 다음과 같은 참고 지표를 볼 수 있다:

- 무상 급식 대상 48%;
- 학습, 행동, 정서적 문제 등의 특별 교육 대상 50%;
- 소수민족 주로 아시아(Asia), 아프리카계-카라비아해(African-Caribbean), 소말리아(Somali), 기타 혼열계 학생들 등 35%;
- 셰필드 당국의 망명 신청자에 대한 난민처 제공으로 인한 코소보(Kosovo) 출신 학생들의 증가 등.

영화 〈풀 몬티(The Full Monty)〉를 보신 분들은 기억하겠지만, 마지막 장면이 바로 셔리그린 노동자 클럽(Shirgreen Working Men's Club)에서 촬영됐었죠! 이 지역이 유명하게 알려진 하나의 원인이다. 역사적으로, 이 지역은 노동력, 주로 철강회사와 수공예 근로자를 긍지로 여긴다. 우리 학구 수용인원의 구성 특징은, 주로 이 지역의 공영주택과 지역 부동산에 주거를 둔 학생들이며, 지역은 범죄율이 높고, 마약 남용이 심하며, 주거 환경은 열악한 채, 다른 지역과 연대감을 갖지 못하며, 셰필드에 살고 있지만 왠지 셰필드 지역이 아니어서, 셰필드와는 상관없는 지역인 셔리그린에 사는 것으로 생각한다. 실업과 외짝 부모의 보살핌 아래에 있는 학생 통계상 비율이 높고, 이 수치들은 건강상 문제, 정신적, 정서적 문제와 연결돼 있는 경우가 대부분이다. 최근 10-15년에 걸쳐, 사회 경제적 측면에서 본 지역 환경은 심각하게 악화되고, 이는 지역의 윤리적인 면에서 마찬가지의 양상을 띠고 있다.

1995년 퍼스 파크 교장으로 재직 당시, '중대한 취약'이라는 교육표준청(Ofsted) 범주에 들어가게 됐고, 그 지표는 다음과 같다:

- 수업에 만족할만한 수준 이상의 학생 비율 62%;
- 전체 학생 출석률: 77%;
- 교육과정 중 3개 영역에서 낙제;
- 열악한 체계와 구조;
- 불만족스런 학생 태도;
- 빈약한 재정 경영과 이어지는 예산 적자.

학교는 2~4킬로 정도로 양쪽으로 갈라져 있으며, 전문 교육과정 준비를 위해 하루에 두세 번 버스로 통학하고, 교직원들 역시 바삐 움직여야 하는 형편이었다. 퍼스 파크 학교는 1969년, 브러시즈(Brushes) 건물의 퍼스 파크 남자 초급 중학교(Boys Grammar School)와 퍼크로프트(Fircroft) 빌딩의 해필드 하우스 중등학교(Hatfield House Secondary School)가 병합하여, 종합중등학교가 됐다. 아직도 필자는, 퍼스 파크 학교를 3-4년 내에 한 학교 부지로 하는 약속을 1969년 당시 했던 당시의 수석 장학 담당관의 문서를 간직하고 있다. 사실상 31년 후, 2000년 9월에야, 학교는 퍼크로프트 부지의 새 건물로 옮겨져 통합학교로 됐다.

1995년에야 학교는 일반적으로 수준 있는 직원들과 배우고자 하는 청소년들을 가진 잠재력 있는 학교로 부상하게 됐다. 그러나 1995년 교육표준청 보고서에 밝혀진 바와 같이 학교는 다른 방식으로 주도되고 관리될 필요가 있었다.

1997년 더 깊은 조사로 중요 취약점을 살핀 결과 다음의 지표들이 지적됐다:

- 수업 만족도: 92%;
- 학교 출석률: 84%－최근 86%;
- 낙제나 취약 교육과정 부분의 불식;
- 일반적으로 만족할 정도의 학생 태도;
- 강한 리더십과 경영;
- 건전한 재정 체계;
- 향후 발전을 위한 효과적인 체계와 전략들.

보고서에 의하면 '퍼스 파크 학교는 향후 개선에 대해 모든 체계와 전략들이 자리잡아가는 급성장하는 학교'로 평가되고 있다. 비록 보고서가 10여개의 주요 문제와 여러 가지 개선할 부문에 대한 안건들을 간식하고 있지만, 성공을 위한 최초의 큰 발걸음이었다.

1995년 이래로 학생 등록 수는 수용능력보다 65명 낮은 1,300으로 증대됐다. 관련 예산도 교육 활동 지구지원(Education Action Zone: EAZ), 도시지역 우수지원(EiC), 사업 운영후원과 신규 자금지원(New Opportunities Funding: NOF)등과 같은 지원자금과 학생 등록 수에 따른 자금 지원 등을 근거로 증액됐다. 또한 수업 취약점을 보완하는 데는 전체 학교 질적 향상 방안, 모니터링 계획, 교직원에 대한 지원과 연수, 여타 기존 공식적 절차 등을 통하여 이루어져왔다. 78명의 교원 중 32명이 1995년 이후 임명되었고, 이중 상당한 숫자가 총기가 빛나고 원기 왕성한 젊은 교사들이며, 다른 동료들과 함께, 높은 기대와 열망의 적극적인 학교 문화에서 잘 조화를 이루고 있다.

그러나 우리 학교는 여전히 '추가 지원'이 필요하며, 이는 전국 표준치 이하의 학생 수준 일반 교육 인증수치 5+A*-C 일반중등교육자격시험(General Certificate of Education: GCSE) 결과와 (2000;18%), 전체 출석률이 90% 이하로 비추어 판단된 것이다. 그런 연유로 지방교육위원회/교육고용부(LEA/DfEE)가 우리에게 초점을 두고 신경을 쓰고 있는 것이다. 바람직하기는 이제 우리가 마침내 더 일관성 있는 의사소통과 그에 따른 정책과 조치를 가진 통합된 학교로서, 2001년 5+A*-C 결과치 20% 이상을 얻기를 기대한다. 그러나 이런 수치는 2001년 25%까지 어렵게 오르지 않을까 기대해 보며, 이런 이유 때문에 본교가 '추가 지원'을 필요로 하는 학교로 계속 남게 되는 것이다.

중요한 요인의 하나인 학생의 소요문제

통계상으로 학생 소요문제는 20%정도에 이르는데, 단계별 교육과정(Key Stage) 4단계의 경우 학생 배정에 여유가 있는 반면, 이런 상태는 상당한 고려 사항중 하나이다. 다른 학교와 마찬가지로, 단계별 교육과정 3단계의 학업 성취도 평가(SAT) 결과와 관련된 학교 제작 자료를 근거로, 10학년 시작을 기점으로 일반중등교육자격시험의 목표치를 설정했다. 이런 목표들은 미래 지향적이며 물론 현실적이라고 하지 않을지 모르지만, 전 학교를 통하여 지원과 학생들에 대한 모니터링 등을 위한 노력을 최대한 창의적인 측면에서 추구하고 있다. 그러나 11학년 차에, 2000년 동일 수업집단 중 220명의 1년차 그룹들은, 1998년 부여된 목표 설정 후, 23명의 추가 학생들을 10학년 11학년차로 받아들이게 됐다. 전국적으로 이미 알려졌지만 사전 교육 문제와 이런 종류의 문제를 일으키는 학생들을 수반한 상태에서 단계별 교육과정 4단계로 이동이 5+A*-C 자격을 갖춘 학생들을 배출해 내지 않을 것 같다. 사실상, 23명중 아무도 이런 잠재력은 없다. 1998년 6월 본교도 4명의 영어 교육이 전혀 없었던 난민 학생 4명을 9학년차로 받아들였다. 이러한 문제들을 학교 수업을 받은 적이 없는 학생이나 직업 관련 수업을 받았지만 시험을 거치지 않은 약 10-15명의 학생들의 수에 더해보면, 학교 측이 1998년 25% 5+A*-C 의 목표 달성에 실패한 것을 알 수 있다. 상기 결과를 분석하고 대상 문제 학생들의 수치를 볼 때, 2000년의 결과는 사실상 5+A*-C 일반중등교육자격시험의 23.6%에 달했다.

학생의 소동은 많은 도심 학교에서 실제적인 문제이며, 이런 사실은 학교 내부의 통계와 개발 전략에 고려 될 필요가 있다고 믿지만, 교육표준청 측에 의하면 학교 표준치에는 별 차이를 두지 않는다고 발표하고 있었다. 그러나 본인은 이런 견해에 반대하며 특히 중대한 여러 가지 문제와 대다수의 학생들이 학업 성취도가 낮고, 그런 점에서 주요 대상 학교는 아직도 이질적인 문화의 양상을 띠며, 복잡한 개인적인, 가족적인 수업에 어려움을 겪고 있고, 교육의 성공보다는 자신의 지역사회의 신뢰에 더 관심을 가지고 있다고 느낀다. 수치로 볼 때, 많은 이런 부류의 목표에서 벗어나고 가끔은 도전적인 학생들의 수학은 일상의 학교 생활과 그들을 지원하고 동기를 부여하려는 교직원의 노력과 창의적인 활동에 영향을 미치고 있다.

도시지역 우수지원 프로그램, 증액된 표준 기금, 학생 유지 보조금(Student Retention Grant)의 결과로, 퍼스 파크 지역 대학의 경우 2000~2001 회계연도의 상당한 액수의 초과 지원을 얻어냈다. 이런 초과 지원금은 환영할 만한 것이며, 이런 지원금의 창의적인 사용으로, 지원 받는 학교 단위의 학업 우선순위의 진전과 발전 계획을 진행을 훨씬 더 전략적이고 긍정적인 방식으로, 전보다 더 진척 시킬 수 있게 됐다.

추가 지원 덕택으로, 우리는:

- 학습에 모범이 되는 세 멘토를 갖출 수 있게 됐고, 그들 모두 훌륭하며;
- 일련의 세 멘토 내에서 중심 역할을 하는 학교로서 영재 교육 방안을 이끌어 낼 수 있게 됐고; 다시 말하지만 우수한 그리고 창조적 기획 과제로 발전됐다;
- 추가로 자금 지원이 가능해져 수학 기능 향상은 물론, 지역민들과 과외 활동에 대한 다양한 기회를 갖게 됐다;
- 훨씬 증가된 학생 유지 보조금을 획득하게 됐고;
- 도시 학습 센터(City Learning Centre)에 대한 집중방사형(spoke) 학교로서, 여섯 집중방사형 학교의 하나로서, 여유 정보통신기술(ICT) 자금을 받게 됐고;
- 2001년 9월부터 학습지원부(Learning Support Unit: LSU) 중 하나가 될 예정이다.

중등학교 부문의 학습지원부 준비는 9개의 셰필드 도심 중등학교에도 해당된다고 동의되었다. 슬프게도, 우리의 건물 계획이 전체적으로 이런 자원에 대한 구체적인 착수 계획을 하지 않아서, 셰필드에서 가장 규모가 큰 도심 종합 중등학교지만, 이런 준비는 다른 유사한 기준 대상 학교들보다 18개월 늦게 퍼스 파크 학교에서 시행 될 예정이다.

사회적 도입 의제가 실제적으로는 사회적으로 배제되어 버리는 것은 아닌가?

이런 초과 자금과 전략들이 본교에서 현재 잘 적용되고 있으며, 이런 내용들은 외부 관련 인사들에 의해 찬성을 받고 있지만, 개인적으로 볼 때 계속 대두되는 도전들은 다음의 문제들이다:

- 이런 특별 지원 자금과 전략들이 어떻게 학교의 동일 수업 집단의 동의와 미래에 대한 열망을 향상시킬 것인지?
- 지역사회에서 이런 특별 자원들을 나의 대학에 어떻게 해석 적용해야하는지? 이런 것 때문에 '열악한' 학교로서 우리가 별도의 보조가 필요하다는 생각을 더욱 강조케 할 것인지?
- 지방교육위원회 측 입장에서 이런 지원의 결과로서 더 어려운 형편에 있는 학생들을 끌어안아 살필 수 있다는 생각이 가능한지?
- 나의 교육에 협조적이고 열심히 공부하는 학생들에 대한 의제가, 대다수 등한시되고, 참여율이 낮고 문제를 안고 있는 학생들에 반하여 어떤 배경이 되는 것은 아닌지? 이런 긍정적인 측면의 어린 학생들이 과연 교직원과 공평한 시간을 가지며, 특히 모니터링과

격려 차원에서 볼 때 더욱 그러하며, 행여나 이런 사항으로 인해 다른 심각한 문제들이 이 준비를 약화시키는 것은 아닌지?

- 도입이 단지 도심 학교에 상존하는 유별난 양상은 아닌지?

나의 견해는 여분의 자원과 전략을 배정하는 것은 매우 조심스러워야 한다는 것이다. 자원포함은 변함없는 도심 학교로 가장 낮은 성취를 가리키는 것으로 일반적으로 추정되었다. 이에 모두 또는 중등학교 부문 안에서 도전하는 학생들의 대부분을 함께 몰아갔고, 다른 온건 성향의 상급 학교들은 정상적으로 지속되었다. 나는 이것이 지방교육위원회와 학교들의 입장이라고 생각하는데, 이런 경우 만약 퍼스 파크 같은 도심 학교가 전국 표준과 관련되어서 아주 해롭게 범주화된다면 '추가 지원'에 들어 올라가는데 무한정 대부분 난관이 지속될 것이라는 것이다.

어디에 더 공평한 도입에 대한 책임이 있는가?

도시 지역의 중등학교 측에서 볼 때, 모든 중등학교의 교장들, 교직원, 그리고 운영위원들은 이상적으로는 이런 도입 안건을 공유해야 한다. 또한 문제가 되며 소속감을 갖지 못하는 학생들에 대해, 보다 공평한 빙식으로 공유되어야한다. 모든 해당 학생들에게 문제가 있는 것은 사실이나 그들 역시 잠재능력을 소유하고 있으며, 우리 모두가 책임을 공감해야한다. 이런 젊은이들이야말로 전 도시에 걸친 인정과 지원을 받아야하며 여기에는 그들이 자신의 문제들을 해결하고자하고, 더욱 활동적이고 책임 있는 시민으로서 스스로를 발전시켜 나가야 한다는 것이다. 대다수의 해당 학생들을 제한된 학교에 배치시킨다는 것은, 그들의 잠재력이나 그들 자신에게 공평하지 못하며, 더군다나 심각한 대량 문제점을 갖고 있는 학교의 그룹들에게는 더욱 그렇다. 학부모의 학교 선택에 관한 현재의 법안은 실제적으로 일부의 보다 더 '유명하고 성공적인' 학교들은 학생 지원자로 가득하고 도전적이고 소동을 부리는 학생들은 지원하지 못하는 것을 의미한다. 다른 덜 '유명하고' 덜 '성공적인' 학교들은 이런 어려운 학생 집단이라는 부담을 정면으로 맞서야 한다는 것을 한편으로 뜻하기도 하지만 말이다.

학교가 학생정원이 다 충원되거나, 마찬가지로 다른 학교들은 곧 특별 조치(Special Measures), 취약 안(Serious Weakness) 또는 새 출발(Fresh Start) 범주에 속하게 되어, 그런 문제 있는 학생들을 받아들이도록 요구되거나 지시도 받지 않게 되었다. 그렇지만 현실로 인해, 셰필드의 경우 1999~2000 사이에 3개의 중등학교가, 퍼스 파크 학교를 포함하여, 영구적으로 제외됐던 문제 학생들을 수용 능력 범위 내에서 받아들여야 했고, 반면 다른 학교들은 학생이 다 차게 되거나, 특별 조치의 적용을 받는 범주로 간주됐다. 이런 세 학교에 대한 영향은 상당한 것이며, 이런 경향은 지금도 계속되고 있다. 모두 언급된 세 학교는 도심학교로서 기존의 심각한 문제와 '추가 지원' 등과 같은 문제들에 직면해 있다. 특별히 시간을 내지 않아도 이런 문제가 해당 학교들에 대해, 그들의 발전이나 교육표준청 또는 교육고용부의 분류상 부정적으로 분류되는 등 얼마나 피해가 막심한지 쉽게 알 수 있다. 제 소견으로는 모든 중등학교 교장들과, 관련 정부 단체, 그리고 지방교육위원회 등이 나서서 이런 가능성에 대한 문제에 대해 책임을 함께하며, 더군다나 일부 학교에 대해서 전체적인 관점은 아니지만 본 문제를 보다 창의적으로 대처하는데 참된 '도입'만이 유일한 해결책이란 점을 간과해서는 안 될 것이다.

부모의 선택이 문제를 악화시킨다

부모의 선택권리는 법적으로 보장되며, 선거에 있어 투표권과 연결됨을 뜻한다. 이것은 정부가 선거인단의 지지도를 유지하기 위한 당연한 귀결이지만, 일부 지역에서 특이한 문제가 되고 있다. 하지만, 학교측 입장에서는 두 가지 유형의 예측이 가능하게 된다. 이와 함께 정기적 협상을 잘 감당해내는 학교들은 보다 학구열이 높은 학생 등을 모집할 수 있는 반면, 그렇지 못한 학교들은 남아도는 공간과 수준이 낮은 학생들을 수용해야하는 문제들에 직면하게 된다.

진지한 의도와 함께, 모든 학교에 있어 학교 입학 적령에 해당하는 어린 나이 층에 대한 주인의식을 갖고, 함께 나누고자 하는 마음과 책임감의 공유 등을 바탕으로, 도입과 혼돈가운데서도, 보다 더 공평한 모델을 개발해 나갈 수 있게 된다. 웨스트 요크셔(West Yorkshire)의 커크리스(Kirkless) 같은 경우처럼, 일부 지역에서는 이런 종류의 노력을 했지만, 다른 지역에서와 마찬가지로, 사회경제적인 면에서의 현저한 대조가 이 지역에서도 역시 반영되지 않는 것으로 보인다.

그러나 만약 전 지역의 중등학교들이 상호간 책임을 일부라도 공유한다면, 제반 문제들과 잠재적 가능성의 긍정적인 면들을 함께 나눌 수 있고, 네트워킹을 통하여, 효과적인 도입 전략들에 관련 서로간의 많은 것들을 아마 배우게 될 수 있을 것이다. 그렇게 함으로서, 현재 관련 입법은 변경될 필요가 있고, 모든 학교에 있어 표준적인 학생 수가 학교 크기나 수용능력에 따라 조정되어야 할 것이다. 학교 규모에 따른 학년별 그룹에 수치 비율의 일례를 들어 보자면, 700명 규모의 학교는 연령별 2-3개 그룹을, 900명 이상의 경우 4-5, 그리고 더 큰 경우 6-7그룹으로 나눌 수 있을 것이다. 셰필드의 경우, 27개의 중등학교에 있어 126반이 해당 학년이 될 수 있을 것이다. 이런 공유는 충분히 운영 가능한 것이다. 학교마다 학교에 대한 부정적인 태도와 함께 여러 가지 잡음을 만드는 학생, 학교생활에 불충실한 학생, 아예 제외된 학생 등으로 있기 마련이지만, 이러한 문제점들이 현저히 줄어들게 될 것이다.

확실히 이것은 단순 모델이며 또한 추가 분석을 필요로 하는 모델임이 분명하다. 또 다른 가능성은 그런 학생층은 자신의 교육적인 필요를 위해서, 기꺼이 여타 지역으로 이동할 수 있다는 것이며, 확실한 방침을 가진 학교의 여러 가지 기풍과 환경 문화적 요인들이 그런 학생들을 지원하는 데 기여한다는 점이다. 그러나 후자 역시 책임감을 공유한다는 점에는 동일하나. 셰필드의 경우, 그러한 전략이 합의된다면, 중등학교 학생 중 어렵지만 잠재적 성공의 가능성이 있는 630명에 해당하는 학생들을 지원할 수 있을 것이다. 이거야말로, 참된 도입이며 불가능하지는 않다. 이런 공유와 동등한 책임감의 결과로, 모든 학생들이 좀 더 학력 증진에 적극적으로 참여할 수 있게 하고, 학교 성공 사례에 좋은 분야의 일로 발전하는 양상을 띨 것이다.

사회적 도입과 난민 신분의 학생들

셰필드의 경우 다른 도시 지역과 마찬가지로, 난민들에게 망명신청 지위를 부여하며, 그들 내전에 관련된 가족들에게는 가정과 안전을 제공한다. 물론 이것은 칭찬할 만한 일이다. 그러나 이 전략의 현실은 가족들이 셰필드로 이주하고, 여분의 거처 등이 제공되지만, 자신들의 문화와 종교에 관한 한 지방정부의 지원이 전혀 없고, 자녀들은 지방 학교에 등록하게 된다. 애석하지만, 이런 학교들은 대개 남아도는 장소를 가진, 가장 힘든 상황에 있는 경향이 있는 학교들이란 점이다.

퍼스 파크에 있어, 105명의 소말리아 출신 학생들이 있는데, 모두 예외 없이 훌륭한 어린 학생들이다. 모두 예지력이 있고, 미래에 대한 무한한 꿈에 찬, 따뜻한 인성의 소유자들이다. 그러나 그들은 영어를 쓰지 않고, 소말리아에서의 경험으로, 극히 어려운 가정환경을 배경으로 하는, 전쟁으로 찌든 나라로부터 셰필드에 도착했다. 그들이 느끼기를, 생소한 문화권에서 정식 교육을 전혀 받지 못한 상황에서, 학생 수 1,300명에 알맞은 지원도 없는 학교에 적응해야한다는 것이다. 최근에는 코소보출신으로 영어나 정식 교육이 없었던 10명의 학생들을 받아 들였다. 5-6 주전만 하더라도, 이 어린 청소년들은 적을 쏘도록 총을 지급 받았었는데 이제는 도심학교에 즉시 적응하도록 된 것이다. 셰필드에는 알바니아어(Albanian)에 대한 지원 프로그램이 없을 뿐 아니라, 그들에게 새로운 나라와 제도에 대해 난민들에게 적응하도록 도울 만한 안전한 임시거처 조차 없는 것이다. 이런 상황에서 할 수 있는 일이란, 이들을 위한 반나절 정도의 특별 계획표를 마련 지원하고, 어쩔 수 없는 문제들을 피하고 현지 적응을 지원함으로 학교에 점차적으로 맞춰 나갈 수 있도록 중재 할 수밖에 없다.

이런 대상의 학생들은 일반중등교육자격시험의 결과에 구애받지 않는 10학년에 입학하지 않는 한, 단계별 교육과정 4단계 성적 위치에 해당된다. 1998년 퍼스 파크에서는 5명의 소말리아 출신 학생들이, 비록 영어를 전혀 못하지만 9학년에 받아들여졌다. 이 학생들은 지금 16세 이상 과정에 있으며, 잘하고 있지만 누구도 5+A-C/A-G 수준이 되지 못하는데, 여러 환경 요건을 생각하면 놀랄 일도 아니다. 그러나 만일 이들이 1998년 가을학기에 퍼스 파크에 등록 됐다면, 우리의 성적 자료에 그 결과가 반영되지 않을 수도 있다. 그래서 앞으로 기대하기는, 난민으로서 비영어권 학생들이 6학기가 아닌 7학기의 학업으로 A-C/A-G 의 성적 결과를 한 학교라도 보여줄 수 있는 연구조사가 필요하다는 것이다. 이런 혼돈의 양상이 나에게는 교육고용부에 의하면 전혀 엉뚱한 것인 듯하다.

더군다나, 우리 소말리아 학생 중 한명이 셰필드의 퍼스 파크에 1996년 8학년으로 와서 비록 영어교육이 전혀 없었지만, 2000년 학교 성적을 보면, 드라마에 A, 미술 A, 표현예술 B, 영어 C, 나머지 과목 4개에 D 등급을 받았다는 것이다. 소견으로는 여학생 개인으로 봐서 굉장한 일이요, 퍼스 파크 학교의 지도와 수업의 전문성에 있어 훌륭한 일이지만, 우리 성적 위치에 도움이 되는 결과는 아닌 것이다. 필자의 두 아들의 경우, 15세 좀 넘어서 중학교에 가서 훌륭한 A*-C 일반중등교육자격시험 점수를 받았지만, 소말리아 학생과는 아주 다른 이전의 학업 과정이었고, 어떤 면에서는 그들의 결과란 스스로 자율적으로 펼쳐나갈 수 있는 예측 할 수 있는 것이기도 한다. 그러나 이 여학생의 경우는 다르다. 1994년과 1996년, 이 학생은 소말리아에서 끔찍한 내전을 경험했고, 목에 총자국과 그로 인한 상처가 있으며, 학교에 입학했을 때에는 극히 심한 압박감의 상태에 있었지만, 일반중등교육자격시험에서 아주 굉장한 결과를 보여줬다. 그녀는 이제 16세 이상 대학입시 과목별 시험(A-level)/전국 직업교육 자격과정(GNVQ)의 과정을 셰필드 대학(Sheffield College)에서 시작했고, 생각해 보건데 금

명간 본인의 결단이 확실하고 능력 있는 젊은 여학생임을 감안할 때, 틀림없이 진정으로 성공한 젊은이가 될 것이라 믿는다.

퍼스 파크 지역 대학에 도입을 위한 계획

최근 정부에서 학교 안팎으로 교육 지원을 위하여 교사가 아닌 성인들을 임명하여 학교에 인적자원을 공급하려는 전략은 훌륭하고 성공적인 발전이라고 여겨진다.

현재 사용 중인 자원공급방법으로는 별도의 표준 기금 지원과 도시지역 우수지원, 교육활동 지구지원 등 가용 자원을 동원, 직원에 다음의 인적자원을 추가 임명하는 것이다:

- 제4의 학습 멘토;
- 대학 간호사의 50% 지명에 대해 부여하는 것으로;
  - 학생들에게 도움과 조언을 제공, 예를 들면 건강 관련 문제, 정신적/정서적 건강 관련 문제, 성 교육 관련, 위생 상담, 일반적 건강 상담 등이다;
  - 특정 지역과 분야에 대한 대학 외부에서의 파트너나 전문가를 초빙, 개인, 건강 사회교육(Personal Health and Social Education: PHSE) 수업 관련 지원;
  - 단원에 대한 응급조치를 위해 서비스 내역 및 조회 시스템 개발;
  - 예방접종 같은 일상의 대학 간호사 직무;
  - 건강문제를 함께 할 수 있는 대상 학생의 부모님과의 연락;
  - 건강 및 교육 관련 문제 대해 부모님과 연수회.

12명의 점심 조력자 중 6명이 대학과 지역봉사자에 임명됐다. 이 사람들은 주당 20시간 계약으로 다음의 일들을 수행하게 된다:

- 쉬는 시간 교내매점 지원;
- 학생들의 특정 부분 수업에 있어 필요한 부분에 도움, 즉 읽기와 각 수업에 있어 지원 등이다. 이를 위해 해당 분야에 훈련을 받게 하고, 이 들이 전국 직업교육 자격과정을 취득하도록 독려한다;
- 수업 시간 마감(Time Out), 학교 내 별도 독자적 필요시 지원;
- 점심 여가활동을 위한 준비 조정 등, 예를 들면 퀴즈 대담인 "누가 백만장자가 되기를 원하는가?" 비디오실/게임실 감독 등인데 –이들 역할은 기존의 점심특별활동에 추가적인 것들이며, 여기에는 정보통신기술 연수회, 예능 활동 연수회, 댄스 교실, 학습자료센터(Learning Resource Centre) 활동과 수학 연수회 등이 포함된다;
- 2수 산식으로 교직원 인력이 여타 멤버들과 함께 10, 11학년들의 멘토링;
- 점심시간 의무 참여;
- 점심시간 종료 후 모든 학생들의 수업 참여 여부를 확인할 수 있도록 인력의 '충분한' 확보;
- 지각자 등록과 방과 후 남는 학생들에 대한 지도 보조.

퍼스 파크 지역 대학과 계약된 교육 관련 사회 복지사의 임명으로, 기존의 지방교육위원회가 후원한 교육복지업무담당관(Education Welfare Service Officers: EWSOs)의 제반 업무와 활동을 조정한다. 그러나 이런 장치는 퍼스 파크 지역 대학에 전적으로 초점을 맞추며, 출석률이 75-85%에 해당되는 학생들을 대상으로 하는데, 이 계층이 현재의 판단으로는 큰 진전이 기대되기 때문이다. 셰필드의 교육복지업무담당관 인력은 75% 이하의 출석률의 학생들을 대상으로 한다. 우리가 믿기로는 75-85% 학생 집단에 더욱 초점을 맞추는 접근이 필요하며, 여기에는 학생과 부모님들과 함께 적극적인 참여가 요구된다. 이런 방식으로 우리는 출석률이 상대적으로 증진되기를 기대한다.

미국의 경우 같은 부문에 있어서, 상주 상담원이 있으며, 이들은 학교 교직원과 동시에 긴밀히 일하며, 문제 학생들에 대해 비밀 보장의 지원을 제공한다. 마찬가지로 우리도 이런 지원이 필요한데, 이것은 대개 학생들의 문제가 복잡하며, 단지 교육적인 관점에서의 문제만 초점을 맞춰서는 그 긍정적인 해결을 볼 수 없기 때문이다. 그래서 2001년 4월 학교 상담원이 임명됐던 것이다.

2001년 4월부터, 사우스 요크셔(South Yorkshire)에 대해 유럽 사회기금(European Social Fund) 대상(Objective) I 자원을 근거로, 모든 중등학교에서는 추가 교장보를 임명하게 됐다. 퍼스 파크의 경우, 이 직책의 임무는 보다 전체론적인 방식으로 도입 안건 등을 끌어내는데 초점을 맞추는 것이다.

도심 학교의 경우, 관련 인력에 대한 건강 복지에 좀 더 관심을 두어야하는 데, 이들은 관련 부문에서 너무 수고가 많기 때문이다. 사실 이런 학교의 경우, 근무 교사의 스트레스는 상당한 것이다. 이와 관련 2001년 1월 두 명의 외부 훈련 파트너를 임명, 주 단위로 관심 있는 교직원에 대해 '반사법/인도식 두상 마사지'를 제공 받기 위한 상설 센터가 마련됐다. 관련 부문에 근무하면서 헌신적이고 전문적인 직원들의 스트레스 정도를 결코 과소평가해서는 안 될 것이다.

도입의 전체론적인 비전

최근의 도시지역 우수지원 회의에서, 나는 한 학교장이 다른 동료에게 학교의 도입 정책에 대해 무엇을 실행하고 있는지 묻는 것을 어깨너머로 듣게 됐다. 그의 대답은 '자신에게 학습지원부가 있다'는 것이었다. 이야기를 듣게 된 나로서는 사실상 그런 것은 참된 도입이라기보다는 교내의 독점과 힘든 학생들을 다르기 위한 단기 전략일 뿐이었다.

아프리카에 한 속담을 보면; '한 아이를 교육시키려면 온 마을이 힘써야 한다.'는 말이 있는데, 우리 교육 제도에도 적용하면 '한 아이를 교육시키려면 온 도시가 힘써야 한다.' 라고나 할까. 그러므로 비록 내 자신이 정부의 교육 문제들과 재정적인 또 여타 자원의 적용에 대해, 지원을 한다 할지라도, 학교 단독으로는 결코 어떤 변화를 이룰 수는 없다는 것이다. 특히 제 2, 3 세대의 실업, 미래에 대한 기대와 자신의 정체성 결여에 있어서는 심각한 문제가 야기되고 있다.

만일 도심의 학교들이 지속적으로 성공할 수 있고, 그 발전 수준을 유지할 수 있다면, 시 의회 차원에서 재창출 과정과 계획을 더욱 활성화 시켜, 상호 연계돼 있지만, 고립된 지역에 대해, 전략적인 후원을 제공해야한다. 이런 방식으로 여러 경로의 자금 프로그램 즉 대상 1, 단일 재생 예산 계획(Single Regeneration Budget Planning), 뉴 딜(New Deal), 슈어 스타트(Sure Start), 새 기회(New Opportunities) 등과 관련된 재생산 자원은 더 활성화 된 연결과 전체론적인 방식으로 해당 지역에 모든 학교에 제공될 필요가 있다. 상기의 자원 사용에 관련하여, 도시 의회의 기획에 있어, 그런 학교를 지역의 귀중한 자원으로 간주하여, 관련 학교들 주변의 제반 활동에 초점을 맞춤으로, 지역 자원으로서 모든 교직원과 학부모, 또는 다른 관련 인원들과 삶에 영향을 미치는 중심적인 지역 자원으로 소용되어야 할 것이다.

학교 단독만으로는 삶의 질이나, 자긍심 고취, 어른들과 부모들에게 귀중한 존재라는 인식을 위한 장기적인 차별화 방안을 열악한 조건의 도시 지역에서는 펼치기 힘들다. 그러나 상호 협력체재를 돈독히 하는 사고, 기획, 자원을 기반으로 한다면, 뭔가 다른 결과를 창출해 낼 수 있을 것이다.

만일 정부차원에서 평생 교육의 문제가 중요하게 다루어진다면, 지역 단과 대학들이 외부 협력지원단체와 연계 하에, 공동 기획과 상호 긴밀한 협조로, 희망이 없는 지역에도, 지역 사회 활동과 상호 지원의 원만한 전망으로 결국에는 그 체제 전환이 가능한 것이다. 그리함으로서, 지역 대학이나 학교는 상기 활동과 계획의 중심역할을 하게 될 것으로 보인다. 이상적으로는 이런 중심 센터들이 대학 현장이나 인근에 일괄 타결 방안을 위한 좋은 모델의 역할을 감당할 소위 '원 스톱 숍 처리(one stop shop)'로서 매주 일정 부문에 대한 외부 지원 인력을 연계시킴으로서, 많은 바람직한 활동을 할 수 있게 된다, 예를 들면, 사회봉사 차원의 일이나, 지역 경찰의 협조, 직업 및 고용 상담, 거주문제, 지역 대학 안내, 청소년 서비스, 건강 상담, 대학 교직원의 긍정적 외부 활동 유발과 시 의회의 적극적인 개입 등을 유도 할 수 있게 된다. 이러한 인적자원이야말로, 자신들의 시간을 접근 가능한 도심 지역에 투자되도록 하여, 도시 중심의 대형건물이나 접근하기 어려운 위치에 있지 않게 하여, 지역주민이나 지역 관심 인사들이 쉽게 방문할 수 있도록 해야 할 것이다. 만일 이런 재생산 기획 서비스가 잘 운용되어 효과를 보게 되면, 이런 재생산 과정에 투입되었던 인력들은, 또한 도심의 제반 문제들에 대한 이해와 함께 호흡하며, 삶의 현장에서의 문제점을 생생하게 접하여, 훨씬 용이한 삶의 전환도 가능하게 할 것이다. 물론 지역 대학들이 이러한 문제를 좋은 방향으로 선도하고 지원하게 될 것은 자명하다.

퍼스 파크 지역 대학이, 바로 이런 계획으로 2000년 9월 현장 학습 대학의 하나로 개방됐다. 지역 주민의 적극적인 협조로 10월 지역 교육 주말의 예를 볼 때, 지금까지는 지역 교육과 평생 교육에 몇몇 좋은 성공 사례를 남기고 있다. 더불어 정보통신기술의 연수회, 예능, 여가 활동 등의 과정을 제공함으로서 지역 주민들에게 회원들에 대한 많은 선례를 남기고 있다. 그러나 이런 활동들이, 외부 기금 지원을 받거나, 알려진 협조자들의 선의의 지원을 받고 있다. 만일 평생 교육에 대해, 참으로 그 뿌리를 확고히 하려면, 필요한 자원 공급을 위해서, 총 학교 예산(Aggregate School Budget) 범위를 넘어서라도 상기 활동을 위해서 기금 지원을 받도록 해야 할 것이다.

학교는 귀중한 규칙적인 지역 활동 자원으로서의 중심 역할을 하며, 매일 오전 8시부터 오후 10시까지와 주말에 사용되어야 한다. 교육 자체도 노소 포함, 지역 활동 관련 중심 역할을 동시에 수행토록 한다. 이런 활동들의 구체적인 내용은 학업 인정과정인 일반중등교육자격시험, 전국 직업교육 자격과정, 일반 전국 직업교육 자격과정, 대학입시 과목별 시험, 대체 보완(Alternative Supplementary: AS) 시험과 함께 지역 회의, 지역 도서 자료, 여가 활동, 개방 연수회, 주제 그룹 등 얼마든지 활동 내용이 가능하다. 따라서 학교들은 1년 중 15% 정도 개방하는 것에 그치지 않고, 대부분의 시간을 개방 할 수 있도록 하며, 지역사회의 관점에서 볼 때는 귀중한 접근 가능한, 우호적인 지방 자산으로서, 모든 지역 상호간에 주민들이 만나고, 배우고, 지원할 수 있는 장소여야 한다.

퍼스 파크 지역 대학에 대한 필자의 개인적인 전망은, 이러한 이상적 방안이 현실이 되는 것을 보는 것이다. 이런 일이 이루어지기 위해서는, 지역 교육과 도입 기획이라는 시 전체 차원에서의 의견과 전략이 필수적이다. 모든 건물들이 어른들, 즉 우리 셰필드 지역에서 평생교육을 위해 방과 후와 주말 활동에 활발히 참여하는 부모들로 가득 차게 되는 것이다. 바라기는 퍼스 파크와 셔리그린 지역들이 자부심을 갖고, 스스로가 셰필드 지역으로 인식되어, 더 이상 자연스럽지 않은, 소속감도 없는 관할 구역으로서의 위치에서 벗어나기를 바란다.

다음 2-3년 사이에 퍼스 파크 지역 대학의 강의 일정이 대학 자체의 내부 보다는 지역주민 전체의 것이 되어, 학업연령인 젊은이는 물론 평생교육을 추구하는 지역민들이 함께 학업에 전념하는 그런 시간표가 되기를 바란다. 저와 관련 있는 교직원들도 주어진 규정상 25시간의 확보는 물론, 탄력적인 수업시간을 유지하고, 반드시 오전 8:45부터 오후 3:15라는 틀에 메일 필요는 없다. 규정 수업일수와 교육과정을 이행하지만 다른 협조 지원 인력과 함께 보다 더 폭 넓은 교육과정을 지역에 제공하도록 한다. 그래서 노소 상관없이 모든 지역 주민들이 대학과 관련되어 자신들의 배움은 물론 후원, 전문성, 광범위한 활동 보조 등으로 규정을 지키면서도 좀 더 탄력적인 운용에 임해야 한다. 이처럼 모든 시간에 걸친 재창출과 도입 노력으로 이런 모든 것이 가능하게 될 것이고, 바라는 긍정적 차별화를 이루게 될 것이다.

시 의회 전략들도 재창출과 관련 활동을 지나치게 세분화해서는 안 된다. 필히 요구되는 것은 주민의 일부는 포함하고 일부는 제외시키는 사회–경제적인 분리에 대해 총괄적 비전으로, 도시지역에 교육과 평생교육에 대한 전략이다. 적어도 10년 내지 30년 계획으로, 해당 지역에 교육 차원을 넘어, 모든 부문에서 자원과 협조 지원에 대한 보다 확실한 연관 체제가 필요하다.

셰필드 지역에 관한 한 우리는 퍼스 파크와 셔리그린을 통하여 자랑과 긍지를 가진다. 우리의 필요성은 도입이 단지 학교 중심의 문제일 뿐 아니라 해당 모든 도시 내에서 받아드려질 때만이 성공할 수 있다는 것이다. 그렇게 함으로써, 퍼스 파크 지역 대학과 같은 여건의 학교들이 목표를 달성 내지는 초과 달성할 수 있고, 이런 성공을 이루려는 학교들은 이런 주도권을 유지하고 발전시키기 위해 더 많은 것들을 지역 사회에 기여 할 것이다. 지역에 있어 성공을 계속시켜 나감으로, 관련지역에서 긍지와 주인의식을 갖게 될 것이다.

포괄적임은 관련 도시 지역에 거주하는 모든 이들의 책임이며, 다만 후원과 기금 면에서의 지원과 관계될 뿐 아니라 시 전체의 주인의식과 적절한 자원 공급의 문제인 것이다. 학교 자체만으로는 젊은이들의 미래에 제한된 차이만을 창출해 낸다. 그러나 전체론적인 관점의 기획, 자원동원, 유지되는 개발 등으로, 이전의 저하된 지역이 희망이 없는 수렁과 실직, 격리 등의 심리에서 벗어나, 온 도시가 이루고자 하는 열망하는 진정 값어치 있는 의욕으로 가득 차게 되는 것이다. 이것이야말로 필자의 퍼스 파크 지역 대학에 대한 희망인 것이다.

참고문헌

교육고용부 (1999) 〈도시의 탁월성〉, 안내서, 3월

12

결론

아이린 돌턴(Irene Dalton), 리차드 포셋(Richard Fawcett),
존 웨스트-버넘(John West-Burham) 지음

이 마지막 장에서는 본 책의 11개의 사례 연구로부터 부각된 문제 중 몇 가지를 다루고자한다. 이 장에서의 의도는 어떤 총체적인 결론보다는 실제 적용하기에 상당한 통찰력을 부여해주는 신흥 실천 설명 몇 가지와 제반 강조 경향에 대해 중점적으로 다루고자 한다. 본 수집 분석 설명에 있어 각각은 나름대로 충분한 성실성을 가지고 있으며, 다양성을 통한 사례 연구 분석에 대해 사후의 합리적이고 이론적인 자세는 적절하지 못하다고 본다. 그러나 아무리 피상적으로 보일지라도 각기 공통관심사, 발의 주도, 전략 등 아마도 학교 교육의 성격과 목적의 개념화에 있어 심오한 변이를 가르칠 수 있다.

먼저 제반 설명에 대한 구체적인 결과를 자세히 탐구해 보기 전에, 두 가지 총체적 관심사에 주목할 필요가 있는데-하나는 본 저서 '≪21세기형 최적화 학교 탐구≫'의 제목이 제시하는 데 대한 여러 통찰이며, 또 다른 것은 최상의 실천 적용방식의 개념이다. 먼저 이런 개념에 대한 정리를 우선으로 하고, 그 후 구체적인 요지에 대해 살펴보기로 한다. 즉 혁신의 성격, 젊은이들에 대한 초점두기, 리더십, 학교 제도와 지역사회, 그리고 배움의 본질 등이다.

21세기를 향한 학교

인간 삶의 대부분의 양상은 1990년대 중반만 해도 다가오는 새 천년에 대한 이동이 어떤 변화를 가져올 것인가에 대한 이론적인 사고에 의존했다. 물론 현실적으로 볼 때 2000년 1월 1일은 깨뜨릴 수 없는 또 다른 한 해였다. 교육은 물론이고 사회전반에 걸쳐 급작스러운 구조적 큰 변화는 없었다. 그러나 21세기에 대한 이동은 실제적이 아니라 할지라도 중대한 심리적 분기점이 되었다. 또 다른 가능성은 연대적인 일자와 상관없이 일관된 운동이 있어왔다는 것이다. 이것은 초기 격동의 해일단계와는 다른 것이다. 초기 해일단계란 의문시되고 있는 교육 적 대비의 역사적인 양식과 급변하는 증가세의 사회 환경의 소용돌이에 대한 조치를 발전적으로 이끌어 가기 시작하는 것이었다.

본고에 해당하는 모든 학교가 비록 급진적이고 혁신적인 실천방안을 잘 극복하고 있다 하더라도, 이전 세대와 관련하여 인증된 학교로 남아있다는 것이다. 이것은 아마도 전적으로 적절하고, 유효한 어쩔 수 없는 현실이기도 하다. 과거 10년에 걸쳐 학교는 훨씬 효과적이고 효율적인 것은 의심할 여지가 없고 공적인 책임 조치 면에서, 엄청난 증진이 이루어져 왔다. 그러나 본고에 저자들의 집착은 정부 주도의 개선이라기보다는 청소년들과 그들 지역사회의 교육 경험에 관한 열정적인 관심이라고 보아야한다. 중요한 질문은 이런 종류의 우선순위의 변화의 형태가 역사적인 학교의 형태의 범주 안에 있느냐는 것이다.

학교가 주로 19세기의 산물이라는 논박의 진부함과 그러나 한편으로는 많은 중요한 면에서 사실 그렇다는 것이다. 그자체가 나쁜 것은 아니지만 몇 가지 중요한 문제를 제기한다. 즉 (a) 왜 이렇게 되는가? (b) 과연 정말 그러한가? 의 문제이다. 이런 제반 사례연구를 위임하고자 하는 의도 중 하나는 사실 이런 토론을 통해 많은 것을 얻을 수 있다는 것이다. 이렇게 기술된 경험에 해당되는 학생들을 잘 돌보고, 헌신한 그리고 사려 깊은 전문인들에 의해 제공되는 풍부하고도 다양한 교육 경험에 의거한다는 명백한 사실이다. 그러나 어떤 대가를 치루고 이루어 질 것인가?

고전적인 학교체재와 21세기에서의 젊은이들을 교육시키는 것과의 긴장은 학교에 증가되는 기능상의 문제점–즉 교사의 모집, 유지, 복지와 관련된 제반 문제들을 당연히 반영한다고 볼 수 있다. 이러한 긴장된 상태는 잠재적인 변화에 대해 조심스럽게 고려된다고 할지라도 축소되기보다는 더 증가될 추세이다. 그 변화들의 내용을 살펴보면:

- 양적 축소지향적인 조치를 기저로, 실적 위주의 책임감이란 차원에서 계속되는 변화 없는 이동성;
- 점증하는 정보통신기술(ICT)의 교육에 대한 영향력, 즉 유용한 정보를 다루는 것과 신기술의 폭발적인 발전으로 도전 받게 되는 시간과 장소에 대한 역사적인 제약, 다시 말하면 학습의 '건축'에 대한 깊은 의문들을 야기 시키는 문제의 증가 등으로 풀이 될 수 있다;
- 심리학의 역사적인 모델에 대한 동류의 심리학 부문의 두뇌 숙지와 개발의 잠재력에 대한 점증하는 인지도;

- 사회적인 기대와 열망에 대한 사회 경제적인 탈피와 영향력에 대한 계속되는 문제;
- 영국이란 나라가 아직도 인종주의와 남녀차별에 있어 광범위한 영향력아래 있고 사회적 참여기회가 아직도 계급의식과 관련이 있다는 사실;
- 점증하는 사회에서의 도의적 불분명함과 확실한 윤리적인 일체감의 결여;
- 일과 여가의 본질에 대해 세계화가 점차적으로 영향을 미치고 있는 점;
- 많은 지역에서 범죄수준, 연대감결여, 깊이 뿌리내린 사회적 괴리감을 통해 나타난 위기;
- 지구라는 위성의 실제적 생존의 문제, 즉 환경학적인 문제들이 미래에 대한 중대한 요인들로 나타나고 있는 사실.

상기 목록은 상대적으로 학문적인 표준을 높여야하는 것, 증가되는 기회들, 그리고 높은 생활수준과 관련해 다시 검토되어야 한다. 그러나 교육제도에 있어 일부는 실패하고 일부만 실패하더라도 어느 정도는 만족해야만 할 정도라고 본다. 이 저서의 기고된 논고들은 많은 관련 문제들에 대한 실례적인 답안을 제시하고 있지만, 그 한계는 교육제도가 원래는 사회적인 분리를 영속화하도록 고안됐고, 극히 제한된 성공이란 정의에 근거를 두고 있다는 점이다. 이 저서에서는 대체된 성공 사례를 예시하고 있고, 학생들의 실질적이고 직접적인 요구에 응할 우선순위를 재조정하는 학교들에 대한 사례도 실려 있다. 그러나 모두 감소주의 조치 결과의 제한된 범주 내에 있고, 개인적인 필요보다는 조직 체계의 필수요건들을, 더 높은 상태의 기존학교보다는 학교에 반대하는 교육과 제도에 한정적으로 접근하고 있다는 점이다.

21세기의 학교는 기존 학교의 발전으로부터 다음 세기를 향한 학교의 발전으로 이동하는 교량역할을 해야 하는 복잡 다대한 임무에 직면하고 있다. 미래에 대한 학교형태에 대한 예측은 불가하지만, 앞으로 펼쳐질 학교에 대한 가능한 형태를 위해, 해결해야할 문제점을 제시함으로서 새로운 형태의 모델에 대한 가능성을 제시하고 있다.

최선의 실천

최선의 실천 개념은 복잡하면서도 많은 우려의 문제점이 있다. 주요한 관심거리는 적절하고도 효과적인 실천을 인지하고 매진해 나가고자 하는 의도와 가장 최상의 방식을 설파하며, 일치성을 주장하고자 하는 의도 사이의 갈등이다. 근년의 많은 교육 개혁은 주로 이미 권위를 근거로 제창이 된 소위 최선의 실천 되풀이에 초점을 상정하고 있다. 문해력과 수리력 중심의 전략들이 이에 대한 전형적인 예들이다. 교육표준청(Office for Standards in Education: Ofsted)의 기본 틀은 민주사회 교육제도에 있어서 최상 실천의 유지도와 종합성을 갖는 모델의 전형이라 할 수 있을 것이다.

이 저서의 사례연구 제시에서는 반복되는 실천 형태를 외람되게 전제하지 않기로 한다. 제시된 형태들은 주어진 시간에 주어진 여건 하에서 결과를 근거로 한 것이다. 최상의 실천 정의에 대한 문제는 유용한 전망을 성문화하여 실천 방안으로서 골격을 갖추고 구체화하는데 달려있다. 다른 한편으로는, 공평성의 문제다. 즉 만일 성공적인 전략들이 동일시되고 원만하게 운용되어 효과를 본다면, 과연 이 방식이 모두에게 적용될 수 있느냐는 것이다. 확실한 것은 최상의 실천을 정의하고 이로서 실용화함에 있어 실제 적용하기 까지, 가장 최저의 공통분모가 하나의 정책이 되고, 결국 제한되고 억제된 혁신은 잡고, 이를 널리 알리는 과정이다. 어떤 정의에 대해 기본이 되는 것은 최선의 실천이 추출되고 우선순위를 매기는 근거로 쓰일 때 그에 대한 가치체계이다. 영국 교육제도의 최근 경향을 보면, 기초 기능으로 서술될지도 모르는 부문에 항상 초점이 맞춰져 왔다. 이 부분의 강조로 자원들, 에너지, 그리고 배제에 대한 우선권부여가 결정적이거나 손상되지는 않았지만, 다른 교육제도의 양상에 비춰볼 때 자연스런 이바지 요인으로 대두되어왔다.

그러나 아무리 값어치 있는 것이라도, 최근의 국가정책에 대한 불분명한 우선순위체계는 아무래도 여러 가지 문제를 야기 시키는데, 예를 들면 집중 부과 정의 요법의 유지성이나 중심 전략들이 학교차원에서 그 역량과 수용능력이 어느 정도 완화되게 처방되어왔는가 이다. 사례연구를 통한 우리의 고려사항은 아래와 같은 점에서 최선의 실천증거로 간주될 수 있다:

- 학교차원의 창조성;
- 과정과 결과에 대한 관심도;
- 실제의 필요에 대한 반응;
- 고유성의 유지 정도와 수용능력의 창출 등이다.

이미 논거 한 바와 같이, 미래의 교육의 양상이란 예측불가하며, 그런 점에서 미래의 최선의 실천역시 몇 가지로 예측 불가이다. 최선의 실천에 대해 몇몇 예를 드는 것은 단지 더 훌륭한 토의와 창조적 발상을 이끌어 내려는 의도이지, 순응을 강요하거나 학교가 당면한 제반 문제들에 대한 일괄적인 답을 제시하려는 것은 아니다.

혁신

이 장에서 가장 괄목할만한 것은 학교들의 혁신의 헌신에 대한 단호한 면이다. 수 년 동안, 변화의 운용이 효과적인 교육 경영의 중심 요소로 인식돼 왔다. 학교생활의 이런 양상은 변화를 하나의 행사로, 즉 통상적인 경영 형태를 재개하기 전 다뤄져야할 구체적 문제에 초점을 맞추는 경향으로 풀이된다. 즉 변화는 표준화를 방해한다는 인식의 균형적 발전의 문제이다.

이 저서의 주요관점은 변화를 하나의 과정－조직 생활의 영구적인 특성으로－ 다시 말하면 장래 학교의 기존 양상은 혁신의 수용력, 변화자체가 하나의 표준으로 여겨지는 문화 환경 창조, 학교의 전망과 도의적 열망을 개선하고, 실용적인 면에서의 적용 등에 대한 수용력이라는 점 등이다. 민일 학교가 변화에 적응하여 변화를 하나의 당연한 기준으로 운용된다면, 환경에 대한 대응책은 급진적으로 이뤄질 것이다. 학교제도에 대한 제반 수요에 근본적인 변화들은 다른 차원의 대응책을 근본적으로 요구하게 되고－그럼으로 기왕 항상 해왔던 이상의 것을 수행함으로서 증진시키고자 하는 것은 아니다. 교육 정책입안이 그 결과가 어찌 될지 의문시 하지 않고, 단지 일정한 효율성의 개선에 초점을 두는 것은 극히 보수적으로 보는 것이다. 국가적 차원의 정책 입안은 결코 심오한 개선책으로 사용될 수 없다. 왜냐하면 그런 요소들은 너무 많은 모순되는 이해당사자들을 모두 만족케 할 수 없기 때문이다. 하나의 정책이 모든 욕구에 대해 적절하게 충족케 할 수는 없다. 해결책을 처방하는 것은 쉽지만, 변화 주체는 단체로서의 학교 기관 차원에서 일어날 수밖에 없다.

그런 깊은 변화는 사실 혁신에 깊이 뿌리를 두고 있으며, 이것은 사례연구에서도 예시된 바 있다. 혁신은 왜 일어나느냐, 어떻게 해야 최선으로 행해지는가에 대한 근본적이면서도 체계적인 재평가와 연관이 있다. 혁신은 전형적인 사실상의 사고의 예이며- 표준의 변화를 위한, 편이한 운영형태, 그리고 제반 계획들이 일어 날 수 있도록 사전 이동의 조치를 취하는 것과 같다. 사실 이 저서의 많은 예들은 수많은 혁신의 근본적인 특징에 대해 강조하고 있다:

- 용기- 달라지려는 의지, 현상유지에서 벗어나 여러 가지 역경에 대한 과정을 유지하는데 전혀 불편함을 갖지 않는 의지력을 말 한다;
- 창의성- 일상의 수요와 통상적인 면에도 불구하고, 이 저서에서 예시된 학교들은 역사적인 체제들에 대해 근본적인 대응책을 만들어내는 놀라운 재능을 유지 한다;
- 지속성- 혁신은 계속적인 과정이자, 삶의 한 방식이며, 모든 사람과 학교생활의 모든 양상에 영향을 미치는 학교 문화이기도 하다;
- 도전- 항상 질의하고, 분석하고, 평가하며, 지적으로 지칠 줄 모르는 다시 말하면 여러 가지 의문을 공유하며 진정한 학습에 관한 의견들을 함께 나누는 등 공동으로 감당하는 문화의 창출이다.

국가적 차원의 정책은 수용능력을 증진시키지 않을 뿐 아니라 유지성에 기여하지도 않는다. – 즉 오히려 비우게 하고 줄이려는 경향이 있다. 유지 가능한 개선책은 정말 필요한 부분에 대응하는 학교나 가능성을 발전시키려는, 시킬 수 있는 학교들에 그 근저를 두어야한다. 국가적 차원의 개혁은 가고 오고 변화가 심하다. 그러나 교육의 장기 개발은 학교당국들의 창의성에 달려있는 것이다.

젊은이들에 초점을 맞추자

아무도 교육 종사자들이 보여주는 젊은이들에 대한 복지와 관심에 대한 근본적이고 깊은 헌신에 대해서 의심할 수 없을 것이다. 그러므로 영국 교육 제도에서 피 교육자등의 권리에 대해 공식화된 입장을 말하고 있지 못하다는 것은, 사실 이상한 것도 아닐지 모르지만, 한편으로는 기이한 일이라고 할 수도 있다. 이것은 법적인 입법조치라기보다는 학교제도의 도의적 근간의 문제다. 유용한 출발점은 해당 학생의 자격여부 개념에 있다. 교육수혜권리란 법에 명시되어 있고 인권모델의 기본적인 구성요소이기도 하다. 그러나 이는 단지 교육의 존재를 보존할 뿐이다– 교육 내용과 특히 교육 경험에 대해서는 거의 언급이 없는 실정이다. 교육에 대해서는 법에 보장돼 있고 정책을 통해 실행된다. 교육 경험은 지방 수준과 인간관계의 성격, 다양한 기회들 각각의 자질과 풍요로움에 따른 대비에서부터 성숙해간다. 이와 관련된 사례연구들의 괄목할 만한 특징들 중 하나는 어린이와 젊은이의 실제적인 경험에 초점을 맞추는 것이다. 이런 취지와 설명을 근거로 학교에서 젊은이들의 경험에 도의적인 특성에 대해 많은 제시방안들

을 앞당길 수 있게 될 것이다:

- 복지야말로 성공적인 교육에 중심이 된다.: 모든 학교 지역사회의 회원들이 필요로 하는 것은 신체적, 감정적, 심리적, 사회적 복지이다— 한 개인으로서 복지에 대한 근본적인 보장이 되지 않는 한, 배우고, 성장하며, 발전이 된다는 것은 불가능하다;
- 긍정적인 자신에 대한 자긍심과 함께 개인적인 가치관, 자신을 가치 있게 생각하기 등은 교육적 과정의 성격과 내용에 대한 토론에 대한 사전 필수 요건이 된다;
- 개인적으로 주요한 기간에 대한 성공의 기회들은 모든 교육 경험에 대한 고찰과 실행에 가장 기본이 된다;
- 모든 개인에 있어 학교 경험의 가장 중요한 요소로서 기쁨, 경이, 재미있게 하는 요소들이 있어야한다.

이 목록은 독점적이거나, 지나치게 철저 하거나, 관례로 인정되는 것이 아니라, 모든 분야에 서 이 책을 통하여 설명된 요소들이 음으로 양으로 고찰되어야한다. 21세기에 학교에 대한 근본적인 문제 중 하나는 아동들의 일상생활에 대한 정보 제공을 주는 교육을 위한 통합적인 윤리 기저를 개발하는 것이다. 교육을 통한 도덕적 경험이 바로 책임감을 위한 주요 초점이 되어야 하는 것이다.

리더십

최근 교육에 있어 리더십에 대한 많은 글들이 있지만, 교육 전문직 종사자들에 과중한 부담을 주는 것이, 과연 무엇인지, 어떻게 하는 것이 유용성이 극대화 될 수 있는 것인지 알기는 어렵다. 그러나 이에 대한 제반 연구들을 통하여, 가끔씩 기이하게도 질서 있게 범주화하도록 수정할만한 리더십의 양상을 표출해주고 있다.

최초의 가장 중요한 요점은, 이 저서에서 예시된 학교들이 경영된다는 것보다는 스스로 유도되도록 하는 것이다. 리더십과 경영사이의 구분은 상호 괴리보다는 불가분의 관계에 있다고 보는 것이 타당할 것이다. 과거 10년은 경영의 질적인 면을 개선하고자하는 학교에 대한 엄청난 압박이 있어왔다. 다소 차이는 있지만, 이런 현상의 긍정적인 측면 작용으로, 영국 학교들은 세계에서 가장 잘 경영되고 있는 중에 속할 수 있게 됐다. 그러나 점점 더 효과적으로 경영해야하는 수요에 대한 응답은, 몇몇 예로 비추어 볼 때 '몰아내는' 리더십이라고 본다. 많은 가용 시간과 에너지들이 존재하며, 현장 경영과 정책입안의 조합이 깊은 고갈상태였던 것도 사실이다. 이런 상황에 비추어볼 때 괄목할만한 것은 많은 학교들의 리더십의 질이 실질적으로 성장되어 왔다는 것이다. 사례연구를 통해 밝혀진 것은 경영과 구분된 리더십에 있어 3가지 주요한 요인들이다:

- 먼저 앞으로의 일들이 어떻게 전개될 것인가에 대한 깊은 관심, 미래에 대한 분명한 생각, 확고하고도 참을성 있게, 튼튼하며, 적절한 전망의 요소들을 적절히 배합하는 능력 등이나;
- 둘째로, 미래에 대한 전망을 이룰 수 있도록 이끄는 제반 방법으로서의 분명한 가치관의 존재이다. 이 책에 설명을 통해 동질적 목표와 우선순위 분담에 대한 강렬한 지지를 기술한 바 있다;
- 셋째로, 개인적인 인간관계의 중요성에 대한 강한 인식– 성공적인 지역사회에 대한 중요한 기초 작업 등이다.

또 다른 중요한 주제는 계획과 실행의 집단적인 기초 작업이다. 말로만 이야기하는 주변여건상 지역 참여와 함께 매진하는 순수한 자세의 유발이다. 학교생활에 있어 성취하기에 가장 어려운 양상중의 하나는 결정 과정에의 포괄성이다. -왜냐하면 광범위한 리더십의 자질을 요구하고 있기 때문이다. 본 사례연구들이 보여주는 창의성과 혁신은 아무리 재능이 있는 사람이라도 결코 한 개인적 노력의 결과 일 수가 없다. 물론 교장이나 리더십 팀이 제공하는 리더십을 평가절하 하는 것은 아니다. 미래를 향한 끈질긴 도전적 노력, 중대 혁신을 시작하는데 필요한 수용능력과 능력을 통한 에너지와 개발과 책임감, 제반 자원의 동원, 개개인들의 발전과, 지원 기반시설의 생성에 대한 필요와 균형을 이루어야한다.

이 사례연구들을 통해 보여 진 것처럼 리더십은 21세기를 향한 학교 생성에 가장 중심적이며 결정적인 변수가 된다. 강한 목표지향적인 개인의 리더십이 필수적인 것과 아울러, 깊이에 있어서도 리더십 발전에 상응되어야한다. 리더십이란 소수의 상태가 아니라 많은 이의 활동이다.

학교와 지역사회

학교와 지역사회를 분리하려는 좋지 않은 경향이 역사적으로 많은 요인을 통하여 조명돼 왔다, 가장 극심한 경우는 한 기관으로서 학교의 배타성- 학생, 교사, 직원만이라는 개념이다. 이런 의미에서, 학교는 '폐쇄된' 기관으로서 접근이 제한되고 통제되며, 단일 용도의 건물로, 시간상 아주 한정된 사용성을 가진 폐쇄된 기관으로 인식돼왔다.

학교들이 지역사회 안에 존재하여왔지, 지역사회의 일원으로 소속되어 있어 오지는 않았다.

21세기를 향한 학교의 발전에 있어 확연한 중요한 변화 중 하나는 학교와 환경 간의 관계의 재 개념화이다. 사례연구의 몇몇을 통해 알 수 있듯이, 용어상 지역 통합이라는 개념이야말로 학교가 공식적인 기관이면서, 동시에 지역사회에 대한 자원이 되고 있다는 사실이다. 성취도를 이끌어 올리기 위해서, 주요한 요인 중 하나는 지역사회에 교육의 위상을 고양시키는 것이다. 이는 학교의 중요성을 증진시키며 학교를 포괄성 있는 기관으로 만드는 것을 뜻한다.

공동체로서 지역사회는 많은 근본적인 특성이 있다.:

- 공유하는 가치체계가 있다. 가치체계의 분담;
- 지역사회는 포괄성이 있다;
- 지역사회는 안전한 장소다;
- 자원접근에 대한 동등성이 있다;
- 사회 경제적인 문제들에 대해 공동으로 대응한다.

지역사회 교육의 개념이 오랜 동안 구별된 역사를 가지고 있지만, 항상 부분적이었고, 가끔 우아와 호의를 기반으로 운영되어왔다. 많은 경우, 학교는 지역사회의 공유된 자원의 사용자중 하나보다는, 건물과 같은 범주로 고려돼 왔다. 만일 교육이 지역사회 활동과 공유한다면, 학교 교육과 학교는 더 이상 동의어로 볼 수가 없다. 사례연구들은 물리적인 접근 이상의 것들을 보여주며, 상호 존중이라는 균등한 근본하에서 공동 사용을 통하여 공동의 주인의식을 의도적으로 증진하려 하고 있다.

지역사회의 완전한 통합형태에 대한 보다 더 중요한 의미는, 학생들이 더욱 많이 지역사회활동에 참여하는 기회를 자주 갖고, 민주사회에서 시민으로서 참여에 대한 참 의미를 배우는 기회를 더욱 많이 가져야하는 것이다. 지역사회차원에서 책임만을 가르치기 보다는 중요하고도 본질적인 실생활을 통하여 배워져야한다.

학습의 본질

요약의 결어로서, 사례연구들에는 가장 중요한 통일화 요인들에 대해 반영할 만한 가치가 있다. 직, 간접적으로, 이것은 사례 상의 모든 학생에 대한 학업의 본질과 관련이 있다. 가정 중요한 최근의 교육 경향 중 하나는 학습에 대한 본질을 점점 더 많이 이행하는 것이다. 이런 개발은 교육과정의 중심성과 수업 지도의 역사적 발전의 성격에 대한 기초로 이뤄졌다. '학습학'으로서 수업이 인식 된 것은, 최근 몇 년 사이 수업의 본질이 하나의 과정으로서 이해되고, 이에 대해 신뢰를 증진시킴으로 발생되었다는 것은 참고할 만하다.

이런 증진된 이해에는 3가지 요인들이 있다:

- 신경과학의 진전이 두뇌 기능과 학습에 불가분으로 연관되어 수업에 대한 이해를 증진해 왔다;
- 인지 심리학의 발전과 그 발전으로 이해를 위한 학습을 가장 손쉽게 하는 과정을 이해하는 능력이 증진 된다;
- 학습에 대한 사회적인 관계가 미치는 영향력에 대한 향상된 인식.

이런 제반 경향들에 대한 전반적인 영향은, 교육학의 본질이 개별적인 과정으로서 학습이고, 교사의 역할 등에 대한 극명한 재평가를 강요해 왔다는 것이다. 반면 이런 이유로 학교가 학습 과정을 수용하고 적절한 장소로서 개념화에 대해 깊은 의미를 부여하고 있다.

모든 사례연구들은 학습에 대해 근본적인 관심을 보인 반면, 새로운 이해의 극적인 영향을 제시하고도 있다. 불가피하게, 이로 인해 역사적인 형태의 일에 대한 분석과 새로운 전략과 기법 범위에 대한 고려 등을 창출해 낸다. 각 학교의 중심 목적에 변화를 이끌어 내는데 난이도를 과소평가하는 것은 안이한 생각일 수 있다. 그러나 이로 인해 사례연구들로부터 가장 중요한 단일 결론을 도출해 낼 수 있다.

21세기를 위한 학교의 개발에 있어서 지배적인 요인은 각자 수행하는 지무이 성격읔 재 개념화하기 위한 교육 전문 종사자들의 의지이다. 모든 사례연구는 하나하나가 새로운 아이디어와 재평가, 분석, 그리고 심오하고도 근본적인 방식으로, 역사적인 실천에 대해 질의해 보는 것이다. 학교에 대해 많은 영향을 주는 경향들이 있지만-일부는 단기목표일 수도 있고, 다른 부분은 잠재적인 의도를 근거로 두는 경우도 있다. 미래에 대해서 어떤 모델이 가장 적절한 모델인가 정답은 없다. 변화되는 세계에서 나양싱이 비로 사례연구에서 지적됐다. 그러나 공통된 요소는 학교에 영향을 미치는 근본적인 문제들에 대해 새로운 해결책을 찾아보고 연구해보는 노력이다. 모든 사례연구의 핵심은 전문적인의 성실성, 젊은이들에 대한 헌신, 학교에서 교육적인 면에서 요구되는 리더십과 그 특징들을 개선하려는 야심 등이다.

찾아보기

【인/지명】

ㅁ

ㅂ

ㅅ

ㅇ

ㅈ

ㅊ

ㅋ

ㅌ

【논/저작명】

___ 옮긴이

송진한 jhsong@jnu.ac.kr

전남사대 국어교육과 교수
주요 편저서
≪조선조 연의소설의 세계(2003)≫
≪한국 고소설의 창작방법 연구(2005)≫
≪국어(2010-12)≫, ≪생활국어(2010-12)≫
≪비교문학(2012)≫, ≪도술이 유명한 서화담(2014)≫
≪증편 한국구비문학대계6-13(2014)≫ 등.

21세기형 최적화 학교 탐구
최선의 실천 사례 개발

인쇄 | 2016년 1월 8일
발행 | 2016년 1월 13일

엮은이 | 아이린 돌턴, 리차드 포셋, 존 웨스트-버넘
옮긴이 | 송진한
발행인 | 지병문
발행처 | 전남대학교출판부

등록 | 1981. 5. 21. 제53호
주소 | 61186 광주광역시 북구 용봉로 77
전화 | (062) 530-0571~2 마케팅 530-0573
팩스 | (062) 530-0579
홈페이지 | http://www.cnup.co.kr
이메일 | cnup0571@hanmail.net

값 15,000원

ISBN 978-89-6849-263-1 (93370)

이 도서의 국립중앙도서관 출판예정도서목록(CIP)은
서지정보유통지원시스템 홈페이지(http://seoji.nl.go.kr)와
국가자료공동목록시스템(http://www.nl.go.kr/kolisnet)에서 이용하실 수 있습니다.
(CIP제어번호 : CIP2016001644)